U0629611

国土空间生态脆弱性评价方法与实践

蔡海生 著

科学出版社

北京

内 容 简 介

本书从国土空间生态脆弱性内涵表征与评价内容、指标选取与体系构建、评价方法与分析模型等几个角度出发,讨论生态脆弱性评价研究进展,分析不同尺度下生态脆弱性评价指标体系和评价方法的差异。在对研究现状进行总结的基础上,本书集成理论创新与方法创新、指标选取与模型构建、因素评判与定量表征、结果分析与实际应用,结合江西省全域、鄱阳湖区及其县域、保护区等不同尺度开展实例分析,提出生态脆弱性评价研究的改进对策,并探讨国土空间生态脆弱性研究的总体特征和未来展望,以期为开展区域国土空间生态脆弱性评价研究提供新视角、为认知区域国土空间土地利用与生态安全提供新方法、为实现区域国土空间土地利用和生态管理提供新途径。

本书可供土地资源管理、地理学、生态学、环境科学等学科领域相关科技人员、管理人员阅读和参考。同时,也可作为相关专业研究生学习的参考文献。

审图号:赣 S(2021)012 号

图书在版编目(CIP)数据

国土空间生态脆弱性评价方法与实践/蔡海生著. —北京:科学出版社,2023.6
ISBN 978-7-03-075821-7

Ⅰ.①国…　Ⅱ.①蔡…　Ⅲ.①国土资源–环境生态评价–研究–中国
Ⅳ.①F129.9②X826

中国国家版本图书馆 CIP 数据核字(2023)第 105431 号

责任编辑:董　墨　李嘉佳/责任校对:郝甜甜
责任印制:吴兆东/封面设计:蓝正设计

科学出版社 出版
北京东黄城根北街 16 号
邮政编码:100717
http://www.sciencep.com
北京建宏印刷有限公司 印刷
科学出版社发行　各地新华书店经销
*
2023 年 6 月第 一 版　开本:787×1092　1/16
2023 年 6 月第一次印刷　印张:13
字数:312 000
定价:148.00 元
(如有印装质量问题,我社负责调换)

作 者 简 介

蔡海生，博士，江西农业大学国土资源与环境学院二级教授，博士生导师；江西省省级百千万人才工程人选，江西省高校中青年学科带头人，中国农业工程学会土地利用工程专业委员会副主任委员，江西省科学技术协会第八届委员会委员；主要从事土地资源管理、土地生态、农村经济、高等教育管理等方面的教学研究工作；主持完成国家自然科学基金项目 2 项["鄱阳湖区土地利用变化及其生态管理机制研究"（编号：40861029）、"鄱阳湖流域土地集约利用与生态安全耦合发展及其综合响应机制研究"（编号：31660140）]、国家科技支撑计划项目子课题和国家自然科学基金重点项目子课题各 1 项；发表学术论文 160 余篇，出版专著 4 部、译著 1 部，获批实用新型专利 3 项；获国土资源科学技术奖二等奖、江西省科学技术进步奖一等奖、江西省教学成果奖二等奖各 1 项，江西省高校人文社会科学研究优秀成果奖二等奖 1 项、三等奖 2 项；江西省高校教学成果奖一等奖 5 项、二等奖 3 项。

前　　言

　　21 世纪以来，中国经济发展速度一直位居世界前列，但传统的粗放型经济增长模式已经难以为继，因国土空间不合理开发利用而导致的土地利用格局失调、资源利用低效、环境污染严重、生物多样性锐减、生态系统功能受损等生态环境问题，已成为影响和制约中国社会经济发展的主要因素之一。国土空间土地利用安全和生态系统安全问题是人类社会可持续发展长期面临的严峻挑战，解决这些问题已成为当前地学、生态学以及资源环境科学研究的前沿任务和重要领域。科学把握生态脆弱性的表现特征、驱动机理、演变过程、发展趋势，及其分异特征和规律，以土地生态规划设计和功能区划为核心加强区域土地利用优化和生态安全调控，是当前国内外土地科学研究的重要方向。

　　生态脆弱性是个相对的概念，其受到自然地理条件因素、系统自身恢复能力、人为活动干扰因素等多重影响，是自然因素和人为因素共同作用的结果。生态脆弱性评价是对脆弱生态环境的尺度、成因、过程、结果进行分析，并结合生态环境干扰的类型、特征、强度等提出生态管控对策，对认识、保护和改造生态环境，实现对生态脆弱性变化的科学有效调控，促进人与自然的和谐具有重要意义。

　　本书以鄱阳湖流域为研究区域，在分析国内外生态脆弱性方法及模型的基础上，从自然潜在及人为干扰两方面构建了新的土地生态脆弱性指标评价模型，确定了 2 层 24 个指标的江西省土地生态脆弱性评价指标体系，通过收集 1985 年、1995 年、2000 年、2005 年、2010 年、2015 年江西省各县市区的社会统计数据、土地利用数据以及气象、地质、土壤等专题数据，利用层次分析法计算各评价指标权重，采取综合指数法计算各年每个栅格的综合脆弱性指数。在此基础上，从自然潜在及人为干扰两方面分别计算前一期和后一期的相对区划，对江西省 1985~2015 年的土地生态脆弱性进行了动态评价。基于土地生态脆弱性动态演变过程及其规律，开展自然潜在脆弱性分区、人为干扰脆弱性分区、现实脆弱性分区、相对脆弱性分区等研究，针对区域国土空间土地利用与生态管控提出有效对策。同时，本书还结合鄱阳湖流域内的不同区域、不同尺度的生态脆弱性进行分析评价，通过多种模型方法的应用，为更好地了解和认知国土空间生态脆弱性时空分异特征和规律，实现国土空间生态环境的科学合理有效管控，促进区域生态安全、生态经济、生态文明发展进步，提供了一种新思维和新途径。

　　21 世纪我国正处在新一轮工业化、城镇化、生态化快速发展时期，对区域生态脆弱性、安全性进行动态评价，分析土地利用和社会经济胁迫下耕地、建设用地、生态用地、生态经济等因子脆弱性时空分异特征、规律及其关联机理，结合耕地保护整治和新型城镇化规划布局、土地生态规划和生态功能区划、主体功能区划和生态经济布局、山水林田湖草综合治理、资源绩效评价和土地生态管控等，探讨基于土地生态分异的优化调控措施和管理保障体系，是一项非常紧迫的研究课题。本书针对相关问题开展了深入研究、总结和探讨，能够为推动生态脆弱性与安全性研发领域的科学发展，提高生态评价研究成果的实践应用价值提供新思维,为认知区域国土空间土地利用安全和生态安全提供新方法,为其他区域的国土空间土地利用和生态管理提供新思考。

　　本书在资料数据收集和写作过程中,得到了江西省土地开发整理中心、江西省基础地理信息中心、江西省生态文明研究院、中国农业大学资源与环境学院、江西师范大学地理与环境学院、江西农业大学国土资源与环境学院等单位领导和工作人员的大力支持和热心帮助。此外,本人指导的博士研究生钟滨、查东平、何庆港,硕士研究生张婷、余文波、张莹、肖文婧、陈艺、陈理庭等参与了本书中的资料收集、数据处理、文章撰写等基础性工作,本书综合了他们的学位论文、公开发表的学术论文中相关的内容,在此一并表示肯定和感谢!

　　本书在写作过程中,参阅并借鉴了大量相关领域的前辈和同行们的研究成果和学术思想,在此对他们的工作与贡献表示诚挚的谢意!

　　本书是在国家自然科学基金项目"鄱阳湖流域土地集约利用与生态安全耦合发展及其综合响应机制研究"(编号:31660140)和"鄱阳湖区土地利用变化及其生态管理机制研究"(编号:40861029)、国家科技支撑计划项目子课题"鄱阳湖流域生物多样性保护及药用资源开发利用技术研究与示范"(编号:2012BAC11B02)、江西省重大科技专项"鄱阳湖科学考察项目"(编号:20114ABG01100)、江西省自然科学基金项目"鄱阳湖流域土地集约利用与生态安全耦合发展研究"(编号:20161BAB204180)、江西省教育厅人文社科项目"基于'湖泊-流域'理念的鄱阳湖流域生态管理机制研究"(编号:GL1030)、江西省土地开发整理中心课题"江西省国土空间规划生态修复专题研究"(编号:9131207800)和"饶河流域土地生态调查与评价"(编号:9131207547)等科研项目部分研究成果的基础上撰写而成。

　　由于作者能力有限,书中难免出现疏漏与不足之处,敬请各位专家和读者批评　指正。

蔡海生

2022 年 9 月 20 日

目　　录

第1章 绪 论

人与自然的关系是人类社会最基本的关系，人与自然的关系问题始终伴随着社会的发展进程，并发挥着重要的价值导向作用。生态脆弱性表征复杂，难以把握和消除，已成为区域土地利用和社会经济可持续发展的严重阻碍。以生态脆弱性动态分析为切入点，根据区域土地利用变化和社会经济发展的相关数据信息，完成对区域生态脆弱性与生态安全的动态评价，探讨生态脆弱性的演变过程、驱动机理和发展趋势；结合区域土地利用(耕地、建设用地、生态用地)与社会经济(工业现代化、农业现代化、新型城镇化、生态化)相关因子脆弱性时空分异特征，完成土地利用变化和社会经济发展胁迫下的脆弱性耦合分析，探讨其相互关联及制约因素；结合土地整理开发和城镇化规划布局、土地生态规划和生态功能区划、生态经济布局和主体功能区划、土地利用绩效和生态现代化评价等，探讨基于脆弱性评价的土地生态优化调控途径和综合管理措施，对促进国土空间资源利用和社会经济协调发展，维护区域土地利用安全和生态安全，推进生态文明建设和生态保护修复，最终构建人与自然和谐与共的生命共同体，具有非常重要的理论意义和现实意义，也是新时代人类社会发展进程中面临的一项严峻挑战。

1.1 研究背景、目的和意义

1.1.1 研究背景

人与自然和谐与共已经成为人类社会共同关注及长远追求的发展目标及生活的理念。坚持"创新、协调、绿色、开放、共享"的新发展理念，大力实施生态文明建设，形成节约资源和保护环境的空间格局、产业结构、生产方式、生活方式，统筹资源利用、污染治理、生态保护、应对气候变化，促进生态环境持续改善，努力建设人与自然和谐共生的现代化，满足人民对美好生活的向往，是新时代生态文明建设的主旋律。随着人口规模的不断增长、城镇化进程的持续推进、社会经济的快速发展，人类对资源的需求日渐加大，资源利用过程中存在利用过度及开发方式不合理等问题，使得原本脆弱的自然生态系统，在受到外界的干扰时极易造成难以逆转的破坏，超过自然生态系统的自我调节能力及自我恢复能力，生态环境问题频繁出现、自然灾害频繁发生，成为威胁人类生存与发展的最为紧迫的问题。例如，植被退化、水土流失、土地荒漠化、水资源短缺、生态环境污染、生物多样性减少、生态服务功能衰减等问题，以及洪水、干旱、沙尘暴、泥石流、滑坡等自然灾害。日益严重的生态环境问题已经成为绿色持续发展道路上的绊脚石，给社会经济可持续发展带来严峻挑战(傅伯杰等，2017；鞠昌华和高吉喜，2017；王丽婧等,2017)。由于我国的生态文明建设和环境保护管理理念落后于社会经济的发展，不少地区仍然"重经济轻生态""重开发轻保护"，以生态环境换 GDP 的情况仍然较为常见(赵其国等，2016)。

中国政府历来对生态环境质量问题高度重视。2017年世界环境保护日，环境保护部发布的主题是："绿水青山就是金山银山"，提倡绿色健康生活，建设美丽中国。党的十八大将生态文明建设纳入"五位一体"总体布局，首次把美丽中国作为生态文明建设的宏伟目标。党的十九大报告明确提出："坚持人与自然和谐共生""像对待生命一样对待生态环境""实行最严格的生态环境保护制度"。党和国家已经把生态环境保护纳入国家战略的高度，启动了"长江经济带生态环境保护规划""黄河流域生态保护和高质量发展规划"等重点项目，加快建立国土空间规划体系并监督实施，整体谋划新时代国土空间开发保护格局，综合考虑人口分布、经济布局、国土利用、生态环境保护等因素，科学布局生产空间、生活空间、生态空间，加快形成绿色生产方式和生活方式，推进生态文明建设，全面提升国土空间治理体系和治理能力现代化水平，努力实现生产空间集约高效、生活空间宜居适度、生态空间山清水秀，安全和谐、富有竞争力和可持续发展的国土空间格局。开展区域国土空间生态脆弱性动态评价，正是顺应了党和国家的生态文明建设、乡村振兴战略的总体部署，客观认识生态环境脆弱发生机理及其演变规律，以及同人类生存和发展、乡村振兴问题的关联，并寻求有针对性的国土空间生态管护对策，为实现区域高质量发展和高品质生活、建设美好家园提供科学支撑(卢风，2017；余文波等，2017；吴瑾菁和祝黄河，2013)。

针对国土空间的综合治理，江西省开展了多年的探索实践，先后经历了"围湖造田""退田还湖""生态建设""综合治理"等发展阶段，为实现区域社会经济与生态环境和谐发展进行了许多卓有成效的创新实践。特别是自20世纪80年代以来，江西省就全面组织实施了山江湖开发治理工程(简称"山江湖工程")，根据大流域生态经济系统理论，以水文过程为系统的命脉，遵循"山是源、江是流、湖是库"的系统思想，把山、江、湖作为流域生态系统密不可分的有机整体，基于"治湖必须治江，治江必须治山，治山必须治穷"的理念，坚持"立足生态、着眼经济、系统开发、综合治理"的原则，广泛开展了治山、治江、治湖、治穷的探索与实践，结合山区、丘陵盆地、平原湖区等地形分异特征，开展土地资源开发、利用、保护与综合治理，形成了小流域综合开发治理模式、土壤丘陵立体开发模式、山地生态林业规模经营开发模式、南方水田农林复合型生态经济模式、南方农区草地资源开发模式、大水面综合开发模式、湖区治虫与治穷综合开发模式、沙土治理开发模式、生态城市规划和建设模式等山江湖开发治理模式，促进了江西生态环境的改善和社会经济的可持续发展。江西省以超16万平方公里的土地资源，"六山一水二分田，一分道路和庄园"的资源禀赋，养育了4500多万的常住人口(2019年)，而且平均每年为长江中下游注入水量达1450亿m³的新鲜水资源，为长江中下游区域水资源和水生态提供保障，江西省山江湖工程是国土空间系统管理和综合治理的成功案例。1992年6月，山江湖工程作为区域综合开发的典型，被中国政府选送参加世界环境与发展大会的技术博览会；1994年7月，山江湖工程入选《中国21世纪议程》首批优先项目；1997年6月，国家科学技术委员会与国家计划委员会联合召开经验交流会向全国推介山江湖工程的做法与经验；2000年6月，山江湖工程代表中国入选德国汉诺威世界博览会参展，引起国内外广泛关注；2002年9月，山江湖工程加入了"国际南南合作网",进一步扩大了对外交流与合作;2003 年 9 月,山江湖工程加入世界"生命湖泊网",并再次参加在南非约翰内斯堡举行的世界环境与发展大会;2014 年 11 月,经国家发展和改革委员会等六部委批复,江西省列入全国首批生态文明先行示范区,致力打造美丽中国"江西样板";2016 年 8 月,江西省纳入首批国家生态文明试验区,围绕"绿色生态江西""生态立省""绿色崛起"的发展定位,力求探索形成人与自然和谐发展的现代化建设新格局,山江湖工程再上发展新征程,承担起践行山水林田湖草沙生命共同体理念,推进流域生态文明建设的使命。山江湖工程从鄱阳湖全流域的宏观角度创新流域资源管理、生态保护及环境治理的技术与方法,以求达到流域资源持续利用、生态环境持续改善和经济社会持续发展的战略目标,丰富了国土空间综合管理的科学内涵,成为区域可持续发展的典范,并为中国乃至世界发展中国家国土空间综合治理提供了参考与借鉴。"世界从山江湖工程看到希望,江西从山江湖工程走向世界"。山江湖工程作为一项以人与自然绿色协调可持续发展为目标的跨世纪大流域管理工程,是江西寻求保持区域国土空间生态系统良性循环,实现经济社会、生态环境协调发展的一次重要的、成功的探索与实践,具有非常重要的理论意义和现实意义。

江西省作为国家生态文明试验区,"十三五"期间,尤其是 2018 年开展污染防治攻坚战以来,实施长江经济带"共抓大保护"攻坚行动,全面开展"五河两岸一湖一江"全流域整治,发展绿色产业、健全生态文明制度,在生态文明建设和生态环境保护工作方面取得了良好的成效。江西省生态环境状况指数(ecological index, EI)为优,列全国第四位;森林覆盖率稳定在 63.1%,列全国第二位;国家级"绿水青山就是金山银山"实践创新基地累计达到 5 个,列全国第二位;"国家生态文明建设示范市县"累计达到 16 个,列全国第五位;率先实现国家森林城市、国家园林城市设区市全覆盖。国家生态文明试验区 38 项重点改革任务全部完成,35 项改革举措和经验成果列入国家清单在全国推广。山水林田湖草保护修复、全流域生态补偿、国土空间规划、环境治理体系、绿色金融改革、生态价值转化、河湖林长制等改革走在全国前列,绿色发展"靖安模式"、废弃矿山修复"寻乌经验"、萍乡海绵城市建设、景德镇"城市双修"、余江农村宅基地改革等成为全国典型。绿色生态是江西最大财富、最大优势、最大品牌。在江西建设国家生态文明试验区,有利于发挥江西生态优势,使绿水青山产生巨大生态效益、经济效益、社会效益,探索中部地区绿色崛起新路径;有利于保护鄱阳湖流域作为独立自然生态系统的完整性,构建山水林田湖草生命共同体,探索大湖流域保护与开发新模式;有利于把生态价值实现与乡村振兴有机结合起来,实现生态保护与生态扶贫双赢,推动生态文明共建共享,探索形成人与自然和谐发展新格局。把鄱阳湖流域作为一个山水林田湖草生命共同体,统筹山江湖开发、保护与治理,建立覆盖全流域的国土空间开发保护制度,深入推进全流域综合治理改革试验,探索大湖流域生态、经济、社会协调发展新模式,做好治山理水、显山露水的文章,走出一条经济发展和生态文明水平提高相辅相成、相得益彰的路子,是打造美丽中国"江西样板"的必然要求,将为全国流域保护与科学开发起到引领示范作用。

江西省生态优势,主要体现在流域国土空间的相对多样性、生态系统的相对完整性、生态功能的相对稳定性等方面。江西境内基本都属于鄱阳湖流域,流域面积 162225km²,

占长江流域面积的 9.0%。包括赣江、抚河、信江、饶河、修河五大水系(简称"五河"),以及直接入湖的清丰山溪、博阳河、漳田河、潼津河等河流,各河来水汇入鄱阳湖后经湖口汇入长江。鄱阳湖流域与江西行政边界高度吻合,属江西境内面积约 156743km²,约占鄱阳湖水系流域面积的 96.6%,约占江西省总面积的 93.9%(王杰等,1997)。鄱阳湖是我国第一大淡水湖,也是极其重要的通江湖泊。平均每年经鄱阳湖调蓄注入长江的水量达 1450 亿 m³,占长江平均年流量的 15%以上,超过黄河、淮河、海河三大河流水量的总和,是长江中下游地区生态安全、饮水安全的重要保障,在调洪蓄水、气候调节和生物多样性保护等方面,具有无法估量的社会、经济和生态价值。江西省坚持生态立省、绿色崛起的理念,以生态文明先行示范区建设全面推进为新契机,坚定不移地走绿色、低碳、循环的可持续发展之路,不断提高"山江湖工程"的实施成效,对国土空间、湖泊流域进行综合治理,积极摸索生态文明建设、美丽中国建设"江西样板",为湖泊流域综合管理、绿色协调可持续发展提供了丰富的实践经验(朱美青等,2017;刘耀彬和柯鹏,2015)。但是,随着经济社会的发展、新型城镇化建设的推进,特别是鄱阳湖水利枢纽工程建设、《大南昌都市圈发展规划(2019—2025 年)》的逐步实施,对鄱阳湖流域生态系统一定会带来许多新的影响、新的挑战,水土流失治理、旱涝灾害防治、水质污染管控、生物多样性保护等问题仍然严峻,不合理的土地利用以及农业面源污染、土壤污染、农村生活垃圾处理等问题依然存在(肖文婧,2015)。正确认识江西省国土空间、湖泊流域土地生态脆弱性现状、特征及其时空演变规律和内在机理,对实现江西绿色崛起、打造美丽中国"江西样板"有十分重要的现实意义。

人的命脉在田,田的命脉在水,水的命脉在山,山的命脉在土,土的命脉在树。山水林田湖草是一个生命共同体。湖泊区域一般资源丰富、人口密集、经济发达,生态环境承受着极大的压力,其脆弱性、安全性演变受到各国高度关注。国外对湖泊区域开发利用开展了诸多研究并形成了相应的管理模式。例如,北美五大湖采取梯度推进的区域开发模式、芬兰湖泊区域采取优化产业集群与合理资源开发相结合的开发模式、日本的琵琶湖走的是先污染后治理的开发模式、瑞士日内瓦湖实行以水为主体的旅游产业发展模式等,其保护治理和综合管理的一些经验与理念非常值得借鉴(傅春,2009;Ngana et al.,2004;Schotten et al.,2001;Coveney et al.,2002;Li et al.,2006;魏晓华和孙阁,2009)。国内专家针对鄱阳湖、洞庭湖、太湖等湖泊区域开发与管理进行了广泛研究,特别是针对湖区生态系统评估、生物多样性、生态修复、环境污染治理、保护区建设等问题开展了深入研究。例如,鄱阳湖生态系统评估、洞庭湖的点轴发展模式、太湖网络式开发模式等(王晓鸿,2004;许妍等,2011;杨桂山等,2010;吴英豪和纪伟涛,2002;刘明等,2007;胡降临和王心源,2009)。江西鄱阳湖流域在维系区域国土空间土地利用安全和生态安全中具有重要价值。但由于受人口增长、国土空间不合理利用和社会经济发展的影响,湖泊区域面临植被退化、水土流失、生态环境脆弱等诸多问题,湖泊生态服务功能和经济社会价值下降,一定程度制约着湖区社会经济可持续发展。对湖泊区域国土空间土地利用、生态环境进行科学认识评价和合理优化调控,保障区域国土空间生态安全,既是资源环境领域研究的热点问题,又是生态进步、生态经济发展和生态文明建设的迫切需求。针对国土空间典型区域、湖泊流域重要生态功能区和生态功能敏感区,通过开展国土空间生态脆弱性动态评价，结合流域土地利用时空变迁和社会经济发展，认清湖泊流域生态系统发展现状及其面临的挑战，分析土地生态分异特征及其与生态安全格局耦合机制，探讨土地生态优化和土地利用调控，将对区域的土地利用安全和生态安全产生非常积极的作用。

脆弱生态环境是指那些对环境因素的改变反应敏感、生态稳定性差，在人类活动的作用下，生态环境易于向不利于人类利用的方向发展，并且在现有的经济水平和技术条件下，这种负向发展的趋势得不到有效遏制的连续区域（蔡海生，2003；蔡海生等，2009a）。生态脆弱性是生态系统在特定时空尺度相对于外界干扰所具有的敏感反应和自我恢复能力，是自然属性和人类干扰行为共同作用的结果。即脆弱生态环境是个宏观概念，无论其成因、内部环境结构、外在表现形式和脆弱程度如何，只要它在外界的干扰下易于向生态退化或环境恶化的方向发展，就都应该视为脆弱生态环境。区域生态脆弱性、安全性评价研究，始于 20 世纪初，美国学者克莱门茨（Clements）提出的生态交错带（ecotone）理论，奥德姆（Odum）在 1971 年对其进行了补充完善，认为生态脆弱性主要是在特定地理背景和人类活动影响下，生态系统物质、能量分配不协调的产物（王让会和游先祥，2001）。1972 年 6 月，联合国人类环境会议在瑞典斯德哥尔摩召开，这是世界各国政府代表第一次在一起讨论环境问题，会议通过了《人类环境宣言》，并成立联合国环境小组开始协调国际环境监测活动。这是人类史上关于环境保护形成全球共识的大会，具有历史性里程碑意义。1987 年 4 月，世界环境与发展委员会发表了《我们共同的未来》报告，提出了"既满足当代人的需求，又不危及后代人满足其需求能力的"可持续发展的概念。1988 年 6 月，匈牙利布达佩斯召开的第七届国际科学联合会环境问题科学委员会（Scientific Committee on Problems of the Environment, SCOPE）会议，重新确认了生态过渡区的概念，正式提出生态脆弱性相关概念，脆弱生态环境领域的研究愈加活跃。2000 年 6 月，联合国启动了"新千年生态系统评估计划"（The Millennium Ecosystem Assessment, MA）。2010 年 10 月，联合国《生物多样性公约》（Convention on Biological Diversity, CBD）第十次缔约方大会正式通过《2011—2020 年生物多样性战略计划》，提出到 2020 年修复 15%退化生态系统的战略目标；2019 年 3 月，联合国发布"2021—2030 年生态系统修复十年"行动计划，提出到 2030 年恢复 3.5 亿 hm² 退化的生态系统，以此作为应对气候危机和加强粮食安全、保护水资源和生物多样性的有效措施；2020 年 1 月，联合国《生物多样性公约》发布了"2020 年后全球生物多样性框架"预稿，提议到 2030 年至少保护 30%的地球，到 2050 年构建一个与自然和谐相处的世界，生物多样性受到重视、得到保护、恢复及合理利用，维持生态系统服务，创造一个可持续的健康的地球，所有人都能共享重要惠益。这极大地推动了生态系统评价的研究工作在全球的广泛开展。

中国政府一直非常重视生态环境保护和生态文明建设工作，面对资源约束趋紧、生态系统退化、环境污染严重的严峻形势，积极采取行动。在全球环境保护运动尚未兴起的 20 世纪 50 年代，以毛泽东同志为核心的党的第一代中央领导集体，提出"一定要把淮河修好"，开启了被誉为新中国初期四大水利工程的治理海河工程、荆江分洪工程、官厅水库工程和治理黄河工程；1972 年中国政府派出代表团参加联合国人类环境会议；1973 年第一次全国环境保护会议在北京召开；1989 年正式实施的《中华人民共和国环境保护法》，成为我国环境保护的基本法律；1992 年 6 月，联合国在里约热内卢召开联合国环境与发展大会，通过《里约环境与发展宣言》和《21 世纪议程》等文件，中国在这次大会上向世界承诺走可持续发展道路；1994 年中国政府发布了《中国 21 世纪议程——中国 21 世纪人口、环境与发展白皮书》；1996 年提出了"关于国民经济和社会发展'九五'计划和二〇一〇年远景目标纲要的报告"；2004 年党的十六届四中全会首次完整提出了"构建社会主义和谐社会"概念；2007 年召开的党的十七大，将"生态文明"写入十七大报告。2012 年党的十八大提出"把生态文明建设放在突出地位"，并进一步提出"优化国土空间开发格局""全面促进资源节约""加大自然生态系统和环境保护力度""加强生态文明制度建设"等举措，以"形成节约资源和环境保护的空间格局、产业结构、生产方式、生活方式，从源头上扭转生态环境恶化趋势"。2017 年党的十九大提出"中国将提高国家自主贡献力度，采取更加有力的政策和措施，二氧化碳排放力争于 2030 年前达到峰值，努力争取 2060 年前实现碳中和"。中国主动顺应全球绿色低碳发展潮流，做生态文明的践行者，全球气候治理的行动派。这些对生态环境保护和评价研究工作起到了很大的推动作用。总体上看，关于生态脆弱性的研究，国内外主要集中在生态脆弱性的表征特征、驱动机理、分布格局、发展演变、优化调控等方面，并形成了系列的理论成果和评价方法，取得了积极的研究成效（沈彦等，2007；白艳芬等，2009；周丙娟等，2009）。生态安全主要是围绕生态环境的变化与风险性、脆弱性、安全性之间的关系展开的（谢俊奇和吴次芳，2004；李智国和杨子生，2007；Wellington and Rashid，2010；Li and Cai，2011）。研究的侧重点大致可分两类：一类是以自然地理景观为主要研究对象；另一类是以受人类活动影响显著的地区为主要研究对象（莫宏伟和任志远，2011；徐道炜等，2011；曾乐春和李小玲，2011）。从研究方法上看，与国土空间开发适宜性、国土空间承载力、国土空间生态健康等研究相比较，国土空间生态脆弱性和生态安全评价研究是对国土空间的经济功能、生态功能和社会功能开展的综合研究。20 世纪 80 年代，联合国经济合作开发署从可持续发展的角度提出了基于"压力-状态-响应"（P-S-R）的生态安全分析模型，得到了比较广泛的应用（左伟等，2003），其他模型方法主要有主成分分析法、物元分析法等（鲍艳等，2006；黄辉玲等，2010）。

国土空间生态系统安全问题是 21 世纪人类社会可持续发展所面临的严峻挑战，已成为当前地学、生态学以及资源环境科学研究的前沿任务和重要领域。21 世纪以来，中国经济发展速度一直高居世界前列，但传统的粗放型经济增长模式已经走到尽头，因国土空间不合理开发利用而导致的土地利用格局失调、资源利用低效、环境污染严重。如何综合生态脆弱性分析和生态安全评价的理论与方法，结合区域国土空间土地利用变化和社会经济发展，科学把握生态脆弱性的表现特征、驱动机理、演变过程、发展趋势、分异特征和规律，以国土空间生态规划设计和功能区划为核心加强区域国土空间土地利用优化和生态安全调控，是当前国内外国土空间科学研究的重要方向。江西省鄱阳湖流域当前正处在工业化、城镇化快速发展时期，对湖区生态脆弱性、安全性进行动态评价，分析土地利用和社会经济胁迫下耕地、建设用地、生态用地、生态经济等因子脆弱性时空分异特征、规律及其关联机理，结合耕地保护整治和城镇化规划布局、土地生态规划和生态功能区划、生态经济布局和主体功能区划、资源绩效评价和土地生态管理等，探讨基于土地生态分异的优化调控措施和管理保障体系，是一项非常紧迫的研究任务。研究将为推动生态脆弱性与安全性研究的科学发展，提高研究成果的实践应用价值提供新思维，为维护区域国土空间利用安全和生态安全提供新方法，也为其他湖泊流域地区的国土空间利用和生态管理提供新思考。

1.1.2　研究目的和意义

"十三五"到"十四五"时期，是江西省生态文明实验区建设的关键时期，是创新实践建设美丽中国"江西样板"的关键阶段。当前，江西省正处于经济发展的爬坡期，如何在经济社会发展中走上生态优先绿色发展之路，是实现高质量跨越式发展的关键举措。以习近平生态文明思想为指导，立足新发展阶段、贯彻新发展理念、构建新发展格局，牢固树立"绿水青山就是金山银山"理念，全力推进国家生态文明试验区建设，充分挖掘江西省绿色生态这个最大财富、最大优势、最大品牌的价值，促进人与自然和谐共生、生态环境质量保持全国前列，高标准建成美丽中国"江西样板"，成为江西国土空间资源利用最大的目标和追求。江西省生态文明试验区建设，是立足于区域独特的区位、资源、生态特色和优势，把保护好生态环境和发展生态经济有机结合的重大战略，事关长江流域生态安全和江西省中部崛起。因此，科学认识该区域生态脆弱性、安全性并进行有效的国土空间生态调控，合理配置和利用自然资源，保护紧缺的淡水资源，积极发展生态经济，促进区域社会经济和生态环境协调发展，圆满实现江西省生态文明试验区建设的预期目标，已成为江西省面临的紧迫而又艰巨的任务。

站在新的历史起点上，江西省当前正处在工业现代化、农业现代化、新型城镇化快速转型发展升级时期，对区域生态脆弱性、安全性进行动态评价，分析国土空间土地利用和社会经济胁迫下耕地、建设用地、生态用地、生态经济等因子脆弱性时空分异特征、规律及其关联机理，结合耕地保护整治和城镇化规划布局、国土空间生态规划和生态功能区划、生态经济布局和主体功能区划、资源绩效评价和国土空间生态管理等，探讨基于国土空间生态分异的优化调控措施和管理保障体系，具有非常重要的理论意义和现实意义。

基于以上原因，选取江西省及其典型区域(鄱阳湖区、万安县、武功山等)进行国土空间生态脆弱性评价，利用 3S 技术[遥感技术(remote sensing，RS)、地理信息系统(geography information systems，GIS)、全球定位系统(global positioning systems，GPS)]，依据研究区域生态环境的实际状况及区域地理特征，结合经济社会因素综合考虑，从自然潜在脆弱性及人为干扰脆弱性两方面构建国土空间生态脆弱性评价指标体系，采用 GIS 综合叠加分析，从县域尺度及栅格尺度出发，对研究区域国土空间生态脆弱性进行时空格局动态演变综合评价分析，依据评价分析结果进行国土空间生态脆弱性综合分区研究，并提出生态脆弱性治理和国土空间生态管控对策。研究成果可为江西省进行生态文明建设提供基础支撑，为生态脆弱区管控与生态保护及恢复提供相关决策参考，也在一定程度上能够丰富国土空间生态脆弱性评价的研究理论与方法，为国土空间生态评价研究提供参考借鉴。

(1)土地利用安全和生态系统安全问题是 21 世纪人类社会可持续发展所面临的严峻

挑战，已成为当前地学、生态学以及资源环境科学研究的前沿任务和重要领域。如何综合生态脆弱性分析和生态安全评价的理论与方法，结合区域土地利用变化和社会经济发展，科学把握生态脆弱性的表现特征、驱动机理、演变过程、发展趋势，分异特征和规律，以土地生态规划设计和功能区划为核心加强区域土地利用优化和生态安全调控，是当前国内外土地科学研究的重要方向和重点任务。

(2)江西省当前正处在工业现代化、农业现代化、新型城镇化快速发展的关键时期，对湖区生态脆弱性、安全性进行动态评价，分析土地利用和社会经济胁迫下耕地、建设用地、生态用地、生态经济等因子脆弱性时空分异特征、规律及其关联机理，结合耕地保护整治和城镇化规划布局、土地生态规划和生态功能区划、生态经济布局和主体功能区划、资源绩效评价和土地生态管理等，探讨基于土地生态分异的优化调控措施和管理保障体系，是一项非常紧迫的研究课题。研究将为推动国土空间生态脆弱性与安全性研究的科学发展并提高研究成果的实践应用价值提供新思维，为维护区域国土空间土地利用安全和生态安全提供新方法，也为其他大湖区域的土地利用和生态管理提供新思考。

(3)江西省作为首批国家生态文明建设试验区，为贯彻落实好《中共中央 国务院关于建立国土空间规划体系并监督实施的若干意见》等文件精神，通过开展鄱阳湖流域土地生态状况调查，全面了解区域生态环境状况和社会经济情况，明晰江西省国土空间生态脆弱性现状及其表征、空间格局和演变规律，在生态脆弱性评价和分区基础上，探讨国土空间综合整治和生态保护修复策略，为江西省国土空间规划、自然资源有效保护、合理开发与利用奠定基础，为统筹山水林田湖草沙系统治理、推动长江经济带"共抓大保护、不搞大开发"政策落地、推进江西省生态文明试验区建设、打造美丽中国"江西样板"等提供科技支撑和决策依据。

1.2 研究基本思路与技术方法

1.2.1 研究基本思路

在区域自然资源条件和社会经济条件基础数据支撑下，对研究区域国土空间生态脆弱性进行动态评价分析，分析土地利用变化、社会经济发展胁迫下的生态脆弱性表征特征及其时空格局、演变规律，以缓解和消除脆弱性驱动因素为核心，从自然潜在脆弱性及人为干扰脆弱性的角度进行分区，以保护生态环境、发展生态经济、构建和谐社会为目标，探讨土地生态优化、土地利用调控和土地生态管理模式，服务于湖区生态环境良好、生态经济发展、生态文明进步新格局，最终寻求区域人与自然共和谐的土地资源利用模式和社会经济发展模式，服务于土地利用安全和区域生态安全。

(1)构建合理的生态脆弱性、安全性评价体系和分析模型，从潜在、胁迫、现实三方面分析生态脆弱性时空分异特征和规律，研究土地利用变化、社会经济发展胁迫下的生态脆弱性与土地生态安全时空分异特征和规律，并进行动态评价，为科学认识国土空间土地资源利用及生态环境状况提供基本信息。

(2)基于不同地类生态脆弱性时空分异情况，明确不同脆弱因子之间的相互影响和作用，分析脆弱性的驱动机理、演变过程、发展趋势和空间格局，把握土地利用变化及社会经济发展胁迫下的土地生态分异规律，结合土地生态适宜性、敏感性、风险性等方面从时空上评价土地生态安全，为土地利用优化调控和生态环境治理提供基本途径。

(3)综合生态脆弱性时空特征和分区情况，探讨土地生态优化、土地利用调控、土地生态管理及保障机制，统筹兼顾国土空间的经济功能、社会功能、生态功能，针对不同类型的生态脆弱区提出具体的生态格局优化调控对策，促进生态系统、土地利用、生态经济和资源管理可持续，服务于区域生态文明建设和生态保护修复。

1.2.2　研究方法和技术路线

1. 研究方法

具体包括：①空间分析法：利用 3S 技术将所需的各因子数据空间化处理，进行空间格局分析和叠加分析，得到国土空间土地利用、社会经济时空分异的关键信息，为脆弱性分析提供基础数据；②多元统计分析法：利用主成分分析法、层次分析法等分析模型，确定分析评价因子，构建脆弱性评价与国土空间生态安全评价的指标体系，对脆弱性因子进行相关性分析；③比较研究：对不同时间、不同地区、不同地类的脆弱性和安全性进行比较分析，并探究其分异原因；④定性分析与定量分析相结合的方法：对所选择的因子，依据相关标准规范或咨询相关专家进行分等定级；⑤实证研究与规范研究相结合的方法：实地考察和统计数据结合，使所使用数据最大程度与实际相符。

2. 技术路线

通过资料收集，构建研究基础数据库，在综合分析评价的基础上，提出生态管理调控对策。技术路线图见图 1-1。

(1)收集相关资料：包括文献资料、空间数据和统计数据等，综合生态脆弱性动态评价与国土空间生态调控所涉及的理论、方法和研究成果，制定出适合本书的更加具体的、有效的研究方法和技术路线。

(2)建立数据库：包括地貌类型数据、数字高程数据、土壤类型数据、水文专题数据等基础数据，以及研究周期内的国土空间土地利用变化(地类转移、植被覆盖等)、社会经济发展(人口密度、城镇化水平、人均 GDP、交通指数等)等与国土空间生态脆弱性及安全性动态分析相关的数据。通过文献调研与分析，结合研究区域及研究内容确定数据资料清单，拟定调研方案，开展实地调查与资料收集。

(3)数据分析评价：确定评价指标因子及其权重，对各因子进行脆弱性分级并进行空间化处理分析，结合国土空间土地利用的适应性、稳定性、空间格局分析以及社会、经济、生态之间的关系分析，分析国土空间土地利用、社会经济胁迫下生态时空分异特征和规律，以及各脆弱因子的相互关联，并进行脆弱性分区；以脆弱性时空分异为基础，结合国土空间土地利用现状、社会经济及生态功能，构建国土空间生态安全评价指标体系，完成国土空间生态安全动态评价，并结合国土空间人口承载力、水资源承载力、生态环境承载力，开展区域国土空间生态安全预警分析。

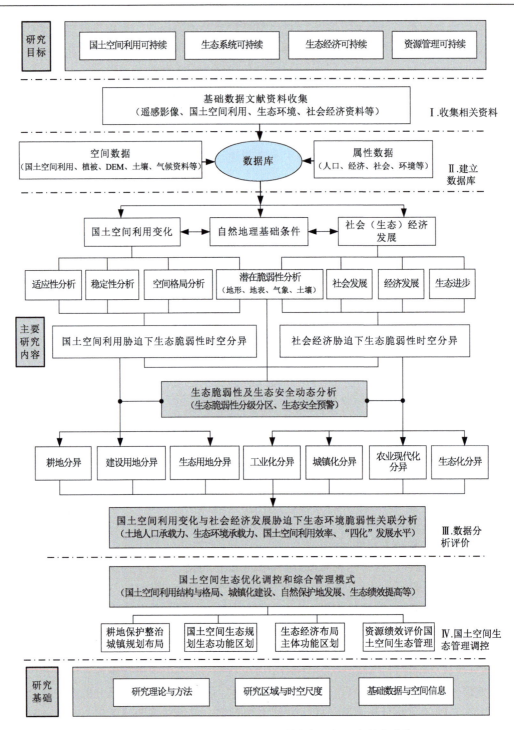

图 1-1　国土空间生态脆弱性分异及其优化调控研究技术路线

数字高程模型(digital elevation model, DEM)

(4) 国土空间生态管理调控：在脆弱性与安全性评价的基础上，分析国土空间土地利用功能差异、生态服务功能差异和社会经济发展差异，通过行政、立法、经济、技术、宣教、评估等手段，结合农地利用格局、城镇化建设、经济布局、生态保护、绩效评估等方面，探讨国土空间生态优化和国土空间土地利用调控的有效方法和保障策略，服务于区域生态文明建设。

1.3　研究主要内容与关键问题

本书主要以江西省及其域内典型区域为研究区域，以国土空间土地利用变化和社会经济发展为基础，对研究区域生态脆弱性、安全性进行动态评价，分析区域生态脆弱性与国土空间生态安全时空分异特征及其规律，提出国土空间生态优化和国土空间土地利用调控的应对策略。具体内容包括 3 个部分。

1.3.1　生态脆弱性与生态安全动态分析

(1) 数据库构建：收集研究区域内 1985 年、1995 年、2000 年、2005 年、2010 年、2015 年的遥感数据及相关属性数据并形成数据库。其中，以地貌类型图、数字高程图、土壤类型图、水文专题图等构成生态环境潜在脆弱性的主要分析数据；以历年的国土空间土地利用变化、社会经济变化等构成生态环境胁迫脆弱性的主要分析数据。对涉及的评价因子进行脆弱性分级赋值并形成图层，其中以统计数据为主的社会经济相关因子以县(乡)行政区域为分析单元，其他因子一律采用各因子属性最小图斑为分析单元。

(2) 生态脆弱性时空动态分析：结合区域地形、地貌、土壤、水文等自然地理条件，完成生态环境潜在脆弱性评价；结合国土空间土地利用变化下各类用地时空转移情况，以及社会经济发展的区间差异性，分析不同地类、不同社会经济指标脆弱性分异特征和规律，完成生态胁迫脆弱性分析；将相同年份国土空间土地利用变化和社会经济发展引起的胁迫脆弱性图层与潜在脆弱性图层叠加分析，完成该年度的生态环境现实脆弱性评价；将不同年份的生态环境脆弱性空间分布图进行叠加，形成脆弱性转移矩阵，结合潜在脆弱性、胁迫脆弱性、现实脆弱性分析脆弱性的变化转移情况，计算生态脆弱性绝对度和相对度，完成脆弱性动态评价。

(3) 生态安全评价及预警分析：以国土空间土地利用生态脆弱性时空分异为基础，分析脆弱性的表现特征、驱动机理、演变过程、发展趋势，以及国土空间土地利用生态适宜性、敏感性、风险性等时空格局和表现特征，从国土空间经济功能、社会功能、生态功能三个方面，构建国土空间生态安全评价指标体系，结合不同年份的数据完成国土空间生态安全动态分析。并结合国土空间人口承载力、水资源承载力、生态环境承载力，分析生态安全现状、趋势及其主导因素，开展区域国土空间生态安全预警分析，提出相应防范措施。

1.3.2　国土空间土地利用变化及社会经济发展胁迫下的生态脆弱性关联分析

(1) 国土空间生态脆弱性差异性分析：在脆弱性动态分析的基础上，分析国土空间土地利用变化下耕地、建设用地、生态用地等因子脆弱性的增减变化及其空间分布，分析社会经济发展过程中工业化、城镇化、农业现代化、生态化等因子的发展差异和分布特征，对生态脆弱性进行分区，为国土空间土地利用调控和生态环境治理提供决策信息。

（2）国土空间生态脆弱性时空耦合分析：在各因子脆弱性时空分异的基础上，分析不同区域国土空间土地利用与社会经济脆弱性等级时空分布特征，并进行相关性多元统计分析，分析脆弱性发展的因子关联程度及其贡献率，为协调国土空间土地利用与社会经济发展提供决策信息。

1.3.3　国土空间土地利用优化调控及生态管理机制分析

（1）国土空间生态优化与规划调控：以国土空间土地利用与社会经济胁迫下生态脆弱性时空分异和国土空间生态安全评价及其预警为基础，针对生态脆弱性、生态安全的表现特征、发展演变及其关联性，结合区域国土空间土地利用的经济、社会、生态等功能，从国土空间土地利用（耕地保护整治和城镇化规划布局）、生态保护（国土空间生态规划和生态功能区划）、经济发展（生态经济布局和主体功能区划）等方面，探讨国土空间生态优化和国土空间规划调控的有效方法；

（2）国土空间生态管理及保障机制：为实现国土空间资源优化配置、生态环境有效保护、社会经济持续发展，通过行政、立法、经济、技术、宣教、评估等手段，对国土空间土地利用格局、城镇化发展、自然保护地建设、生态化指标等在时空上做出合理的安排，并进行科学监控，提高国土空间土地利用绩效和生态经济水平，保障城镇规划布局、生态功能区划与主体功能区划的科学实施。

本书的落脚点在于寻找研究区域国土空间土地利用和生态环境相协调的生态经济发展与生态文明建设融合模式，使生态环境得到改善、资源利用效率普遍提高、区域可持续发展能力不断增强、社会经济与自然环境的和谐不断进步。研究中拟解决的关键问题主要包括：①如何确定国土空间土地利用变化、社会经济发展对生态脆弱性影响的关键因子，科学构建生态脆弱性动态评价指标体系；②如何总结归纳区域国土空间土地利用条件下生态脆弱性时空分异特征及规律，提出有针对性的国土空间生态优化和国土空间土地利用调控对策；③探讨基于生态脆弱性分析的国土空间生态管理的可行性方案和保障机制，实现生态脆弱性动态评价的社会应用价值。

第 2 章　国土空间生态脆弱性评价研究概述

随着社会经济的快速发展以及人口压力的不断增长，人类活动正越来越强烈地影响着地球的生态系统平衡，导致当前生态环境的脆弱性进一步加剧，生态环境问题越来越突出。通过对区域生态脆弱性评价研究的相关文献资料进行整理，本书认为生态脆弱性是个相对的概念，受到自然地理条件因素、系统自身恢复能力、人为活动干扰等多重因素的影响，是自然因素和人为因素共同作用的结果。本书结合生态脆弱性内涵表征及其评价的主要内容、评价指标选取及体系构建、评价方法及分析模型等方面的研究，分析了生态脆弱性评价研究领域的发展状况及其不同区域指标体系和评价方法的差异，讨论了在研究理论方法的创新、评价指标体系及计算模型的构建、自然因素和人为因素评判的定量分析描述、评价结果的应用研究等方面仍存在的一些问题，并结合评价模型构建、数据处理分析的有效性、评价结果应用等方面分析了生态脆弱性评价研究的发展趋势。研究认为，区域生态脆弱性评价在未来研究中：研究思路需要进一步突出综合系统性；数据处理需要进一步突出时空动态性；研究方法需要进一步突出学科融合性；研究结果需要进一步突出实践应用性。

2.1　国土空间土地利用变化国内外研究进展

国土空间土地资源是人类赖以生存和发展的重要自然资源。自人类诞生以来，土地利用从原始的刀耕火种到机械现代化生产；从粗放经营到节约、集约利用；从被动地适应自然到主动地改造环境，人类的发展史就是一部土地利用变化的历史。土地利用与土地覆盖变化(land use and land cover change, LUCC)对全球气候、环境变化产生重要的影响，近年来全球气候特别是区域性极端气候变化加剧，自然风险和自然灾害等问题越来越严峻。许多学者针对 LUCC 做了大量研究工作，围绕研究时空尺度、数据信息获取、遥感监测方法、信息处理分析、评价预测模型等方面积极探索，取得了丰硕的研究成果(骆剑承和杨艳，2001；何春阳等，2001)。研究重点聚焦在土地利用变化过程和趋势研究、土地利用变化驱动力研究、土地利用变化影响效应研究、土地利用的低碳模式研究等方面。在 LUCC 研究的实践中，通常采用的步骤是数据采集—遥感分析—模型建立—结果分析—趋势研判—优化调控。即采集国土空间土地利用变化相关基础空间数据和属性数据，包括 LUCC 数据和驱动因子数据的采集(于兴修和杨桂山，2002)；根据不同时段的遥感影像，通过信息提取，快速准确地监测获得各时段的土地覆盖信息及其变化情况，并对各种因子进行定量分析；建立 LUCC 模型，通过对 LUCC 驱动力的科学解释和预测，结合未来的土地利用驱动机制对发展进行预判；基于国土空间 LUCC 动态评价和发展趋势模拟研判的基础上，对国土空间开发利用和保护行为进行优化调控，为土地利用安全和土地生态安全调控决策提供科技支撑。

2.1.1 国外国土空间土地利用变化研究

国际上有关土地利用变化的正式研究始于 1992 年联合国制定的《21 世纪议程》。但是各国根据自己的情况开展的与土地利用变化有关的研究活动比较早。19 世纪中期，George Perkind Narsh 就人类活动对地表的改变进行了讨论。V.I. Vernadsky 就人类活动对地球上主要的生物—地理—化学循环进行了分析研究。瑞典从 1972 年起在撒哈尔进行荒漠化和植被动态监测至今，对该地区土地利用和覆被变化进行了长期的研究。美国生态学会于 1988 年确定了 20 世纪最后 10 年生态学优先研究领域，提出了创建可持续生物圈的规划(Sustainable Biosphere Inititative，SBI)，致力于研究生态学在地球资源管理和地球生命支持系统保护中的作用。自 1990 年起，隶属于国际科学理事会(International Council for Science, ICSU)的国际地圈–生物圈计划(International Geosphere-Biosphere Programme, IGBP)和隶属于国际社会科学理事会(International Social Science Council, ISSC)的全球环境变化的人文因素计划(International Human Dimension Programme on Global Environmental Change, IHDP)积极筹划全球性综合研究计划，于 1995 年共同拟定并发表了《土地利用/土地覆被变化科学研究计划》，将其列为核心研究计划。国际系统应用研究所于 1995 年启动了为期三年的"欧洲和北亚土地利用/土地覆盖变化模拟"的项目，旨在分析 1900~1990 年该区域的土地利用/土地覆盖变化的空间特征、时间动态和环境效应，并预测该区域未来 50 年土地利用/ 土地覆盖变化的趋势，为制定相关对策服务。目前更多的国际组织和国家启动了各自的土地利用变化研究项目，取得了一系列成果，并形成了不同的研究流派。

北美流派的研究工作从宏观的角度出发，定性地研究全球规模大尺度上的土地利用变化状况及其与全球环境变化的相互关系，当今与 IGBP 和 IHDP 有关的 LUCC 研究计划，在很大程度上体现着这一研究流派的主要观点。北美流派的主要代表人物 B.L Turner.与 D.Skole 等人，研究主要集中在土地利用驱动力、土地利用对土地覆被的影响、土地利用时空动态变化、土地利用与土地覆被变化区域性与全球性模型和预测等方面，其特点是宏观(大尺度)、定性，使得研究成果过于空泛，多为概念性模型，难以实践。

日本流派主要利用数量模型与经济学模型，定量研究区域性土地利用变化，最终用其进行预测。此流派的代表人物有日本国立环境研究所的 Kuninori、京都大学的 Masaru Kagatsume，以及东京农业大学的 Teitaro Kitamura 等人，所做的工作主要反映在"为全球环境保护的土地利用研究"(LU/GEC)项目上，研究 LUCC 的空间分布、时间动态及驱动因子，设计并发展了一个有关土地利用变化的基本模型(LU/GEC-1 模型)，其特点是定量性强，研究中采用了大量的数学模型和经济学模型。

欧洲流派以国际应用系统分析研究所(International Institute for Applied System Analysis, IIASA)的 LUCC 计划为代表，是从福利分析(welfare analysis)出发，在对土地资源与食品政策进行研究的基础上，构建相关研究模型并对未来的情景(scenario)以及由此造成的自然环境与资源的改变进行模拟。其主要代表人物是 LUCC 研究项目的负责人 G. Fischer。该流派将 LUCC 作为一个整体性的系统，通过对过去与现实的土地利用变化的仿真模拟，揭示出隐于其后的社会经济驱动力，在此基础上通过模拟其未来的情景，对今后直至 2050 年土地利用变化的趋势进行预测,并对由此给资源环境所带来的影响进行评价。

2.1.2 国内国土空间土地利用变化研究

20 世纪以来,随着人地矛盾的日益尖锐,土地利用在时间和空间上都发生了深刻的变化。土地利用结构的变化、调整,以及不同土地利用类型在空间格局上的变化、调整,都会或多或少地影响到生态、环境、水文、气候等方面,带来各种类型的土地生态问题。例如,农业生产过程中,耕地长时间、高强度的利用会造成水土流失、土壤肥力下降、土壤板结等一系列生态环境问题;城镇化建设过程中,对耕地、林地、草地、水域等地类的侵占,带来植被退化、湿地减少、生物多样性破坏等土地生态问题。由于土地利用变化对生态环境的影响显著,IGBP 和 IHDP 提出了 LUCC 的国际核心研究项目,使得土地利用变化成为众多学者持续关注的研究热点问题。目前,针对土地利用变化研究的内容主要集中在:土地利用如何变化;土地利用为什么变化,即变化的驱动力研究;土地利用变化带来的影响,即土地利用变化影响效应研究;土地利用变化优化模式研究,即土地利用格局优化调控研究等。

1. 土地利用变化过程和趋势研究

土地利用变化主要包括两个方面:①土地利用的数量变化,即一种土地利用类型转变为另一种土地利用类型,表现为一种类型土地数量的减少和另一种类型土地数量的增加;②土地利用的空间变化,即区域内各地类之间在位置空间上的相互转化。在研究土地利用变化过程及趋势中,主要是运用 RS 技术获取不同时期研究区域内的土地利用遥感图像,通过 GIS 技术对遥感图件进行处理,对土地利用变化的数量和空间格局进行分析,再利用马尔可夫(Markov)模型对研究区未来某个时间的土地利用格局进行预测。

Markov 模型是利用某一变量的现状和动向预测未来状态及动向的一种分析手段。但由于土地利用还存在空间分布格局问题,Markov 模型对空间格局变化的分析预测难度较大。所以,部分学者将元胞自动机(cellular automate, CA)与 Markov 模型相结合来分析预测土地利用变化的趋势。CA-Markov 模型提高了土地利用变化数量转化的预测精度,又有效地模拟土地利用格局的空间变化。龚文峰等相关学者运用 RS 和 GIS 技术对研究区域近年来土地利用变化及其景观格局变化等进行分析,并利用 CA-Markov 模型对未来某一时间土地利用变化趋势和土地利用格局进行了模拟预测(郭碧云和张广军,2009;龚文峰等,2012;杨国清等,2007;李志等,2010;于涛等,2008;张勇荣等,2012)。还有学者利用研究区域的遥感影像图件和区域土地利用图,运用 SPSS 软件中的 Logistic 回归模型,研究区域土地利用变化。曾凌云等(2009)利用 1996 年和 2004 年北京市土地利用图、北京市数字高程模型(DEM)数据以及人口,经济产值等数据,运用 ArcGIS 分析了北京山区 1996~2004 年的耕地变化时空特征,并利用 SPSS 软件中的 Logistic 回归模型模拟了北京山区 2004 年的耕地空间分布。而李强和任志远(2012)则是运用二元 Logistic 回归分析模型,以黄土高原南部地区为例,分析统计区域不同土地利用类型的动态演化特征与空间分布格局,并利用 ArcGIS 软件进行土地利用变化模拟与输出。另外,在土地利用变化研究模型中，张永民和赵士洞(2003)认为 CLUE-S 模型是众多模型中一种较好的适用于区域土地利用变化研究的模型。通过 CLUE-S 模型分析，可以得出未来土地利用变化产生的原因以及变化后的土地空间分布，因此 CLUE-S 模型在土地利用变化空间格局研究上应用较多。郭延凤等(2012)利用 CLUE 模型，对江西省 2001～2030 年的土地利用空间变化进行模型模拟；梁友嘉等(2011)将 SD 模型与 CLUE-S 模型相结合，对 CLUE-S 模型进行改良并构建新的模型，并利用新模型对张掖市甘州区的土地利用情景进行分析，为该区土地利用规划和环境管理提供一定的决策支持；余婷和柯长青(2010)则利用逻辑斯谛回归分析求解土地利用变化驱动因素作用系数矩阵，在此基础上运用 CLUE-S 模型，对南京市 1996 年的土地利用空间格局进行模拟。

通过对土地利用过程及趋势的预测模拟研究，可以得到将来某一年的土地利用数量变化情况以及土地利用的空间差异情况，为区域土地利用规划和土地管理提供参考。

2. 土地利用变化驱动力研究

土地利用变化是在自然、经济、社会等因素共同作用下产生的利用方式和空间布局的改变。通过对地区土地利用变化驱动力研究，可以科学指导该地区土地利用总体规划的编制，促进土地资源可持续利用。土地利用变化的驱动力包括自然驱动力和人为驱动力，分别来自自然生态系统和社会经济系统。在自然系统中，气候、土壤、水分等被认为是主要的驱动力类型；在社会经济系统中，驱动因素可分为直接因素和间接因素，直接因素包括：人口变化、技术发展、经济增长、社会政策、富裕程度和价值取向；间接因素包括：对土地产品的需求、对土地的投入、城市化程度、土地利用的集约化程度、土地权属、土地利用政策及土地资源保护的态度等。

由于不同区域土地利用变化驱动力不同，目前土地利用变化研究以独特区域、典型案例为研究对象的比较多(吴明发等，2012)。由于自然条件的不可改变性，而且自然条件对土地利用变化的作用要在一个相当长的时间内才能表现出来，所以对土地利用变化驱动力的研究主要集中在经济和社会因素方面。从区域尺度研究来说，土地利用变化驱动力主要考虑人为干扰的因素，即社会经济发展的影响。池建和宁镇亚(2008)、甘卓亭等(2008)、陈海素和伍世代(2008)、杨国清等(2012)、杨元建等(2011)、吴明发等(2012)、陈红顺和夏斌(2012)、刘序等(2006)等分别对研究区域土地利用变化的驱动力进行了分析，认为人口增加、经济增长、农业结构调整、政策调整等是土地利用变化的主要驱动力。主要表现如下。

(1)社会人口压力。人类活动是土地利用变化最直接的原因。人口数量的增加，最基本的衣食住行的需求就会加大，加大对住房、基础设施等方面的需求，必然导致耕地、林地或草地等地类的减少，影响土地利用空间布局。

(2)经济增长方式。经济增长是影响土地利用类型改变的一个重要因素。经济的快速发展，促进城市化水平的提高，使得城镇、工业用地不断向周边地区扩张，农用地转为建设用地的速度进一步加快。与此同时，经济的增长也为建设用地扩张提供了物质基础。

(3)土地利用结构。重点是建设用地的扩张和农业结构的调整。建设用地扩张导致其他类型土地减少，带来土地利用空间格局的变化。农业结构调整导致农用地内部各地类面积发生变化。随着农业生产投入成本的加大，种植风险的扩大，单纯的农业生产收益相对较低，越来越多的农民将自己承包经营的耕地转变成蔬菜基地、果园基地、花卉基地等经济作物产地，导致了土地利用方式、田间管理模式的改变，农地数量和空间分布也随之发生了变化。

(4) 相关政策施行。政策因素在土地利用变化中的作用不可忽视，政府一项法令或政策的颁布，会对土地利用产生较大的影响。例如，在农业用地方面的"退耕还林""退耕还湖"，在建设用地方面的开发区建设、公共服务用地安排等，在国土空间土地资源配置中"三区三线"的划定等。

除此以外，还有一些其他因素也会引起区域内土地利用变化，但以上四个方面是影响土地利用变化的主要因素。在不同的地区，这些因素对土地利用变化影响的程度存在一定差异。因此，在进行土地利用变化驱动力研究时，应该依据当地的实际情况进行客观的分析。

3. 土地利用变化生态环境效应研究

土地利用变化会引起区域内的水资源、区域小气候、植被、生物多样性等发生变化。国内许多学者对土地利用变化的生态环境效益进行了大量的研究，在研究方法上进行了很多探索，也取得了一些研究成果。在定性分析方面，李成范等(2008)以 2000 年 SPOT2、2004 年 IKONOS 和 2007 年 Quickbird 遥感影像数据，采用监督分类方法提取 2000~2007 年的土地利用变化信息，并从水环境、大气环境和人居环境方面，对其产生的生态环境效应进行探讨；王兆华等(2006)利用遥感和 GIS 方法对河西地区 1990 和 2000 年土地利用变化数量结构与空间格局进行空间分析和统计分析，1990~2000 年，河西地区土地利用方式发生了较大的变化，并导致了诸多生态环境问题。在定量分析方面，宋翔等(2009)通过对 1989 年 TM 影像和 2005 年 ETM+影像土地利用动态信息的提取，建立黄河源区各土地利用类型与生态环境质量之间数量关系的生态环境质量指数模型，定量分析土地利用变化对生态环境质量的影响；向悟生等(2011)以 1991 年、1998 年和 2006 年 3 期遥感影像数据为基础，利用土地利用转移矩阵、动态度、利用度和生态环境效益指数模型，分析了漓江流域 1991 年以来的土地利用变化及其对生态环境效益的影响；边亮等(2009)通过对 1988 年 TM 遥感影像、2000 年和 2006 年的 ETM 遥感影像解译，获取了长武县的土地利用变化资料，根据中国陆地生态系统单位面积生态服务价值，计算出长武县土地利用变化前后的生态系统服务价值；杜会石等(2010)以 1992 年和 2006 年两期 Landsat TM 影像数据为基础，分析了图们江流域土地利用变化情况，并计算由此导致的生态系统服务价值变化；李偲等(2011)利用 1980 年、2005 年两期的 Landsat TM 影像数据，采用 Costanza 生态系统服务价值计算公式，确定了喀纳斯自然保护区生态系统单位面积生态服务价值系数，分析了保护区土地利用变化对其生态系统服务价值的影响；孙晓庆和陈刚(2011)则通过对吉林西部 1998 年和 2001 年两个时段的遥感数据进行解译，建立了包括土壤、大气、水及生态等方面的评价指标体系，应用综合指数模型进行了生态环境效应评价。另外，也有学者分别从土地利用变化对生态环境的单项效益方面进行了分析。孟宝等(2006)通过对张掖市 1981 年、1990 年、1996 年、2003 年土地利用情况进行分析，研究了土地利用变化对研究区水资源产生的影响；樊哲文等(2009a)利用鄱阳湖流域土地利用空间数据与土壤侵蚀数据，引入土地利用变化转移矩阵指数和土壤侵蚀强度指数，对鄱阳湖流域土地利用变化和土壤侵蚀效应空间关系进行定量分析；张春萍和林军(2011)分析了土地利用变化对大气、气候、土壤、水文、生物多样性的影响及其环境效应，并提出了相应的看法；彭文甫等(2010)以成都市为例，在分析土地利用变化的基础上，选择影响成都市空气环境质量的 NO_2 和总悬浮微粒物浓度等指标数据，通过空间分析、叠加城市土地利用图层，对土地利用变化带来的城市空气环境效应进行了研究。

土地利用变化所带来的生态效应是错综复杂的、动态变化的，有局部性的，也有全球性的。从目前的研究情况看，针对区域性的研究比较多，全球性的研究因为数据的限制开展相对薄弱。总体上来说，土地利用变化生态环境效应表现在以下几方面。

(1)土地利用变化对气候的影响。土地利用变化对区域或全球气候变化影响的研究，内容主要集中在地表反射率、粗糙度、植被叶面积以及植被覆盖度的变化对温度、湿度、风速以及降水等方面的影响。区域土地利用变化研究结果表明，土地利用变化可能会导致部分地区年平均降水的变化、年平均气温的变化、极端天气的变化等；相同的土地变化在不同的地理环境下，引起的气候要素变化有一定的差异性。对城市区域土地利用变化的研究表明，城市的快速发展对气候变化的影响极其显著，导致气候变化呈现出气温升高、湿度下降、日照减少的趋势，与此同时，城市高楼群对风向风速也产生了一定的影响。

(2)土地利用变化对大气的影响。土地利用变化对大气的影响主要表现在其改变了大气中气体的组成和含量，影响大气质量和大气化学性质，如沙尘、粉尘。研究表明，城镇化和工业化的发展影响了对流层光化学烟雾的组成成分，光化学烟雾通过分散和吸收太阳辐射而改变地表受到的辐射量，从研究结果看，目前光化学烟雾浓度有不断增长的趋势。

(3)土地利用变化对土壤的影响。土地利用/覆盖变化影响着土壤系统与外界进行能量交换的数量与质量、土壤表面的水分分配过程、地表矿质元素的分配过程，以及加速或延缓土壤系统内部的生态代谢过程。土地利用的方式、数量、质量和空间结构等方面的变化，都会对土壤侵蚀的方式和强度产生不同的影响。不合理的土地利用方式(如森林过度采伐、矿山无序开采、陡坡开荒、过度放牧等)导致土壤的理化性质发生了很大的改变，造成了土壤损失及退化(如土壤侵蚀、盐碱化、水浸、碱化、营养贫瘠、干燥等)；反之，针对土地资源的优化配置，可有效控制土壤侵蚀，实现区域可持续发展。

(4)土地利用变化对水文的影响。土地利用变化对水资源的影响包括水量、水质和空间分布的变化，同时对地表径流和地下水流也会造成一定程度的影响。相关研究结果表明：随着人类活动的加剧，土地利用的变化使径流量呈增大趋势；降雨强度越大、前期土壤湿润程度越大，土地利用变化对径流量的影响越小；流域植被覆盖变化对水文的影响因流域面积、气候和植被类型等因素的不同而有所差异，但就流域内不合理土地利用引起的植被减少而造成的河流沉积增加、流域蓄水能力损失、洪水危险、水质下降，以及对水生生物减少等问题而言具有相似性，只是在影响程度上表现出一定的差异性。

(5)土地利用变化对生态的影响。土地利用变化对生态系统的影响是广泛的，可以影响到典型生物群落水平、生态系统水平及景观水平。大量数据表明，生物多样性的最大威胁来自土地利用/土地覆盖变化。比较一致的观点是，在生物群落水平上，土地利用变化将造成景观的破碎化、物种的灭绝与引进，以及养分与水汽通道的改变；在生态系统水平上，影响到生态系统的物质循环与能量流动，影响到生态系统服务功能；在景观水平上，引起景观类型、结构、格局及其功能的变化。

4. 土地利用变化的低碳研究

由于全球气候变暖、环境问题日益严重，世界各国对全球气候变化非常关注，而土地利用变化是引起全球气候变化和碳循环不平衡的主要原因之一，土地利用变化所引起的碳排放效应研究已得到广泛的关注。

(1) 土地利用变化与碳排放关系研究。土地利用变化对碳排放的影响主要是通过土地利用的数量和空间变化来改变生态系统的结构和功能，进而影响到区域碳循环。首先，不同的土地利用类型 CO_2 排放量不同，土地利用数量变化会显著影响区域碳循环。例如，农用地转变为建设用地时会导致 CO_2 排放量的增加；农用地内部土地碳储量一般为森林>草地>农田，农用地内部数量发生变化也会影响 CO_2 排放量。其次，生态系统功能改变主要通过影响土壤中微生物状况、土壤的理化性质等影响生态系统的碳排放。当前，对土地利用变化的碳排放研究主要侧重于理论、模型层面，对全球或区域碳排放的研究主要是针对碳排放的现状、碳排放造成的影响、碳排放效益评价等方面，对碳排放增汇减排对策的研究主要侧重于从植树造林、退耕还林、结构调整等方面论述，缺少从土地利用方式改变方面来引导土地利用向低碳经济方向转变的相关研究(赖力，2010)。周婷婷和毛春梅(2012)采用碳排放系数法对全国林地、草地、农作物用地及建设用地的碳排放量进行了计算，并对碳排放的时间序列和区域性进行研究。蓝家程等(2012)运用1997~2009年重庆市不同土地利用面积数据和能源消费量数据，采用碳排放模型、碳足迹模型，对重庆市 13 年来不同土地利用方式碳排放量和能源碳足迹进行核算，分析不同土地利用方式碳排放效益。

(2) 土地利用变化碳排放效应研究。土地利用变化碳排放效应研究是对不同土地利用方式碳排放进行定量的计算。肖红艳等(2012)以重庆市为例，分析了重庆市1997~2008年由于土地利用变化而引起的碳排放变化，并针对碳排放增加提出了对策；孙贤斌(2012)利用 1997 年和 2007 年土地利用类型数据，采用碳排放评价模型，对安徽省会经济圈碳排放效益进行评价，并估算碳排放生态补偿标准；李颖等(2008)以江苏省为例，计算并分析了 1995~2004 年这一工业化、城市化快速发展时期，江苏省主要土地利用方式的碳排放，并从碳减排角度提出了土地利用的相关政策建议；苏雅丽和张艳芳(2011)采用回归分析、反距离权重(inverse distance weighted, IDW)插值和霍普菲尔德神经网络对陕西省碳排放进行模拟，分析不同土地利用方式的碳排放效益；石洪昕等(2012)利用土地利用变化及能源消耗资料，采用直接碳排放系数法，对四川省广元市 1990~2010 年不同土地利用类型的碳排放效应进行了估算；曲福田等(2011)从农用地向非农用地转换、农用地内部土地利用以及非农用地内部土地利用三个方面，分析了土地利用变化对碳排放的影响。

(3)土地利用变化绿色低碳转型发展。全球气候变化是 21 世纪人类面临的重大挑战。应对气候变化事关国内国际两个大局,事关发展全局和长远,是推动经济高质量发展和生态文明建设的重要抓手,也是参与全球治理和坚持多边主义的重要领域。中国政府在第七十五届联合国大会一般性辩论上表示,应对气候变化《巴黎协定》代表了全球绿色低碳转型的大方向,是保护地球家园需要采取的最低限度行动,各国必须迈出决定性步伐。中国将提高国家自主贡献力度,采取更加有力的政策和措施,二氧化碳排放力争于 2030 年前达到峰值,努力争取 2060 年前实现碳中和。"碳减排、碳达峰、碳中和"已经成为当前应对气候变化、实现绿色转型发展的共同话题,推动高质量发展中促进经济社会发展全面绿色转型成为首要途径。从国土空间土地利用角度考虑,开展大规模国土绿化行动、提升生态系统碳汇能力,推进应对气候变化与污染治理、生态系统保护修复等工作协同增效,是土地利用服务碳达峰、碳中和的必然选择。

总之,"人与自然和谐与共""构建人类社会命运共同体"的目标越来越受到国内外社会的关注和认同,这将进一步推动 LUCC 相关研究。当然,在 LUCC 研究方面还存在一些问题,许多研究还有待进一步探索和创新。例如,由于土地利用变化驱动因子较为复杂,在对驱动力分析时只对一些直接的自然和人为因素进行分析,忽略了土地观念、生态伦理、文化产品等间接因素的驱动,通过 LUCC 模型构建全面反映驱动机理较为困难;土地利用变化统计数据与 GIS 图件统计数据存在不一致性,在对 LUCC 模型数据比较分析时,缺乏统一性和比较性,模型预测有不合理的一面(明乐,2004);土地利用变化引起的环境问题是全球性的,重点是研究 LUCC 对气候及碳循环的影响,但是由于全球数据的难以获得以及不能建立完整综合的模型,目前分析 LUCC 对全球气候和碳循环的影响只能做粗略的估算,难以满足精准定量化的时代需求,对碳减排、碳达峰、碳中和等科技支撑乏力。所以,随着人类社会对国土空间的品质需求升级、对生态环境的干扰不断加剧,土地利用变化研究将是一个持久的课题,对于人类社会生态文明建设也将产生深远的影响。

2.1.3　国土空间土地利用研究存在的问题及其发展趋势

从 20 世纪 80 年代中后期以来,面向全球环境变化和可持续发展领域的土地利用/覆被变化研究,受到国际社会的广泛关注。在具有全球影响的两大组织——IGBP 和 IHDP 的大力推动下,特别是其在 1995 年发表了《土地利用/土地覆被变化科学研究计划》后,LUCC 研究在 20 世纪 90 年代末迅速成为全球环境变化研究的重点领域。我国 LUCC 研究也取得了突破性进展,研究领域不断拓展。作为当前研究的前沿领域,LUCC 研究所涉及的研究内容不仅丰富而且繁杂。从 LUCC 研究计划的根本目标看,LUCC 所研究的诸多科学问题之间存在着紧密的联系,其实质是因果关系,LUCC 研究可以简单明了地归纳为四个研究构成环节(LUCC 原因、LUCC 状况、LUCC 结果和 LUCC 趋势预测)和四个核心研究内容(LUCC 驱动力与驱动机制、LUCC 过程、LUCC 效应研究与作用机制、LUCC 模型模拟与土地可持续利用)。分析 LUCC 研究在当前国内外的发展趋势,可知 LUCC 研究的主要趋势是走向综合,LUCC 的环境效应研究和 LUCC 微观机理与过程的研究是当前 LUCC 研究的两个热点,而研究尺度的综合和模型构建是 LUCC 研究的两大难点问题。

1. 国土空间土地利用研究存在的问题

(1) 理论体系有待健全：由于 LUCC 变化是一个十分复杂的动态过程，对土地利用变化的解释和预测依赖于土地利用的理论建设（蔡运龙，2001）。当前由于缺乏统一理论的指导，不同研究者出于各自目的对同一地区的研究结果互不相同，所采用的研究方法以及建立的模型也不能应用于其他地区（刘新卫等，2004）。因而需要加强理论体系的研究，形成全面和综合的 LUCC 理论体系，为土地利用变化模型解释能力的进一步提高和完善奠定坚实的基础。

(2) 模型功能有待完善：由于 LUCC 涉及众多自然和人文因子，这些因子间存在复杂的关系，且在不同时空尺度上又有较大关系。目前，在模型建立方面还存在不少问题（施明乐，2004）。此外，有关土地利用变化的区域生态环境效应的研究仍以定性描述为主，而且大部分模型［如 SCS 模型[①]、土壤侵蚀模型（Limburg soil erosion model，LISEM）、区域植被动态模型等］都是从国外引入，国内在这方面仍有欠缺，土地利用变化与环境影响之间的数学关系没有很好地体现出来。

(3) 机理研究有待增强：LUCC 过程与机理是预测环境变化的基础，应在不同区域深入研究多种土地利用与覆被类型的环境效应机制，以提高模型精度。目前 LUCC 的研究大多数只是关注某种或某几种驱动力对 LUCC 的影响，尚忽略了各种驱动力之间的相互作用以及 LUCC 对驱动力的反馈作用的研究。

2. 国土空间土地利用研究发展趋势

(1) 研究理论的综合：LUCC 研究源于全球变化科学研究，涉及遥感与测绘技术、计算机信息技术、数学和统计学、地图学，以及与 LUCC 相关的地理学、环境生态学、土壤学、气象学、城市科学和管理学等学科。

(2) 研究尺度的综合：针对土地利用变化的研究包括宏观、中观、微观三个尺度。宏观尺度包括全球、全国、省区和特定区域等，研究有利于对大范围内气候与土地利用变化的宏观把握；中观层面主要集中在省级、市县层面，主要是针对区域性的土地利用变化与生态环境效应开展研究，针对区域性的土地生态问题提出土地资源利用和生态保护修复优化调控的对策；微观层面主要针对典型区域和项目区土地生态开展研究，以目标、问题、需求为导向，通过对实例的考察和分析，总结和归纳出区域土地利用变化的时空规律、治理对策。

(3) 研究过程的综合：从研究区域宏观、中观、微观尺度入手，结合遥感、GIS 技术与数理手段深入分析研究区域土地利用变化状况及其驱动力机制，全面深入了解有关土地利用与土地覆盖变化对生态环境的影响，包括土地利用变化对大气环境、土壤环境、水环境、生态系统的影响，然后建立区域土地利用变化综合评价模型进行定量评价，提出土地利用变化生态环境调控对策与途径，即全面、系统研究区域的"土地利用变化—

[①] SCS 是美国农业部水土保持局（Soil Conversation Service）提出的小流域设计洪水模型。

生态环境效应—体制响应(生态调控对策)—土地利用"反馈环,形成完整的 LUCC 对生态环境影响的研究体系(王兆礼和曾乐春,2005)。研究工作正逐渐从对土地利用与覆盖变化的基础研究和对 LUCC 驱动力分析,转向 LUCC 的生态效应及其机理和过程的研究:即不仅要回答传统的 What 和 Where 的问题,更要回答 Why 和 How 的问题,搞清机理并提出解决问题的具体办法、举措。

(4)研究技术的综合:利用 3S 技术,通过地面、航空、航天的多层次综合遥感监测,建立国土资源卫星监测网络,系统地获取土地利用、土地覆被变化不同分辨率的遥感图像数据。通过 RS 与 GIS 和 GPS 技术集成,其技术应用的能力和范围将会得到极大的提升和拓展。在模型构建和应用过程中,更加注重多种方法的综合,选择精度最优的方法来提高研究成果的可信度和参考性,构建适合我国不同地区自然、社会、经济和技术发展水平的土地集约利用潜力评价指标体系及方法,有动态的空间表达和仿真模拟,也有时间序列的预测分析,通过构建人工神经网络模型等模拟土地集约利用影响因素的关系,为土地资源集约利用潜力评价提供技术支撑(邹彦岐和乔丽,2008)。

2.2　国土空间生态脆弱性评价国内外研究进展

生态环境的恶化导致生态系统的格局、过程和服务功能发生改变,进而威胁生态系统和社会经济的持续发展。因此,生态系统脆弱性研究是当前生态系统研究的重要内容,也是适应和减缓环境恶化的关键。科学认识生态脆弱性的发展历程,揭示生态脆弱性的研究发展趋势及热点,对于把握好国土空间生态脆弱性研究方向具有积极的意义。自1972 年 6 月瑞典斯德哥尔摩举行联合国人类环境会议以来,世界各国政府和公众积极行动,在防止环境污染和生态恶化领域加强了合作交流,为保护人类生存环境而共同做出努力。1988 年 6 月,生态脆弱性的概念在布达佩斯召开的第七届 SCOPE 会议上受到全体成员的一致认同,由此国内外有关生态脆弱性研究正式启动,并逐渐活跃起来。1992年 6 月,联合国环境与发展大会通过了关于地球环境保护的三大公约——《联合国气候变化框架公约》《生物多样性公约》《联合国防治荒漠化公约》,为全球土地资源可持续利用、生态环境治理和生物多样性保护搭建了基础构架。2021 年 10 月,《生物多样性公约》第十五次缔约方大会在云南省昆明市举行,大会主题为"生态文明:共建地球生命共同体"。这是联合国首次以"生态文明"为主题召开的全球性会议,旨在倡导推进全球生态文明建设,共建人与自然是生命共同体,强调尊重自然、顺应自然和保护自然,努力达成公约提出的到 2050 年实现生物多样性可持续利用和惠益分享,实现"人与自然和谐共生"的美好愿景。在生物多样性保护、生态文明建设的背景下,生态脆弱性研究也进入了全新的发展阶段。

2.2.1　国外国土空间生态脆弱性评价研究

生态脆弱性是生态环境状况的一种表征,强调的是针对生态敏感因子可能造成的负面影响,是一个针对某生态系统和地区的相对概念,而不是一个绝对的损害程度的度量。不同区域,其国土空间生态脆弱性特征存在很大的差异,对不同区域的国土空间生态脆弱性进行评价，必须基于对不同区域的国土空间生态脆弱性自然特征和实际状况进行评价研究，各评价指标的选取都需要遵循地域生态环境的特征。国外在国土空间生态脆弱性评价研究区域尺度、指标体系、模型方法等方面，都做了许多开创性的工作。

1. 国外国土空间生态脆弱性评价区域尺度

国外从全球变化特别是气候变化入手分析生态脆弱性，分析全球气候变化下的生态环境的变化及其响应和驱动机理，寻求对生态环境的治理和宏观调控。评价分析法有模糊综合决策分析法和层次分析法结合、K-均值聚类分析方法、模糊多属性方法和 GIS 空间分析方法、3S 技术方法等。Malik 等（2012）从每个区域对气候变化的生态暴露度、人口对气候变化的敏感性、特定地区居住人口的适应能力三方面，构建加权气候变化脆弱性指数，分析气候变化的各种潜在影响因素，对巴基斯坦农业生态区的脆弱性进行综合排序，以便应对农业传统脆弱性地区经济社会发展下减少气候变化的不利影响，便于转变经济走低碳经济之路。Pramod 等（2017）从气候变化对尼泊尔的地形、海拔、区域的多形性变化影响的角度出发，分析气候变化对森林和淡水湿地生态系统的脆弱性影响，并提出今后应验证气候变化对景观生态系统层面的具体影响，同时加强对脆弱性威胁的识别和核查。Preston 等（2011）提出了气候变化背景下的脆弱性评价关键问题：一是评估的目的是什么？认清评价受益的目标取向或声明强调问题决策的适应行为；二是脆弱性评价体系如何构建？应考虑哪些脆弱性以及潜在脆弱性决定因素，空间、时间和多尺度的脆弱性动态如何表现出来；三是评价的技术方法？将众多决定脆弱性的因素整合到一起，需要许多方法相协调去处理；四是谁参与评价，以及如何利用评价结果来促进社会经济发展？评价往往是在利益相关方受益的基础上进行的，但许多人缺乏与利益相关者的直接接触，因此对参评对象的选择十分关键。

Kienberger 等（2013）通过建立弹性和适应性来解决生态脆弱性的空间和时间变异性的挑战，认为尺度是分析生态脆弱性评价的关键所在，通过观察分析三个角度（时间、空间、尺度）和研究对象内在尺度之间的关系，应将现有的研究方法映射到三维空间中，空间分析工作是今后脆弱性评价的主流，提出了时空尺度和概念的框架——“脆弱性立方体”理念。Yang（2017）将生态脆弱性评价应用到采矿后矿区治理恢复中，将生态脆弱性评估和矿区治理相结合，通过分析矿区脆弱性特征，制定指标体系及框架，采用 RS 及 GIS 空间分析方法，以西部山区的采矿点为研究区域，发现过多的地表岩石的暴露及敏感性是增加脆弱性的主要原因，并针对不同的区域明确空间量化措施，为土地管理人员开展脆弱性治理提供意见。Manfré（2013）以巴西圣保罗州的伊比乌纳市为例，采取了 3 种模型：一是基于坡度类的环境脆弱性模型，包括降水量、土地覆盖、坡度等因素；二是基于缓解率的环境脆弱性模型；三是基于行政区划的环境脆弱性模型，根据评价得出环境脆弱性分区（分为恢复重点区、农业最佳区、土壤管理区等）图，为采取土地利用策略进行生态环境恢复提供意见参考。Salvati（2013）基于环境现场评估（environment site assessment, ESA）方法从气候质量、土壤质量、植被质量、土地管理质量四方面建立评估指标体系，采用 ArcGIS 区域统计分析工具，对意大利 20 个行政区的土地脆弱性演变及土地潜在的退化能力进行了空间分析评价。Tran 等（2002）利用土地覆盖、人口、道路、河流、空气污染、地形等数据,将模糊综合决策分析方法和层次分析法组合,对大西洋中部地区环境脆弱性进行了综合评估。Girard 等(2014)从气候对自然及人类系统的敏感性及适应能力出发,分析了当前及未来的气候变化对农业生态系统脆弱性的影响,认为干旱是南美洲农业压力的主要来源,该大陆中心森林日益分散的局面正在加剧其对干旱的脆弱性。

综上所述,不同区域、不同研究对象的生态脆弱性研究有不同的侧重。生态系统脆弱性是指系统自身具有敏感性或者不稳定性,即系统在外界干扰或胁迫的影响下容易发生变化。同时,生态系统抵抗干扰能力以及干扰后的自我恢复能力较弱,同样程度的干扰对于脆弱性较低的生态系统来说也许是在其承受范围内,但对于脆弱性程度较高的系统来说,就超出了生态系统抵抗干扰的阈值范围,从而使生态系统发生不可逆转的变化。所以说,生态系统脆弱性是区域生态环境的综合表现。

2. 国外国土空间生态脆弱性评价指标体系

针对生态脆弱性评价指标的选择,不同的区域、不同的研究对象、不同的研究目的等,选取的结果不同。生态脆弱性总是针对特定的扰动而言,面对不同的扰动会表现出不同的脆弱性。近年来,特别是在灾害风险和气候变化的背景下,对生态脆弱性的研究越来越丰富。通常来说,脆弱性的决定因素有两大类:一个是生物物理因素,即影响潜在危害的物理、生物和生态因素。这些因素可能包括气候条件、自然灾害、地形、土地覆盖或初级生产力。另一个是社会经济因素,即影响潜在危害社会、经济或文化因素。这些因素可能包括人口、贫困、贸易、就业、性别或治理。生态脆弱性的产生有自然潜在因素和人为干扰因素等多个方面,学者们在选择评价指标时思考角度不同,就会构建不同的评价指标体系(表 2-1)。

表 2-1　国外生态脆弱性评价指标选取比较分析

目标层	准则层	指标层	方法模型	作者
流域生态脆弱性评价	自然社会成因	人口密度、道路密度、平均大气湿度、空气污染、30 m 内有森林的流域长度百分比、每 1000 m 流域的需水量、水土流失、森林内部生境的流域比例、7 hm² 内森林边缘栖息地、7 hm² 内森林内部栖息地、最大的森林斑块	层次分析法-模糊综合决策分析法	Tran et al. (2002)
土壤盐分对环境退化的影响评价	物理化学因素	沙子、淤泥、黏土、纹理、pH、地下水含量、$CaCO_3$ 含量	3S 技术	Mahmoudi and Chouinard (2016)
生态脆弱性评价	潜在威胁,胁迫指数	安全性、紧迫性、局部影响程度、恢复时间、可能性	土地逃离(land escape, LS)模型	Coppolillo (2004)
气候变化对生境的影响评价	社会影响因素	生活标准、城市人口变化、非劳动人口、有艾滋病的工作人口、卫生支出占国内生产总值的比例、电话数量、腐败状况、贸易平衡状况、乡村人口数量	社会脆弱(social vulnerability, SV)模型	Vincent (2004)
环境变化的深化影响评价	社会影响因素	价格、政策、互联网、气候、CO_2、科学技术	扩张脆弱(expanded vulnerability, EV)模型	Acosta-Michlik and Espaldon (2008)

续表

目标层	准则层	指标层	方法模型	作者
生态脆弱性评价	暴露度，敏感性，恢复度	影响暴露度的特点、结构因素、功能、营养关系、人口恢复、信赖度、适应性、积极性反馈回路	脆弱范围图(vulnerability scoping diagram, VSD)模型	Beroya(2016)
海洋生态脆弱性评价	社会影响因素	区域、社会、政治、文化、经济、公共卫生、生态变量	基于生态系统的管理-驱动力-压力-状态-生态服务-响应(ecosystem base management-driver-pressure-state-ecosystem service-respond, EBM-DPSER)模型	Kelble et al.(2013)
流域生态健康评价	压力、状态、响应	年降水量、年蒸发量、人口密度、人为活动区域、环境敏感区域指数、区域坡度流量、年平均降水量-蒸散比、景观多样性指数、归一化植被指数(NDVI)、景观优势指数、牧场面积比、景观破碎度指数、土地退化指数、水系密度	压力-状态-响应(pressure-state-respond, PSR)模型	Hazbavi et al.(2019)

3. 国外国土空间生态脆弱性评价模型方法

构建生态脆弱性评价指标体系后，选取科学有效的评价模型方法，是使研究工作达到预期评价目的的关键所在。目前的模型方法主要包括层次分析法、模糊综合评价法、主成分分析法、综合评价法等，各种方法都有其优缺点，模型方法的选用要视具体的研究对象和研究目标而定(表 2-2)。

表 2-2　国外国土空间生态脆弱性评价模型方法比较分析

评价方法	主要内涵	适用范围	优点	缺点	作者
层次分析法-模糊综合评价法	第一步，通过层次分析法建立起评价指标体系，构造两两比较判断矩阵，进而计算出各个指标的权重向量及其组合；第二步，模糊，运用多层次的模糊综合评价法对国土空间生态脆弱性进行评价	评价结果是一个矢适用于难以量化、量，而不是一个点值，有多层次、有多种影包含的信息比较丰响因子约束的定富，既可以比较准确性问题的研究地刻画被评价对象，又可以进一步加工，得到参考信息	计算复杂，较难确定指标权重，主观性较强	Tran et al.(2002)
3S 技术	将统计数据转换为栅格数据，配合原有的矢量化数据，应用空间分析技术对各评价因子进行叠加分析	可用于区域间及区域内各评价单元的分析以及时空动态对比分析	数据处理快，能够支撑时空动态分析，易于管理及后期预测调控	对空间数据和属性数据、软件数据处理技术要求相对较高	Jabbar and Zhou (2012)
临近支持向量机(proximal support vector machine, PSVM)模型	建立模型数理关系曲线，给出系统因子达到脆弱性的状态，通过 PVSM 训练分析因子达到极限状态的值，得到最佳的临界值	用于高维空间尺度和小型训练样本的分析较优	评价精度高，减少了达到脆弱性极限算法及数值的不确定性	依赖于各个因子达到脆弱性极限的二维曲线关系，以及训练样本的拟合精度	Mahmoudi and Chouinard(2016)

续表

评价方法	主要内涵	适用范围	优点	缺点	作者
随机森林(RF)	选取合适因子,生成训练和测试数据集,使用 RF 方法构建评价模型,验证模型,生成敏感性脆弱性图	适用于各个尺度	不需要对显性因素进行假设,能分析因素之间的相互作用,随机预测具有低偏差,能处理数据的不均衡性和过度拟合	在某些噪声较大的分类或回归问题上会过拟,不同取值属性的数据,对其会产生一定的影响	Pham et al. (2017)
PSR 模型	从压力(pressure)、状态(state)、响应(response)三个模块系统分析人与自然相互作用的因果关系	适用于分析环境压力、状态、响应之间的关系,在生态评价方面应用广泛	逻辑性、灵活性较强,评价指标可根据实际调整,综合性强,涵盖指标较为全面	压力指标系数主观影响较大,可选取指标众多,指标之间存在重叠和差异,分析过程复杂	Hazbavi et al. (2020)
驱动力-压力-状态-生态服务-响应(drirer-pressure-state-impact-response, DPSIR) 模型	基于 PSR、DSR 模型,从驱动力(driver)、压力(pressure)、状态(state)、影响(impact)和响应(response)五个模块,系统分析人和环境系统的相互作用	适用于水资源、土壤资源、农业生产、环境管理、土地利用等方面的科学决策	揭示生态环境与人类活动的因果关系,能有效地整合资源、发展、环境与人类健康问题	容易低估复杂的环境和社会经济方面,固有的不确定性和因果关系的多样性维度	Kelble et al. (2013)
K-均值聚类分析	经过重复迭代,使聚类结果更精确,通过计算出每一个样本与选定的聚类中心之间的距离,使得距离平方和达到最小值,按照最小距离原则,可以确定该聚类中心就是该类样本的聚类中心	只能用于连续型的数据,并且需要在聚类前,人为确定要分成几类	收敛速度快,聚类效果较优,算法的可解释度比较强	K 值不好把握,对不是凸的数据集收敛较难,用迭代方法得到的结果只是局部最优,对噪声和异常点比较敏感	Huang et al. (2010)
VSD 模型	将生态脆弱性分解为三个维度:暴露性、敏感性和适应能力。其内涵和表征具有较强的针对性	适用于受到自然与人文因素双重影响的区域	可以有效揭示自然与人文因素导致的生态脆弱性,并分析两种类型之间的差异	不能清晰分解哪些指标反映自然因素、哪些指标反映人为因素	Beroya-Eitner (2016)

　　　生态脆弱性评价已经从单一的评价方法走向多元综合评价方法,评价方法及体系逐渐丰富多元化,从单纯的层次分析法、主成分分析法走向数理模型方法结合 3S 技术,打破了单纯的数理模型分析和单一的数值评价,逐渐发展为评价数值在时空层面上的可视化、动态化,评价精度逐渐提高,同时能反映出评价结果之间的空间分布特征及关系,为今后的监测重点区域、预测变化走势和实施优化调控提供数据支撑,体现了评价方法综合发展的规律。从评价指标因子的选择、评价模型的应用和评价结果分析来看,一般认为:第一,生态系统脆弱性与系统本身的组成结构和系统所处的自然环境背景的状况密切相关,与生态系统中物种的丰富度、群落类型、组成及其变化密切相关,它反映了生境、群落和物种对环境变化的敏感程度。第二,生态系统结构特征和自然条件的不利只是决定了系统脆弱存在的潜在性,而将这潜在性激化为现实的生态脆弱则是外界的扰动。第三,生态脆弱系统本身具有多层次性。施加在生态系统上的扰动具有多尺度性,

生态系统通常暴露于多重扰动，这些扰动既有来自系统内部的，也有来自系统外部的，并且不同尺度的扰动之间还存在复杂的相互作用。第四，生态系统脆弱性是一个相对的概念，与施加在系统上的特定扰动密切相关。

2.2.2　国内国土空间生态脆弱性评价研究

新中国成立以来，党中央历代领导集体立足社会主义初级阶段基本国情，在领导中国人民摆脱贫穷、发展经济、建成小康、建设现代化的历史进程中，深刻把握人类社会发展规律，持续关注人与自然关系，着眼不同历史时期社会主要矛盾发展变化，总结我国发展实践，借鉴国外发展经验，从提出"对自然不能只讲索取不讲投入、只讲利用不讲建设"到认识到"人与自然界和谐相处"，从"协调发展"到"可持续发展"，从"科学发展观"到"新发展理念"和坚持"绿色发展"，从"既要金山银山又要绿水青山""绿水青山就是金山银山"到"山水林田湖草沙是不可分割的生态系统，共同构建人与自然生命共同体"，都表明我国环境保护和生态文明建设，作为一种执政理念和实践形态，贯穿于中国共产党带领全国各族人民建设社会主义社会的奋斗目标过程中，贯穿于实现中华民族伟大复兴美丽中国梦的历史愿景中。新中国成立以来，我国生态文明建设经历了"环境保护意识的觉醒和早期探索期、开创期""生态环境保护进入立法期和环境法律体系架构与完善期""可持续发展理念与国际接轨期""中国特色社会主义生态文明建设理念确立期""走向社会主义生态文明新时代"5 个发展时期，环境保护和生态文明建设始终作为国家发展战略被不断推进和完善。但是，国土空间生态脆弱性问题依然是困扰我国发展的关键问题，从"为增加粮食产量，毁林开荒、围湖造田""为发展重工业，开展大炼钢运动，砍树毁林"到"生态移民、退田还湖、退耕还林，让江河湖泊休养生息""加强国土空间综合整治与生态修复，建设生态文明"，资源约束趋紧、环境污染严重、生态系统破坏的严峻形势始终伴随着我国的发展进程。2006 年 6 月 5 日，在第 35 个世界环境日上，中国首次对外发布了《中国的环境保护（1996—2005）》白皮书，其中指出我国生态环境脆弱区占国土面积的 60%以上，这严重阻碍了我国实现可持续发展的进程；2019 年 5 月 10 日，《中共中央　国务院关于建立国土空间规划体系并监督实施的若干意见》中提出"科学布局生产空间、生活空间、生态空间"，加快形成绿色生产方式和生活方式、推进生态文明建设、建设美丽中国。"三区三线"的划定和管控，是实现国土空间合理规划和利用、正确处理自然资源保护与开发之间关系的重大举措，成为国土空间生态脆弱性研究、国土综合整治和生态保护修复的重要内容。

生态脆弱性受到自然条件、人为干扰等诸多因素的干扰，具有类型多、范围广、时空演变快等特点，成为 21 世纪土地资源和生态环境可持续利用的重要障碍。国家严格执行生态优先发展战略，出台了耕地保护红线、水资源管理"三条红线"、生态保护红线、城市开发边界线等管控措施，为实现资源生态可持续利用和社会经济可持续发展助力。然而，尽管国内外许多专家学者针对生态脆弱性进行了非常广泛而有成效的研究，但至今尚未形成一个评价范式。进一步综合国际国内生态脆弱性研究方法，从生态脆弱性评价研究对象、评价指标选择和体系构建、计算方法模型、评价结果应用等方面，分析脆弱性评价研究的现状以及存在的问题，探讨未来的研究思路及其发展趋势，对于土地开发利用、国土空间管控和生态文明建设等都具有非常重要的指导意义。

1. 国内国土空间生态脆弱性评价区域尺度

1)国土空间生态脆弱性评价研究区域特征

对生态脆弱性进行科学研究和客观评价,不仅对脆弱生态区的可持续发展具有重要意义,而且对非脆弱生态区的可持续发展同样具有借鉴作用。针对生态脆弱性研究,我国以 1988 年布达佩斯召开的第七届 SCOPE 会议召开为起点,随着国家对生态环境保护和生态文明建设的重视程度的提高,逐渐活跃起来。蔡海生等(2003)对我国脆弱生态环境脆弱度评价的脆弱性机理、评价指标的选择以及脆弱度评价方法等研究情况进行了简要的综述,认为选择典型区域为研究对象,对一段时间、一定区域内的生态环境脆弱因子的变化进行分析,实现对脆弱生态环境的监测和动态评价,将现状评价、趋势评价、稳定评价和综合评价融于一体,为脆弱生态环境保护和经济适度发展提供信息支撑,是生态脆弱性研究的主要方向。陈美球等(2003)从地质基础、地形地貌、土壤类型、气候条件、植被因素、水文因素六个方面对鄱阳湖区进行了自然脆弱性综合评价;徐庆勇等(2011)认为影响珠江三角洲地区生态脆弱性的原因有海拔低、暴雨日数多、污染严重、土地利用变化大四个方面。韦晶等(2015)认为三江源地区本身的自然生态环境脆弱是导致三江源地区大规模脆弱的主要原因,同时重度及极度脆弱区,人为活动的影响较明显。余坤勇等(2009)从闽江流域森林覆盖率高但遭人类破坏问题突出,闽江流域生态的稳定性日益恶化,局部河段水质污染十分严重、洪涝频发等方面分析了闽江生态脆弱性特征。蔡海生等(2009)从水土流失现象、河流水质、森林覆盖率、环境保护和治理、生态建设加强但生物多样性受到威胁、人口压力增长、社会经济发展相对缓慢等方面进行具体地分析并阐述了江西省域生态脆弱性特征。张龙生等(2013)认为甘肃省生态环境脆弱的主要因素应该从两方面来分析:气候干旱、植被稀少等自然环境脆弱是基础;人为方面的人口压力、资源过度开发利用是诱发因素。雷波等(2013)认为影响延河流域生态环境脆弱特征的原因一方面是海拔,另一方面是研究区域内不同土地利用类型。Huang 等(2010)以七家湾溪流域为案例,基于 GIS 和 K-均值聚类分析方法,以流域为评价单元,将研究区域进行脆弱性分级,并有针对性地提出意见,为生态恢复和政策规划实施提供参考。Yang 和 Chen(2015)采用模糊多属性决策方法和 GIS 空间分析方法,从地质环境、地质灾害和人为干扰等方面,对湖南省丽水河源流域的 38 个乡镇的生态脆弱性进行了评价,表明模糊多属性决策方法结合 GIS 能有效分析区域生态脆弱性的主要原因。Yan 和 Xu(2010)从危害性、敏感性、弹性三个方面选取因素,采用 ArcGIS 格网及重分类工具对北京市的社会环境脆弱性进行了综合分析。Hou 等(2016)基于土地利用政策对土地利用类型的变化的影响,以中国陕西省延安八县为例,运用 RS 及 GIS 技术分析了退耕还林政策对 1997~2011 年土地利用的动态变化及生态脆弱性的影响。

综合上述研究,区域生态脆弱性具体表征为 3 个方面:①自然地理条件因素。不少地区由于海拔高、森林覆盖率低、气候干旱、地质灾害带、生态系统的稳定性差等因素的影响,直接导致生态环境系统脆弱。②系统自身恢复能力。一般生态系统有着潜在脆弱性和再生性特点,脆弱生态系统自我恢复能力比较弱,如果外力干扰突破了其生态阈值、打破了其生态平衡,若想恢复其生态功能难度极大。③人为活动干扰因素。人口密度及经济发展能源需求量超过资源承载力时,容易产生过度砍伐森林、过度利用水资源、随意排污等资源不合理利用问题,进而导致土地退化、生态环境污染等问题,生态环境极容易恶化。

2)国土空间生态脆弱性评价单元

评价单元是对土地生态脆弱性评价的数据载体,评价单元大小的选择在某种程度决定了国土空间生态脆弱性评价数据的精准度和科学性,因而在进行区域国土空间生态脆弱性评价时,要根据研究区域的实际特点、研究目的以及收集到的研究数据来选择评价单元。综合现有的国内外国土空间生态脆弱性研究,评价单元主要包括"以行政区划为单元""以图斑数据为单元""以栅格数据为单元""以生态系统为单元"等类型。在实际研究中,通常会根据研究指标数据的可获得性,综合不同的评价单元开展研究。

(1)以行政区划为单元。生态脆弱性评价一般是以省域、市域、县域为尺度的较多,主要是由于省域、市域、县域的统计年鉴数据较容易获得,评价单元以行政区划来明确分析能详细表示各行政单元的土地生态脆弱性状况,有利于各级政府部门采取相应的应对政策措施,能够更有针对性,缺点是行政区划的面积一般较大,很难细化到乡、镇、村等一级,行政区划单元内部的生态系统的空间差异化很难去分析及研究。

(2)以图斑数据为单元。以评价指标图层的最小图斑作为分析评价单元,对指标图斑数据的不同层级类型直接进行判分,并针对不同的指标类型赋予权重,再结合不同的行政评价单元,通过空间叠加分析,加权综合评判法得到该行政区域的脆弱性得分,以此结果作为区间比较分析和决策依据,实现区域生态脆弱性静态或动态评价。不足之处是,对于自然地理空间属性数据,处理起来相对比较容易,而对于社会经济属性数据,因为受数据统计来源的影响,只能落实到不同层级的行政单元上,在空间分析上相对比较薄弱。

(3)以栅格数据为单元。将研究区域按照一定的规则分为一定数量和大小的栅格单元,当作生态脆弱性评价的最小单元及各指标数据信息的载体。栅格数据以 ENVI、ArcGIS 等软件为依托,通过 RS 及 GIS 技术获得每个栅格的数值,如景观多样性指数、NDVI、景观破碎度等数据类型,以栅格数据为单元的优点是数据的空间化更明显、评价单元更小,可以打破行政区划的界线进行分析,数据空间可视化在空间层面上的差异性更明显。其缺点是评价单元的大小很难一致,不同的学者对同一研究区域的生态脆弱性评价进行相互综合对比时很难;有些指标数据很难落到细小的栅格上,数据统计比较困难。

(4)以生态系统为单元。以生态系统为单元来系统分析研究在一定时期内相对稳定的生态系统内部的生态脆弱性,目前生态系统脆弱性评价有城市、流域、湖泊、森林、高原、草地、农田等,其优点是能深入分析某一单一的生态系统的生态脆弱性,使得研究更有针对性、系统性。其缺点是研究单一的生态系统很难系统分析整个生态系统之间的内部关系,生态系统并不是一个封闭的空间,所以很难综合把握其内部的发展规律。同时,生态系统通常会打破各级行政边界,相关社会经济指标的获取上有一定的难度。针对生态系统脆弱性研究,单一的生态系统研究很难正确认识区域的整个生态系统的内在变化,生态系统大都是相对系统性、完整性的,需多角度综合考虑研究,特别是要注重自然-社会生态系统耦合分析,从自然潜在脆弱性、人为干扰脆弱性两个方面来综合分析,方能科学把握生态系统脆弱性驱动机理、特征规律、发展趋势,提高研究的现实意义。

2. 国内国土空间生态脆弱性评价指标体系

生态脆弱性评价指标选取应结合研究区脆弱性表征,在导致脆弱性的主导因素中科学选取。一般情况下,地形、地貌、气候、水文、土壤、地质等可作为内在脆弱因子,植被覆盖、土壤侵蚀、土地利用、社会经济等可以作为外在脆弱因子。选择脆弱生态环境评价指标主要存在两个问题:一是为追求评价指标体系的完备性而不断提出新的指标,使指标种类和数目过多,导致实际评价工作困难;二是缺乏科学有效的定量筛选方法,往往依靠评价者个人的经验,评价指标体系普遍存在指标信息覆盖不全和指标间信息重叠,影响评价的科学性。综合比较不同区域国土空间生态脆弱性评价指标选取情况如表2-3所示。

表 2-3　国内国土空间生态脆弱性测度指标体系比较分析

目标层	准则层	指标层	方法	作者
生态脆弱性测度指标体系(2个准则层、8个指标层)	生态敏感性指数、生态恢复力指数	地形、水体、土地利用、地质灾害风险、植被覆盖度、水资源保有量、耕地保有量、土地面积	GIS空间分析法	张晓瑞等(2015)
脆弱性(2个准则层、12个指标层)	敏感性、应对能力	建设用地比重、工业SO₂排放强度、工业烟尘排放强度、工业废水化学需氧量(COD)排放强度、工业粉尘排放强度、年均降水量、盐碱地面积比重、工业SO₂削减率、工业烟尘削减率、工业废水COD削减率、工业粉尘削减率、环保投资比重	综合指数法	李静等(2011)
生态脆弱性(2个准则层、11个指标层)	自然结构胁迫性、胁迫性脆弱性	高程、坡度、植被覆盖、地质岩性、土壤肥力、水土流失强度、≥10℃积温、湿润指数、路网密度、人口密度、人均GDP	空间主成分分析法	廖炜等(2011)
生态脆弱度(3个准则层、15个指标层)	生态敏感度、生态压力度、生态弹性度	水土流失指数、风蚀面积比例、大风日数、评价海拔、景观指数、产业结构指数、人口压力、草场载畜率、垦殖率、土壤污染、恩格尔系数、水文、植被、土壤、气候	层次分析法与主成分分析法结合	刘正佳等(2011)
生态脆弱性指数(2个准则层、12个指标层)	扰动力指数、适应力指数	地均GDP、人口密度、石油天然气产值占规模以上产值比重、第三产业比重、单位GDP能耗、农药化肥使用强度、面积加权平均分维度、散布与并列指数、分离度、多样性指数、均度指数、蔓延度	集对分析、景观指数分析、RS及GIS	许倍慎等(2011)
流域生态脆弱性评价指标(2个准则层、14个指标层)	主要成因指标(自然、社会成因)、结果表现指标(经济、社会发展水平)	每平方公里水资源总量、干燥度、地表植被覆盖度、水土流失率、垦殖率、人口密度、人口自然增长率、人均GDP、人均工业产值、人均粮食产量、农民人均纯收入、城镇化率、人口素质、贫困率	集对分析法	张鑫等(2010)

续表

目标层	准则层	指标层	方法	作者
省域生态脆弱性评价指标体系(3 个准则层、15 个指标层)	自然潜在脆弱性、人为干扰脆弱性	地形地貌、气候、土壤、水文、地质基础、植被、土壤侵蚀、土地利用格局、社会发展、经济发展	GIS 技术	蔡海生等(2009)
区域生态景观脆弱性(2 个准则层、5 个指标层)	景观格局指数、生态系统敏感性指数	景观分离度、景观分维数、土地沙漠化敏感指数、土壤盐渍化敏感性指数、土壤侵蚀敏感性指数	GIS 技术	李传华和赵军(2013)
湿地生态系统脆弱性评价(3 个准则层、12 个指标层)	干扰指标、状态指标、敏感性指标、发展指标	人口密度、人类干扰指数、NDVI、叶绿素 a 浓度、平均斑块面积、斑块密度、面积加权平均斑块形状、蓄水量、湿地弹性度指数、COD 指数、总氮(TN)浓度、湿地面积变化比例	RS 及 GIS 技术	张德君等(2014)
地区生态脆弱性评价指标体系(3 个准则层、16 个指标层)	生态敏感性、生态恢复力、生态压力	降水、风速、相对湿度、大气温度、高程、坡度、坡向、起伏度、地表温度、土壤侵蚀强度、地表蒸散量、景观破碎指数、植被初级净生产力、植被覆盖度、人口密度、人均 GDP	层次分析法与主成分分析法结合	韦晶等(2015)
生态脆弱性评价指标体系(3 个准则层、12 个指标层)	压力、状态、响应	地质构造、岩性、地形坡度、旱季相对湿润指数、日降水量≥25 mm 天数、人口密度、建设用地面积指数、>25°坡耕地面积指数、NDVI、生物丰度指数、土地退化指数、生态工程植被恢复面积指数	支持向量机(SVM)模型	仙巍等(2014)
流域生态脆弱性评价(2 个准则层、8 个指标层)	自然因素、人为活动	年平均气温、年平均降水量、海拔、坡度、坡向、土壤类型、植被指数、土地利用类型	GIS 技术及空间主成分分析法	雷波等(2013)

从表 2-3 可以看出，不同的学者其生态脆弱性评价所选的指标都不尽相同，但是可以看出，评价指标分为 3 种：一是从自然、人为因素来考虑；二是从胁迫方面入手，综合考虑自然胁迫及人为胁迫脆弱性；三是借助模型框架，包括：PSE 模型(压力、敏感、弹性)、PSR 模型(压力、状态、响应)、VSD 模型(暴露度、敏感性、适应能力)、SRP 模型(生态敏感性、生态恢复力、生态压力度)，总体上是从干扰、状态、敏感性、发展等方面来考虑。

建立生态脆弱性评价指标体系是评价科学性、客观性的关键一环。本章结合国内外研究，针对生态脆弱性特征，以自然环境因素为主，综合考虑人为作用因素，兼顾指标的可操作性和可比性，基于层次分析法选取自然因素和人为因素两大一级指标，可以构建一个初步的生态脆弱性评价指标体系，包括 2 个一级指标、10 个二级指标、28 个三级指标(表 2-4)。不同研究区域和不同研究目标，在评价指标的选择和指标体系的构建上有不同的侧重。

在指标选取和体系构建的基础上，可根据动态评价和静态评价量的需要，针对各评价因子进行赋权，结合相应的评价模型进行分析评价。生态脆弱性分析评价主要包括静态分析(潜在脆弱性计算、胁迫脆弱性计算、现实脆弱性计算)、动态分析(生态脆弱性变化绝对度和相对度)两个方面,最终分析结果可以为国土空间综合整治和生态修复提供决策支撑。

表 2-4　国土空间生态脆弱性评价指标体系构建

一级指标	二级指标	三级指标
生态环境脆弱自然因素指标	地形地貌、气候、土壤、水文、地质环境	地形、坡度陆地表面起伏度、雨季降水量、旱季干旱天数、年极端高温天数、年极端低温天数、年风灾天数、土壤可蚀性（K值）、地表径流、湖泊水面退缩率、岩性、地震
生态环境脆弱人为因素指标	植被、土壤侵蚀、人类活动强度、社会发展、经济发展	植被覆盖率、水土流失强度、多样性指数、坡耕地指数、破碎度指数、人口密度、人均耕地面积、公路密度、CO_2 排放量、工业用废水排放量、人均 GDP、基尼系数、基本社会保险覆盖率、农民人均纯收入、失业率（城镇）、城镇化率

3. 国内国土空间生态脆弱性评价模型方法

3S 技术的迅猛发展，以及在生态环境研究领域的广泛应用，使得资源环境数据信息能够及时、快捷、精准地获取、处理和动态分析，成为生态脆弱性研究发展的一个重要趋势。生态脆弱性评价可以分为静态评价和动态评价。静态评价是以一个时间点的指标数据为基础，评价结果反映的是评价区域内的不同单元之间的脆弱性表征的差异；动态评价是在多个时间点的脆弱性评价，评价结果反映的是评价区域内的脆弱性表征发展演变情况，能更加全面地表征区域生态脆弱性。在评价模型方法方面，国内专家学者结合国外的相关研究进展，对评价模型方法进行了广泛的集成创新，形成了一些更具针对性的评价模型方法。综合起来讲，主要包括层次分析法、模糊评价法、主成分法、综合评价法等方法，各模型方法特征比较见表 2-5。

表 2-5　国内国土空间生态脆弱性评价方法比较分析

评价方法	主要内涵	适用范围	优点	缺点	作者
层次分析法	确定评价指标、判分及权重，将判分与其权重相乘，加和得到总分值，以此确定脆弱性等级	可用于生态脆弱地区脆弱度比较	计算过程简单，可根据区域特点选择不同的环境影响因子、权重及评分等级	指标选取、权重赋值以及脆弱性分级等主观性较强	韦晶等（2015）
模糊评价法	确定指标体系及权重，计算各因子对各评价指标的隶属度，分析结果向量，确定脆弱性等级	适用于省、区等大范围及县（市）、乡（镇）等小范围	计算方法简单易行	对指标的脆弱性反应不够灵敏	艾合买提·吾买尔等（2010）
主成分分析法	计算特征值和特征向量、通过累计贡献率计算得到主成分，最后进行综合分析	适用于基础资料较全面的生态环境脆弱程度评估	可将原来的指标重新组合成新的综合指标，尽量保证原始指标信息的真实性	存在一定的信息损失问题	钟晓娟等（2010）
生态脆弱性指数（ecological frangbility index, EFI）	确定指标、权重及其生态阈值，在标准化基础上，计算生态脆弱性指数 EFI，划分脆弱性等级	适于某一区域内部生态环境脆弱程度的比较分析	可以将脆弱度评价与环境质量紧密结合在一起	结果是相对的、静止的	蔡海生等（2003）

续表

评价方法	主要内涵	适用范围	优点	缺点	作者
综合评价法	针对各评价因子，进行叠加加权综合分析，包括现状评价、趋势评价及稳定性评价等	适用于长时期积累的数据资料	综合评价法较为全面、宏观；评价结果具有较强的综合性及逻辑性、系统性	综合评价法较为复杂，涉及内容多，需要的数据比较多	张龙生等（2013）
集对分析法	以联系度为核心，特别是处理不确定性的问题时，有较强的吸附作用	用于某一区域内的时序动态评价	计算简单、方法容易	系数的取值问题，受到主观影响	张鑫等（2010）
状态空间法	采用加权求和算出各脆弱性分指数，利用数理模型求得综合指数	适用于省域、市域等范围	计算简单、方法容易	不能反映内部各评价因子的影响，有一定的主观性	王岩和方创琳（2014）
3S 技术法	将统计数据转换成栅格数据，配合原有的矢量化数据，应用空间分析技术对各评价因子进行叠加分析	可用于区域间及区域内各评价单元的分析及时空动态对比分析	数据处理快，易于管理及后期预测及调控	软件数据处理技术要求相对较高	徐庆勇等（2011）

2.2.3 国土空间生态脆弱性评价研究存在的问题及其发展趋势

生态脆弱性评价研究具有很高的现实意义和应用价值，是当前科学研究的一个重要方向。以生态脆弱性评价为切入点，以土地利用变化和社会经济发展为基础，进行生态脆弱性动态评价，讨论生态脆弱性的驱动机理、演变过程和发展趋势，服务于资源生态可持续利用和社会经济可持续发展，是生态脆弱性研究的通常路径。生态脆弱性评价通常采用三个步骤：①选择建立评价指标体系；②确定指标体系中各因子权重；③利用数学原理（模型）分析计算。但是，如何确定评价指标体系、如何确定各指标的稳定度标准、如何确定各指标对生态环境脆弱度的权重及采用哪一种数学模型分析计算，还没有形成一个统一的标准，都需要进一步研究。

1. 国土空间生态脆弱性研究主要文献评述

科学认识生态脆弱性的发展历程，揭示生态脆弱性的研究发展趋势及热点，对于把握好国土空间生态脆弱性研究方向具有积极的意义。以 1988 年第七届 SCOPE 会议召开为起点，在中国知网（CNKI）高级搜索中的输入检索条件中输入以生态脆弱、脆弱生态、生态脆弱性、国土空间生态脆弱为主题的条件，提取 1988~2020 年生态脆弱性方面的文献，文献类型为期刊，共检索出 2737 条结果，由此可见，生态脆弱性及其相关研究成果颇多。为进一步确保研究的代表性与可信度，选取其中"工程索引"（EI）、"中文社会科学引文索引"（CSSCI）、和"中国科学引文数据库"（CSCD），以及北京大学"中文核心期刊要目总览"来源期刊进行检索，共计 1262 篇文献。进一步剔除主题词与文献内容明显不相符的文献，筛选得出 789 篇文献为研究样本。

1) 发文数量分析

1988~2020 年，国内生态脆弱性相关研究的发文数量整体上呈现波动式上升的趋势。在 2000 年后，生态脆弱性相关研究总体呈现出爆发增长态势，按照发文数量大致可将其划分为 3 个阶段(图 2-1)。

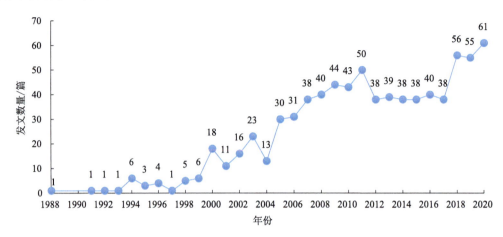

图 2-1　1988~2020 年生态脆弱性发文数量时间分布

　　起步发展阶段(1988~1999 年):自 1988 年布达佩斯召开第七届 SCOPE 会议以来,生态脆弱性的研究逐渐开始,慢慢有学者们开展相关的研究。1988~1999 年总发文量为 29 篇,生态脆弱性尚处于起步发展阶段,学者们对此的关注度有待提升,主要针对生态脆弱概念内涵及分类、中国环境脆弱现状和脆弱区域的识别、特定生态脆弱区特征(热合木都拉,1995)、生态脆弱性定量评价方法探讨,以及脆弱生态与社会经济、农业发展等的联系等方面开展相关研究,更多偏向于理论性研究。

　　快速发展阶段(2000~2010 年):进入 21 世纪初,生态文明观改善,随着可持续发展战略、联合国气候变化框架公约、新千年生态系统评估、生态优先战略、生态文明建设等一项项重大事件的发生,人类对生态环境的关注度持续升温,学者们对生态环境的研究开始增多,2000~2010 年,总发文量为 307 篇,年均发文量为 28 篇,总体来说是生态脆弱性研究快速发展的关键阶段,一方面,学者们通过理论研究结合实证研究,分析研究区域的生态环境质量,为正确认识生态环境提供了正确的思路;另一方面,GIS、遥感等技术的高速发展,极大地丰富了生态脆弱性研究的方法路径。在这个阶段,学者们以生态脆弱性定量评价为主,发展了一系列评价模型,并初步出现了学科交叉融合趋势,扩展了生态脆弱性研究体系,同时探讨了可持续发展、人地关系、社会经济与生态脆弱性的关联性,并偏向生态脆弱的空间分异规律以及成因探析等。

　　波浪发展阶段(2011 至今):2011 年发文数量为 50 篇,而至 2012 年下降到 38 篇,此后至 2017 年发文量维持在 38 篇上下浮动,至 2018 年跃升至 56 篇,此后维持在 50~60 篇,总体趋势是波浪式曲折式发展。一方面,由于生态环境评价实证研究在方法和技术方面进入了瓶颈发展阶段,单一的数理模型静态评价很难满足当前生态环境评估的要求;另一方面,不少学者也在摸索生态脆弱评价后如何科学地对生态环境进行修复和重建,落实调控对策,实现生态环境的好转。同时不少学者们开始从环境科学、生态科学等研究方向,转向分析生态脆弱区大背景下的地方经济、农业经济、产业结构、气候变化、景观格局等,系统地分析生态脆弱区经济、社会、生态三方面的发展,学科交叉性更深入，综合性更强。

2）发文期刊分析

运用文献题录信息统计分析工具（SATI）对样本数据进行系统梳理，将排名前 20 的发文期刊进行统计分析，结果如表 2-6 所示。总体来说，国内关于生态脆弱性相关研究的发文期刊数量较多，期刊涉及种类及范围广，前 20 名中以《生态学报》《水土保持通报》《水土保持研究》《干旱区资源与环境》《生态经济》等为主，生态脆弱性是生态环境的重要研究方向，同时由于干旱区分布生态脆弱区较多，且水土保持与生态脆弱联系紧密，对于此方面的研究也较多。

表 2-6　1988～2020 年生态脆弱相关研究发文数量排名前 20 期刊汇总

序号	期刊名称	发文数量/篇	序号	期刊名称	发文数量/篇
1	生态学报	44	11	干旱区地理	13
2	水土保持通报	32	12	自然资源学报	13
3	水土保持研究	31	13	生态学杂志	12
4	干旱区资源与环境	30	14	经济地理	11
5	生态经济	25	15	地理研究	10
6	中国人口·资源与环境	19	16	煤炭学报	10
7	中国沙漠	19	17	中国农业资源与区划	8
8	应用生态学报	16	18	中国水土保持	8
9	资源科学	16	19	农业工程学报	8
10	安徽农业科学	14	20	农业现代化研究	8

3）研究作者及机构

运用 SATI 和 UCINET 软件对国内学者在生态脆弱及其相关研究的发文数量以及团队、机构情况进行统计和知识图谱分析，结果显示：国内期刊发文量前 20 的学者的发文数量达 135 篇，占总发文量的 17.11%。发文量在 6 篇以上的主要是赵雪雁(11 篇)、苏维词(10 篇)、赵庚星(9 篇)、范立民(8 篇)、薛冰(8 篇)、李涛(7 篇)、田亚平(7 篇)和蔡海生(7 篇)。作者合作网络显示，国内生态脆弱性相关研究团队相对较多，但联系不紧。大体上可以分为以下几类：①以赵雪雁、薛冰、王亚茹、张钦等研究主要在高寒生态脆弱区农户的气候变化相关研究、生态脆弱区农户生计及补偿研究等；②范立民等对生态脆弱区矿区的开采保护、修复等进行了深入研究；③以任志远等为主的基于传统的经验模型结合 GIS 技术对某一研究区域进行静态或者动态的生态评价，分析其内在的生态环境演变规律；④以冉圣宏、苏维词等为主的以生态脆弱区的类型划分及内在特征进行分析，在此基础上对其理论与方法进行了系统的阐述，并提出了生态脆弱区适度开发的调控对策及建议；⑤蔡海生等学者主要以典型区域为研究对象，对研究区域的生态脆弱性进行初探，通过对研究区域的生态脆弱性进行定性分析、定量分析，结合其脆弱性表征特征、驱动机理及动态演变趋势，提出生态脆弱性分区及其动态调控相关的对策建议。

发文量排名前 20 学者中，以西北师范大学地理与环境科学学院的赵雪雁、张钦、王亚茹、雒丽，以及中国科学院的王克林、薛冰、傅伯杰、刘彦随为主。总体来说，以生态脆弱区的研究为主，分析其气候变化对生态环境或农户的影响、生态脆弱区的形成机制、内在规律以及生态修复重建的调控对策措施，辅之研究以行政区划为研究范围(省域、市域、县域)，通过选取地方特色的指标体系构建评价体系结合评价方法等对研究区域进行静态或者动态评价，分析其生态脆弱性的内在演化机制、空间演变规律，正确认识在土地利用变化视角下生态环境的发展规律(表2-7)。

表 2-7 生态脆弱性研究发文量排名前 20 作者及其工作机构

序号	姓名	频数	工作机构
1	赵雪雁	11	西北师范大学地理与环境科学学院
2	苏维词	10	贵州科学院山地资源研究所
3	赵庚星	9	山东农业大学资源与环境学院
4	范立民	8	陕西省地质调查院、陕西省地质环境监测总站
5	薛冰	8	中国科学院沈阳应用生态研究所
6	李涛	7	西安科技大学资源与环境学院
7	田亚平	7	衡阳师范学院资源环境与旅游管理系
8	蔡海生	7	江西农业大学国土资源与环境学院
9	傅伯杰	6	中国科学院生态环境研究中心城市与区域生态国家重点实验室 北京师范大学地理科学学部地表过程与资源生态国家重点实验室
10	冉圣宏	6	清华大学环境科学与工程系
11	张钦	6	西北师范大学地理与环境科学学院
12	李巍	6	北京师范大学环境学院
13	王亚茹	6	西北师范大学地理与环境科学学院
14	王克林	6	中国科学院
15	王瑞燕	6	山东农业大学资源与环境学院
16	雒丽	6	西北师范大学地理与环境科学学院
17	任志远	5	陕西师范大学旅游与环境学院
18	刘彦随	5	中国科学院地理科学与资源研究所
19	姚昆	5	西昌学院资源与环境学院
20	孙武	5	华南师范大学地理系

4)高频引文分析

为进一步了解生态脆弱性研究领域，高频引文分析是必要的，其往往是研究领域中重要理论基础或重大突破，是整个研究领域的推动力。基于研究样本，以被引用次数为排序条件，选择前 20 篇高频引用文章为分析对象，结果如表 2-8 所示。国内被引用频次最高的文献是赵跃龙和张玲娟于 1998 年在地理科学进展上发表的《脆弱生态环境定量评价方法的研究》。目前为止，该文章被引用了 499 次，该研究建立了一套较为完整的脆弱生态评价体系，并用全国 26 个省(区、市)进行适用性验证，其结果为生态脆弱性定量评价奠定了基础。综合来看，高频引文主要研究内容大致可分为以下 3 类：①20 世纪末及 21 世纪初，学者们主要以分析脆弱生态、生态脆弱性的理论与方法为研究方向，对生态脆弱及脆弱生态的基础内涵、定义、成因、表征等进行研究，对其定量评价方法进行了系统的论述，其中以赵跃龙、冉圣宏、乔青、靳毅等学者为主；②生态脆弱指标体系框架设计及范式研究，分析影响生态脆弱性的因子，确定评价指标体系，为生态脆弱性的评估提供研究思路，结合数理模型选择恰当的评价方法，对研究区域的生态脆弱性进行定量的分析，认识生态环境所在的状况，如黄方、冷疏影等；③由于不少地区处于生态脆弱区，一方面是自身地理条件造成，生态环境恶劣，另一方面是人类活动的影响，造成土地退化、沙漠化等现象，但不管是生态环境自身原因还是人为活动影响，在生态文明理念下，要达到天人合一的美好愿景，就必须对生态环境进行修复。至此，不少学者开始围绕生态系统保护修复、生态环境的重建、生态环境预警评价及监测等方面开展研究，确保生态保护及修复措施落实到位，为生态脆弱性的改善提供良好的理论依据和实践经验，如彭晚霞、王克林等。

表 2-8　TOP20 生态脆弱性文章引用情况汇总

序号	篇名	作者	年份	期刊	被引频次
1	脆弱生态环境定量评价方法的研究	赵跃龙, 张玲娟	1998	地理科学进展	499
2	生态脆弱矿区含(隔)水层特征及保水开采分区研究	王双明, 黄庆享, 范立民, 等	2010	煤炭学报	359
3	脆弱生态区评价的理论与方法	冉圣宏, 金建君, 薛纪渝	2002	自然资源学报	300
4	滇西北生态脆弱区土地利用变化及其生态效应——以云南省永胜县为例	彭建, 王仰麟, 张源等	2004	地理学报	278
5	榆林地区脆弱生态环境的景观格局与演化研究	张明	2000	地理研究	257
6	生态脆弱性及其研究进展	徐广才, 康慕谊, 贺丽娜, 等	2009	生态学报	254
7	喀斯特脆弱生态系统复合退化控制与重建模式	彭晚霞, 王克林, 宋同清, 等	2008	生态学报	233
8	中国脆弱生态区可持续发展指标体系框架设计	冷疏影, 刘燕华	1999	中国人口·资源与环境	227
9	基于景观格局和生态敏感性的海南西部地区生态脆弱性分析	邱彭华, 徐颂军, 谢跟踪, 等	2007	生态学报	217
10	脆弱生态环境定量评价方法的研究	赵跃龙, 张玲娟	1998	地理科学	214
11	GIS 支持下的吉林省西部生态环境脆弱态势评价研究	黄方, 刘湘南, 张养贞	2003	地理科学	208
12	生态脆弱性综合评价方法与应用	乔青, 高吉喜, 王维, 等	2008	环境科学研究	187
13	黔西南脆弱喀斯特生态环境空间格局分析	兰安军, 张百平, 熊康宁, 等	2003	地理研究	175
14	三峡库区生态脆弱性评价	马骏, 李昌晓, 魏虹, 等	2015	生态学报	172
15	脆弱生态环境脆弱度评价研究进展	蔡海生, 陈美球, 赵小敏	2003	江西农业大学学报	168
16	青藏高原高寒区生态脆弱性评价	于伯华, 吕昌河	2011	地理研究	158
17	我国脆弱生态环境的评估与保护	史德明, 梁音	2002	水土保持学报	158
18	中国脆弱生态环境分布及其与贫困的关系	赵跃龙, 刘燕华	1996	人文地理	155
19	中国生态脆弱性研究进展的文献计量分析	田亚平, 常昊	2012	地理学报	153
20	生态脆弱性评价与预测研究进展	靳毅, 蒙吉军	2011	生态学杂志	150

5) 研究热点分析

关键词是凸显文献研究主题的词语，是对文章内容的高度凝练总结，当一篇文章中一关键词与另一关键词同时出现时，称为共词现象，对其中出现较高频次的关键词进行分析，可以揭示出当前研究领域的热点及研究趋势。为准确把握生态脆弱性相关研究热点与前沿方向，首先要对高频关键词进行界定，同时为了减少关键词意义相同，描述不一的问题，本章对关键词进行了合并基本同义词处理，如将生态脆弱性、生态脆弱性、生态脆弱、脆弱生态、生态脆弱环境、脆弱生态环境统一为生态脆弱性，并将频次为 6 次作为高频词阈值，一共选取 44 个高频关键词，如表 2-9 所示。

表 2-9　国内生态脆弱性研究核心期刊文章高频关键词统计（频数 ≥ 6 次）

序号	关键词	频数	序号	关键词	频数
1	生态脆弱性	275	23	生态恢复	9
2	生态脆弱区	194	24	生态系统	9
3	生态环境	60	25	耦合协调度	9
4	GIS	42	26	贫困	9
5	层次分析法	34	27	黄河三角洲	9
6	土地利用	30	28	农牧交错带	8
7	生态脆弱性评价	29	29	对策	8
8	遥感	29	30	榆林市	8
9	评价	25	31	甘肃省	8
10	可持续发展	22	32	生态安全	8
11	指标体系	21	33	生态敏感性	8
12	影响因素	20	34	生态足迹	8
13	景观格局	20	35	黄土高原	8
14	生态脆弱带	20	36	保水采煤	7
15	主成分分析	14	37	时空变化	7
16	农户	13	38	生态文明	7
17	气候变化	13	39	荒漠化	7
18	动态变化	11	40	贵州	7
19	生态脆弱矿区	11	41	vsd 模型	6
20	喀斯特	10	42	水土流失	6
21	生态	10	43	甘南高原	6
22	空间主成分分析	10	44	综合评价	6

由表 2-9 可知，国内生态脆弱性相关研究出现频次高于 20 次的关键词有生态脆弱性、生态脆弱区、生态环境、GIS、层次分析法、土地利用、生态脆弱性评价、遥感、评价、可持续发展、指标体系、影响因素、景观格局、生态脆弱带，这表明生态脆弱性相关研究的对象主要针对生态脆弱区、生态脆弱带，研究内容集中于生态脆弱性、评价以及探讨与土地利用、景观格局的联系，研究方法、技术手段主要集中于层次分析法、主成分分析、GIS、遥感等。

通过对关键词进行提取、合并、统计形成共词矩阵及相异矩阵，并对其进行二维尺度分析，明确其组团趋势；网络密度测算、度数中心度、接近中心度、中间中心度等社会网络分析以把握现阶段研究热点，可以得出以下结论：①中国生态脆弱性研究已经有了一定的发展基础和理论支撑；②生态脆弱性逐渐从理论研究、实证研究走向管控措施研究，但是整体而言定量研究比重较大，研究方法综合性还需进一步提高；③研究视角多元化，从单纯的生态评价逐渐走向多元化、综合性的生态研究，有景观格局、土地利用、生态足迹、水土保持、矿区修复、气候变化、产业经济等视角；④研究方法从传统的经验方法层析分析法为主转向以 GIS 技术方法为手段结合数理模型处理数据；⑤生态脆弱性研究中的定量研究逐渐淡化，生态脆弱区修复、重建、综合治理、气候变化研究以及生态脆弱区经济、社会、生态三者的交叉研究等逐渐成为研究热点及趋势。

2. 国土空间生态脆弱性研究存在问题分析

生态脆弱性研究涉及领域非常广泛，包含自然地理学、土地资源学、生态学、生物学、经济学、社会学等众多领域，具有较强的综合性。研究的切入点、侧重点不同，研究的时间和区域不同，则研究的指标体系构建、方法模型应用都会有所不同。但不管研究对象、研究方法有什么不同，都要涉及 5 个方面的内容：①数据资料收集；②选择建立评价指标体系并对各评价指标进行赋值；③确定指标体系中各因子权重；④从单因子分析和综合分析两个方面利用模型分析计算生态脆弱度指数；⑤评价结果的分析和应用。总体上存在以下几个共性的问题。

1) 研究基础理论方法创新性不足

当前针对区域生态脆弱性评价和研究，主要集中在个案性、实证性研究，围绕人地系统展开，而对于具有较强不确定性的生态环境系统如气候变化、自然灾害等研究较少，也相对薄弱。脆弱性评价理论方法研究还不够深入，基于人地耦合的系统脆弱性研究还处于发展阶段，实证研究仍以生态系统脆弱性评估和多元统计分析为主，脆弱性实证评价方法尚未完全成熟，时空动态及发展趋势预测评价理论支撑不够。研究问题与目标定位比较杂，针对性不够强。

2) 指标体系及分析模型难以统一

在生态脆弱性评价的指标选择、模型选取等方面，不可避免存在外界干扰及数据不完整等不确定因素的影响，无论是自然条件因素还是社会经济条件因素都没有统一的分析标准。各地脆弱性实证评价指标体系建构中存在随意性，不同学者在研究中往往有不同的评价指标体系、不同的计算分析方法，未形成一套综合的、完整的、涉及各种对象和尺度的生态脆弱性评价系统，导致评价结果存在不确定性，不同评价区域之间评价结果难有可比性，评价模型方法的标准化需要加强。

3) 人为主观因素影响着评价结果

由于不同的专家学者对生态脆弱性评价等级划分及阈值认知不一，对生态脆弱性评价指标的判分、权重和脆弱性等级划分标准不一，直接导致评价结果的随机性太大、主观性太强。例如，指标赋值或权重等级评分有 5 级、4 级、3 级等情况，评价结果等级划分采用自然断点法、自然分界法、专家经验、平均分配等不同方法。哪怕是针对同样的研究对象，不同的专家学者其评价结果都很难进行对比分析，统一评价指标体系、判分标准及评价等级划分是提升评价结果有效性的关键一环。

4) 评价结果的应用研究有待拓展

生态脆弱性评价是基于研究者对生态环境条件数据认知的经验分析，研究结果最终只是一些简单的数值或数值段，通过 3S 技术可以将这些评价结果落实到时空区域，但这是一种相对的描述，不是研究的全部。通过对生态脆弱性动态分析，认识其驱动机理、演变过程和发展趋势，进一步与研究区域人地耦合方式、土地利用模式、生态保护措施等有效地衔接，开展国土空间生态环境的分区治理和有效管控研究，才能提高脆弱生态研究的科学性、有效性和实用性。

3. 国土空间生态脆弱性研究发展趋势分析

生态脆弱性评价是自然地理、生态环境和社会经济综合研究的一个交叉领域，具有很高的现实意义和应用价值。针对不同研究区域的生态脆弱性评价研究，也许研究时间周期、指标体系构建、评价模型方法等会有所不同，但关于生态脆弱性的现状表征、驱动机理、演变过程、发展趋势、生态管控等研究目标是相同的，帮助大家更好地实现对国土空间生态环境的认知、利用、保护和修复等研究价值和现实意义是相通的。总体上，围绕着生态脆弱性研究目标和研究价值更好地实现，研究发展趋势主要表现在以下 4 个方面。

1) 研究思路需要进一步突出综合系统性

一般而言，生态脆弱性研究中，由地质、地形、地貌、土壤、植被、水文、气候等构成生态环境潜在脆弱性的主要分析数据，由植被覆盖变化、土壤侵蚀变化、土地利用变化、社会经济变化等构成生态环境胁迫脆弱性的主要分析数据。随着研究方法和技术手段发展进步，无论是属性数据，还是空间数据都越来越突出了精准性、综合性，数据来源都更加稳定、可靠和容易获取。这为生态脆弱性综合研究提供了很好的数据支撑。在生态环境脆弱性评价目标方面，以人地关系为切入点，逐渐从单纯的生态脆弱性评价走向生态与经济社会耦合脆弱性综合评价，向"土地利用-社会经济-生态效应"综合研究发展，帮助我们更好地认知生态环境背景下的人地耦合的时空特征，为资源生态和社会经济可持续发展提供重要的决策信息和管控依据。

2) 数据处理需要进一步突出时空动态性

早期的生态脆弱性评价静态分析的比较多。随着 3S 技术的发展及其广泛应用，特别是其数据获取、模型构建、数据分析、空间分析、平台展示等功能，为生态脆弱性动态评价提供了强劲的技术支撑。大数据背景下，充分发挥 3S 技术优势，与传统的研究方法手段相融合，实现统计信息和空间信息的及时、迅速处理，构建区域尺度上兼备评价、预测与预警功能的生态脆弱性评价模型，将是生态脆弱性评价的重要发展方向之一。在 3S 技术支持下，以全球气候变化为背景的宏观研究也得到了迅速发展，通过将遥感影像数据与长期定点观测数据相融合，从时间和空间上更好地分析生态群落的演变、社会经济的发展对生态脆弱性的作用机理、生态响应和发展机制，实现更科学、客观、实用的时空动态评价。

3) 研究方法需要进一步突出学科融合性

在大数据背景下，生态脆弱性评价的方法不断现代化，学科交叉研究得到了快速发展。最新的研究显示，数据的获取更多综合了遥感数据、野外调查、样地调查、地理国情普查等来源，数据分析方法也综合了自然地理、土地生态、区域经济、社会政策、统计学等相关学科方法，通过计算机强大的运算功能及 3S 技术软件平台技术，将人工智能中的核心机器学习方法运用到生态脆弱性评价中来，打破传统的数理模型方法计算，更深程度地挖掘影响生态脆弱性的数据信息。这种交叉综合性研究方法，运用到大尺度区域上优势更加突出。因为研究基础数据的多源融合、相互补充，为研究区域生态环境长期的时空演变特征分析提供了新的数据平台，为训练样本精度、提高评价及预测精度提供了条件和保障。

4) 研究结果需要进一步突出实践应用性

生态脆弱性评价的目标是为资源可持续利用和社会经济可持续发展提供信息支持和决策依据，所以利用生态脆弱性评价结果来指导国土空间土地利用和生态管控，是研究的最终落脚点。以区域生态脆弱性客观评价为基础，结合评价结果加强分区研究是区域生态脆弱性研究未来发展的重点方向。依靠生态脆弱性评价结果，对研究区域生态脆弱性进行合理分区，针对不同的分区结果采纳不同的整治对策，可为优化国土空间开发格局、构建国土空间全域保护格局及生态功能区综合整治提供重要信息。根据研究目标不同可选择不同的分区依据：一是依照潜在脆弱性评价进行区分；二是依照胁迫脆弱性评价进行区分；三是依照现实脆弱性评价进行区分；四是依照脆弱性绝对变化率进行区分；五是依照脆弱性相对变化率进行区分。其分别表示生态脆弱性的自然区划、胁迫区划、现实区划、绝对变化程度区划、相对变化程度区划。总体上，依据评价结果实现对区域资源生态和社会经济进行综合治理和有效管控，助力生态优先、可持续发展和生态文明建设，是生态脆弱性评价最终价值实现的重要途径。

第3章 国土空间生态脆弱性评价研究的理论与方法

生态脆弱性评价研究对认识、保护和改造生态环境,促进人与自然的和谐具有重要意义。通过分析生态脆弱性的内涵和机理,总结相关的理论基础和研究方法,认清生态脆弱性具有的复合性、动态性、相对性和可控性等表现特征,并对生态脆弱性静态评价和动态评价进行比较分析,可以比较全面地把握生态脆弱性研究的关键问题和中心内容。总体上讲,生态脆弱性包括潜在脆弱性、胁迫脆弱性、现实脆弱性、绝对脆弱性、相对脆弱性等概念,生态脆弱性评价可以分为静态评价和动态评价。生态脆弱性静态评价只是对脆弱性的空间定性描述,不能满足人们认识、改善和利用生态环境的客观需求;生态脆弱性动态评价,通过结合生态脆弱性的驱动机理、演变过程和发展趋势进行分析,进一步讨论生态脆弱性动态评价结果在生态环境分区和生态环境治理中的应用,能够掌握脆弱生态环境的成因、过程、结果、尺度,从而调整外力对生态环境干扰的类型、特征、强度等,为实现对国土空间生态脆弱性变化的调控提供决策支撑,促进生态环境的可持续利用和人与自然的和谐。

3.1 脆弱生态环境和生态脆弱性

3.1.1 脆弱生态环境与退化生态环境

脆弱生态环境与退化生态环境是两个既有联系又有区别的不同概念。脆弱生态环境容易导致生态环境退化,生态环境退化则会加剧生态环境的脆弱性。但脆弱生态环境包括了那些容易退化而尚未退化的生态系统;同样,退化生态环境也包括一些受人类活动强烈破坏而原本并不脆弱的生态环境。脆弱是一个定性的概念,反映生态环境的结构功能特征;退化则是一个对比的概念,其含义是相对的,反映出很强的时间动态特征。例如,土地生态退化或恢复,需要通过不同时段的土地生态质量的比较而得知。确切地说,在比较时段内土地生态的后期质量明显地比前期下降(提升)的土地环境才称之为土地生态退化(恢复),其实质上是相对于基准点的土地生态质量的退化(恢复)。

3.1.2 潜在脆弱性与现实脆弱性

脆弱环境性质包括可见的、隐含或伴生的、潜在的脆弱性表现。因此可以将生态环境的脆弱性划分为人类活动干扰之前就固有的潜在脆弱性,即自然脆弱性,以及人类活动干扰之后所呈现的生态脆弱性,即现实脆弱性。潜在生态脆弱性是指生态环境在假设未受人类活动干扰之前的初始状态下,由一个地区的地形地貌、地质水文、气候、土壤、植被等自然要素综合作用所决定,具有可能在外部干扰下产生系统退化的敏感性和潜在危险性。潜在脆弱生态环境自身的内部结构决定了该系统比较脆弱,即系统自身固有、先天存在的不稳定性和敏感性，属于内生结构型脆弱，因此是相对稳定的。现实脆弱性是在考虑人类活动干扰影响所产生的人为胁迫脆弱性和自然对潜在脆弱性共同作用下的生态脆弱性外在表征。相对于潜在脆弱性而言，现实脆弱性是动态变化的。

3.1.3　绝对脆弱性与相对脆弱性

如果将生态环境的潜在脆弱性状态，作为该生态脆弱性评价的初始基准，以某时段内前期的生态脆弱性现实状态，作为该时段内生态脆弱性评价的阶段性基准，那么绝对脆弱性是指不考虑自然潜在脆弱性的影响，着重考虑人为干扰时产生的胁迫脆弱性的强弱程度，是衡量人类活动干扰对生态环境产生影响的一个评价指标。相对脆弱性主要是考虑一段时期内，国土空间生态脆弱性自身的发展演变情况，是现实脆弱性的一个时间变量，是衡量生态现实脆弱性在内外界的压力或干扰作用下，生态脆弱性处于退化、持平或恢复状态的一个评价指标，即在生态脆弱性定量分析中，将相对于生态初始基准的变化程度称为绝对脆弱度，将相对于阶段性基准的变化程度称为相对脆弱度。绝对脆弱性与相对脆弱性都是国土空间生态脆弱性自身比较的结果，绝对脆弱性侧重在生态脆弱性静态评价结果的分析，重点讨论人为干扰对生态环境带来的影响；相对脆弱性侧重在生态脆弱性动态评价结果的分析，考虑的是指某一个具体时段内的现实生态脆弱性的演变情况。

3.2　国土空间生态脆弱性内涵特征分析

人类的一切生产和生活既有赖于生态环境，同时又影响着生态环境的发展变化。生态环境的质量同样影响着人们的生活质量和生产力发展水平，因而保护生态环境就是保护生产力，改善生态环境就是发展生产力。我国地域辽阔但人均资源非常有限，自然条件复杂，生态环境也千差万别，脆弱生态环境越来越暴露出类型多、范围广、时空演变快等特点。这已成为我国在 21 世纪可持续发展的重要障碍因素。了解和研究我国生态脆弱性，深刻认识生态脆弱性的内涵特征，对其脆弱性进行有效的评价，就是为了科学认识生态环境现状，科学把握生态脆弱性的驱动机理、演变过程、发展趋势，对不同脆弱生态环境进行区划并提出治理对策，更好地保护和改善生态环境，实现区域资源环境的可持续利用和社会经济的可持续发展。生态脆弱性评价对于我国实践科学发展观、实现可持续发展战略、实施"生态功能区划"和"国土主体功能区划"具有非常重要的意义。

3.2.1　脆弱生态环境的内涵和机理分析

(1)脆弱生态环境的内涵。任何生态环境经长期的演化发展，其人地关系都会逐渐稳定下来，只有大规模的人类经济开发活动或严重的自然灾害影响才会导致这种平衡状态的破坏，从而使得生态环境处于脆弱状态，并不断朝生态环境退化甚至恶化的方向发展。脆弱生态环境是指那些对环境因素的改变反应敏感、生态稳定性差，在人类活动的作用下，生态环境易于向不利于人类利用的方向发展，并且在现有的经济水平和技术条件下，这种负向发展的趋势得不到有效遏止的连续区域。生态脆弱性是生态系统在特定时空尺度相对于外界干扰所具有的敏感反应和自恢复能力，是自然属性和人类干扰行为共同作用的结果。即脆弱生态环境是个宏观概念，无论其成因、内部环境结构、外在表现形式和脆弱程度如何，只要它在外界的干扰下易于向生态退化或环境恶化的方向发展，就都应该视为脆弱生态环境。

(2)脆弱生态环境成因分析。脆弱生态环境形成因素可归纳为自然因素和人为因素两大类。自然因素包括基质、动能两大因素，基质因素主要由地质构造、地貌特性、地表组成物质、地域水文特性、生物群体类型等因子构成，是生态环境构成的物质基础；动能因素主要由气候因子构成，是生态环境形成演替的能量基础。由自然因素引起的脆弱因子包括地质脆弱因子、地貌脆弱因子、水文脆弱因子、气候脆弱因子、土壤脆弱因子等。人为因素即人类对环境资源的干扰活动和不合理开发利用，如过度垦殖、过度放牧、过度樵采、不合理灌溉、污染物超标排放等造成的植被退化、水土流失、环境污染等脆弱表现。生态脆弱性与自然条件的恶劣直接相关，但自然条件的不利只决定了环境脆弱存在的潜在性，而将这潜在危害激化为生态环境脆弱则是人类的干扰活动。因此，并不是有环境脆弱因子，生态环境就一定脆弱，只有当自然脆弱因子和人为的不利影响程度超过了生态环境的承受能力和自我修复能力(生态阈值)时，才导致脆弱生态环境出现。

(3)脆弱生态环境表征分析。脆弱生态环境的脆弱性表现主要包括荒漠化、盐碱化、水土流失、地质灾害、植被退化、土地适宜性降低、环境污染加剧、灾害频度和强度增大、生物多样性退化等。其特征可归纳为：①环境容量低下，生态承载力下降。生态系统退化，生态资源匮乏，土地生产力偏低，人口承载量小，物质能力交换在低水平下进行，当人口密度超过允许的人口承载量时，极易引起资源量失衡和土地退化，甚至环境恶化。②抵御外界干扰能力差。脆弱生态环境一般都处在生态系统过渡带上或濒临退化状态，在外界干扰时极易发生生态变化甚至环境突变。③敏感性强，稳定性差。脆弱生态环境由于其调节生态平衡的功能差，对外界干扰表现出较大的敏感性，其生态系统的稳定性易于破坏。④自我恢复能力差。生态系统一般都潜育着脆弱性和再生性双重功能，但脆弱生态环境在外界破坏其生态平衡后，往往削弱其生物再生能力(自我恢复能力)，使生态环境进一步恶化，若恢复其稳定的生态功能，要投入巨大的人力、物力、财力和漫长的时间，难度极大。

3.2.2　生态脆弱性的特征和表现分析

(1)生态脆弱性的复合性。一般而言，生态脆弱性来自两个方面：一是组成生态环境的要素自身的脆弱，即生态环境固有的、内在的、潜在的脆弱因素所表现出来的脆弱性，是内因，可谓之为潜在脆弱性；二是外界干扰对生态环境的影响，即生态环境承受的、外在的、胁迫的脆弱因素所表现出来的脆弱性，是外因，可称为胁迫脆弱性。而现实环境中，生态环境实际所表现出的脆弱性是潜在脆弱性和胁迫脆弱性的综合表现，可称为现实脆弱性。具体说，潜在脆弱性是指生态环境由于地形地貌、气候水文、土壤母质、地质构造等自然要素自身的脆弱性，在外部干扰下可能导致生态系统退化的敏感程度。

胁迫脆弱性是指生态环境由于植被覆盖变化、土壤侵蚀、土地利用变化、社会经济发展等人文因素导致的脆弱性，是人类活动胁迫下的生态环境所表现出的敏感性。现实脆弱性是在考虑人类活动干扰所产生的生态环境效应的基础上，对生态环境敏感性的综合判断，是生态环境潜在脆弱性和胁迫脆弱性的综合反应。

(2)生态脆弱性的动态性。由于生态环境自身的变迁以及外界胁迫力的变化，生态环境所表现出的脆弱性是动态变化的。潜在脆弱生态环境因自身的内部结构决定了其先天存在的不稳定性和敏感性，属于结构型脆弱，虽有自然突变的情况但相对稳定。相对于潜在脆弱性而言，胁迫脆弱性以及现实脆弱性是随着人类活动对生态环境的干扰方式和干扰强度不同而不同，是动态变化的。从本质上说，人类活动对生态环境的影响有积极的一面，也有消极的一面，故人类活动对生态环境的胁迫力有时加强，有时削弱，现实脆弱性是在考虑人类活动干扰影响所产生的效应基础上对潜在脆弱性的一种修正。

(3)生态脆弱性的相对性。绝对稳定的生态系统是不存在的，即使相对稳定的生态系统，在超过其本身阈值限度的外部干扰下也会产生系统的退化和环境的恶化。生态脆弱性是生态环境在人类活动干扰影响下所表现的敏感性和危险性，其脆弱性程度可以发生变化。生态脆弱性是相对而言的，无论潜在脆弱性、胁迫脆弱性或现实脆弱性，从生态环境的发展演变来看，随着时间的推移，同一区域的生态环境的敏感性和稳定性将发生自然变化，判断脆弱性的程度只能相对而言；另外，从空间上分析，对于同一时间不同区域生态环境的敏感性和稳定性的比较，其脆弱性程度也只能是相对的。总之，无论从时间还是空间上分析生态脆弱性，必须有个参照的标准，这就决定了生态脆弱性是相对的。

(4)生态脆弱性的可控性。脆弱生态环境的成因包括自然因素和人文因素，但人文因素是主因。生态的脆弱性主要是相对于人类活动影响而言的，离开了人类活动这个参照系，生态环境脆弱性的研究意义和应用价值将大打折扣。相对于稳态生态环境系统而言，脆弱生态环境容易退化，具有潜在的生态退化与环境恶化的趋势。但并不是只要生态环境脆弱，就一定会退化。因为生态环境不仅可以通过人类的合理调节和建设而得到改良，而且其自身也有自我调节和修复功能，可以一定程度抵御外部的干扰而保持系统的稳定。因此，脆弱生态环境具有退化的可能而不是必然。对于同一生态环境，如果采用不同的土地利用方式和人为干扰活动，对生态环境的影响趋势和程度会产生不同的结果，生态环境现实脆弱性也会有不同的表现，或脆弱性增强导致生态环境退化甚至恶化，或脆弱性减弱生态环境得到修复。这就说明生态脆弱性是可以人为调控的。

3.2.3　生态脆弱性静态和动态评价的客观依据

生态脆弱性是一个涉及生态学、地理学、社会学、经济学、灾害学、气象学等多学科的综合性概念，生态脆弱性研究是科学认识、合理利用、协调保护国土空间生态环境的重要依据。以往的研究更多地集中在对脆弱生态环境的成因、表现及其脆弱程度的静态的、定量的分析，评价体系尽管涵盖了自然因素和人为因素，但没有很好地进行结果应用和分区治理。特别是对脆弱性的定量、定性分析中，只是静止地、相对地对脆弱性的空间分布进行表征，没有深入分析脆弱生态环境的发展过程和发展趋势。研究成果具有非常大的局限性，其实际应用意义也大打折扣，而生态环境动态评价的结果将弥补其中的不足，能够从生态脆弱性的表征特征、驱动机理、演变过程、发展趋势等方面进行更加深入细致的探讨。所以说，开展生态脆弱性动态分析评价是非常必要的。

(1)生态脆弱性的动态变化是客观存在的。生态环境是"自然-经济-社会"系统发展的综合体，脆弱生态环境具有区域的过渡性、系统的敏感性、退化的可能性、恢复的艰巨性，其驱动机理、演变过程是连续的而非静止的，这种性质决定了脆弱生态环境具有区域性、相对性、动态性。同时，生态脆弱性具体的复合性、动态性、相对性的客观事实，也决定了对生态脆弱性的认识应该用动态的眼光而非静止的眼光。

(2)生态脆弱性的发展趋势是可以调控的。生态脆弱性是一种内在属性，敏感性是它的外在表现形式，两者以外界干扰体系为纽带。外力干扰包括人类活动的影响和自然力的作用，脆弱性只有在"外力干扰"的驱动下才表现出来。脆弱生态环境的成因、过程、结果、尺度，都与外力干扰的类型、特征、强度等动态相关，外力对生态脆弱性的影响可以产生正反馈或负反馈两种结果。所以，通过抑制负反馈、增强正反馈，来调整生态脆弱性的发展演变，就可实现对生态脆弱性的调控，让生态环境朝着人与自然和谐与共的方向发展。

(3)生态脆弱性的动态评价是调控必需的。国土空间生态脆弱性严重制约着人类对生态环境的开发利用和日常生产生活，如何改善生态环境、提高生态环境承载力，是满足经济、社会和自然可持续发展的客观需要。生态脆弱性动态评价可以为认识、改善和利用生态环境提供科学依据，这也是实行生态调控的必然要求，是服务于区域全面、协调、可持续发展的重要保障。所以说，生态环境脆弱性动态评价的根本在于为国土空间综合治理和生态修复提供基础依据和决策支撑，进一步促进人与自然的和谐。

3.3 国土空间生态脆弱性评价研究理论

国土空间生态脆弱性研究涉及的基础理论包括系统工程理论、景观生态学理论、恢复生态学理论、地域分异理论、人地关系理论、生态经济理论、生态文明理论、可持续发展理论等。新时代生态资源利用与保护要树立生态文明建设六大理念，即：尊重自然、顺应自然、保护自然的理念；发展和保护相统一的理念；绿水青山就是金山银山的理念；自然价值和自然资本的理念；空间均衡的理念；山水林田湖草是一个生命共同体的理念。生态评价更要树立"大系统、大生态、大格局"的理念，基于统一行使所有国土空间用途管制和生态保护修复职责，要从战略性、整体性、系统性、综合性等方面统筹考虑。

3.3.1 国土空间利用研究基础理论

国土空间是指国家主权与主权权利管辖下的地域空间，是国民生存的场所和环境，包括陆地、陆上水域、内水、领海、领空等，是自然与人类所共同实践的物质载体。国土空间利用是人类对自然利用的一种途径，指人们结合国土空间的自然、经济特性，根据人类生产生活及生态保护需要，对其进行充分合理利用并获得物质产品和服务产品的综合动态过程。目前关于国土空间利用的研究内容主要集中在国土空间开发利用、国土空间规划、国土空间生态安全、国土空间质量评价、国土空间格局优化等方面。相应的基础理论则主要有"三生空间"理论、可持续发展理论、节约集约利用理论、区位理论、行为地理理论等，它们相辅相成、不可分割，共同形成指导土地利用的重要理论体系。

1. "三生空间"理论

"三生空间"即生产空间、生活空间、生态空间。"三生协调"即生产、生活、生态的协调，是人地关系理论、生态文明理论、可持续发展理论的融合。"三生空间"和"三区三线"密切联系又各有侧重，是构建新型空间规划体系的重要内容。"三区"即宜居适度的城镇空间、节约高效的农业空间、山清水秀的生态空间三大空间；"三线"即城镇开发边界、永久基本农田保护红线、生态保护红线。国土空间规划就是优化"三线"划定，细化管控措施，达到统筹全域"三生空间"的目的，统一实施国土空间用途管制，推动绿色发展，促进人与自然和谐共生。

随着中国城镇化进程的不断加快，经济发展和资源环境矛盾也日益突出。城乡建设用地不断扩张，用于农业生产和生态用地的空间逐渐缩减，生活、生产、生态用地空间之间的矛盾加剧。人和自然之间、生产和生活之间、自然生态系统内部关系不协调的矛盾存在于各个不同的空间尺度(黄金川等，2017)。如何有效缓解国土空间功能之间的矛盾，实现生态安全与经济社会协调发展，已经成为国土空间开发中备受关注的焦点问题。早在 2013 年，在北京召开的中央城镇化工作会议关于推进城镇化的主要任务中，就强调要形成合理的"生活、生产、生态"空间结构(舒沐晖，2015)。刘继来等(2017)认为当前"三生用地"的有关研究主要集中在理论框架构建，以及"三生用地"分类、评价与优化方面。朱媛媛等(2015)在科学界定生产空间、生活空间、生态空间含义的基础上，基于净初级生产力(NPP)的生态空间评估模型构建"三生"空间区划的指标体系，运用地理信息系统、遥感和数理统计等现代技术方法，结合实地调查和实际情况，对五峰县"三生"空间进行了定量划定。刘继来等(2017)在探究"三生"空间理论内涵的基础上，分析了土地利用功能与土地利用类型的辩证关系，依据土地利用现状分类国家标准，建立了三生空间分类与评价体系，揭示了 1990～2010 年中国三生空间的空间格局及其变化特征。王亚卉等(2019)在对"三生空间"理论内涵理解的基础上，依据土地利用现状分类国家标准，从县域层面土地利用现状出发，找出了土地利用分类与"三生空间"用地的内在联系，尝试构建县级"三生用地"分类体系；在此分类基础上运用 ArcGIS 技术和洛伦茨曲线等理论对略阳县"三生用地"分布现状进行分析。

2017 年中共中央办公厅、国务院在《省级空间规划试点方案》中指出："以主体功能区规划为基础，全面摸清并分析国土空间本底条件，划定城镇、农业、生态空间以及生态保护红线、永久基本农田、城镇开发边界"。党的十八大报告将优化国土空间开发格局作为生态文明建设的首要举措，并提出"促进生产空间集约高效、生活空间宜居适度、生态空间山清水秀"的理念。十八届三中全会又进一步明确指出"建立空间规划体系，划定生产、生活、生态空间开发管制界限，落实用途管制界限"。党的十九大报告明确指出："像对待生命一样对待生态环境，统筹山水林田湖草系统治理，实行最严格的生态环境保护制度，形成绿色发展方式和生活方式，坚定走生产发展、生活富裕、生态良好的文明发展道路，建设美丽中国，为人民创造良好生产生活环境，为全球生态安全作出贡献"。"三生空间"内容不断补充和完善，已经成为构建空间规划体系、完善国土空间开发保护制度和指导国土空间合理利用的重要基础。而如何构建"三生空间"用地体系，使其发挥缓解各类用地矛盾、优化国土空间结构、健全土地用途管制制度的作用，已经成为区域发展过程中不可回避的命题。

2. 可持续发展理论

可持续发展观点的出现最早能够追溯到 1980 年，国际资源和自然保护联合会（International Union for Conservation of Nature, IUCN）、世界野生动物基金协会（World Wildlife Fund, WWF）与联合国环境规划署（Unite Nations Environment Programme, UNEP）在其共同发表的《世界自然资源保护大纲》文件中，首次明确提出了可持续发展的概念。可持续发展理论是指既满足当代人的需要，又不对后代人满足其需要的能力构成危害的发展，以公平性、持续性、共同性为三大基本原则，也是科学发展观的基本要求之一。

土地既是一种资源，也是一种资产，还是一种资本，具有数量稀缺性、位置固定性和不可再生性等自然、经济、社会特性。因此，在对土地资源的开发利用过程中，必须坚持遵循可持续发展理论，合理组织土地利用。土地可持续利用思想是在 1990 年的首次国际土地可持续利用系统研讨会上得到正式确认的，其后又分别在 1991 年的"发展中国家可持续土地管理评价"和 1993 年的"21 世纪可持续土地管理"两次国际学术讨论会上进行了讨论。土地作为最基本的自然资源和重要的社会生产要素，土地可持续利用，必须协调好经济社会发展和人口、土地、环境的关系。土地可持续利用实质是指土地资源代际分配合理，部门配置得当，经济、社会和生态综合效益最佳的利用方式；土地可持续利用的目的是指实现土地生产力的持续增长和稳定性，保证土地资源潜力，防止土地退化，产生良好的生态效益、经济效益和社会效益，即达到生态合理性、经济有效性和社会可承受性。

土地资源可持续利用的基本内涵就是既要满足当代人对土地的需求，又要保证今后长远发展对土地的需求。具体而言，就是在对土地资源加以开发利用的过程中，保障土地资源的持续高效利用和不受到难以逆转的损害，在此基础上与社会其他资源要素相协调，促进社会、经济持续稳定健康发展。我国在城镇化和工业化发展的初期，在很大程度上依赖于偏低的土地成本，对土地开发利用不合理的现象普遍存在，直接导致了一系列的国土空间生态安全问题，进一步威胁到人类自身，成为影响和制约社会经济发展的重要因素。随着我国对环境保护问题的关注度不断加强，相应的环保政策法规相继出台。有关国土空间可持续利用的研究也不断加强。土地与其他自然、社会、经济要素共同形成了国土空间的范畴，土地作为国土空间的载体和重要组成部分，土地可持续利用仍然是国土空间可持续利用研究的主要和关键内容。

3. 节约集约利用理论

国土空间集约节约利用是以国土空间合理利用为前提，通过增加对一定规模国土空间的投入，按照可持续发展和绿色发展原则，提高国土空间经济、社会和生态效益的动态过程。

我国过去对国土空间的利用方式相对粗放，主要依靠扩大可利用国土空间资源的方式提高产出效益，但是国土空间资源的自然供给是有限的，经济供给是稀缺的。人们对土地、矿产、森林、水资源等粗放无序的利用直接造成了资源浪费和环境破坏，带来一系列的国土空间生态安全问题。随着我国对社会、经济、生态协同发展的意识不断加强，对国土空间的保护意识不断增强，国土空间土地利用保护相关政策制度也相继出台。而节约集约利用国土空间正是提高土地利用效率，落实"十分珍惜和合理利用每一寸土地，切实保护耕地"基本国策和进一步解决国土空间系列相关问题的有效途径。

目前，国土空间集约节约利用研究的内容主要集中在土地利用方面；研究对象主要集中在生产、生活空间方面，如农业空间、农村宅基地、城镇空间集约节约利用等。彭冲等(2014)以城镇空间为研究对象，运用两步全局主成分分析法和空间面板计量经济学模型，对中国 2006～2011 年新型城镇化与土地集约利用的时空演化特征进行了探讨分析。结果表明，无论从全国层面还是分区域层面，城镇化对土地集约利用具有显著的正向影响，且人均财富、技术进步、土地市场化水平、对外开放水平对土地集约利用具有显著影响。最后得出结论：新型城镇化可以通过集聚效应、结构效应、中介效应以及投资效应四个途径影响土地集约利用。武启祥(2013)对河南省省辖市地方尺度的市区、县域城镇、农村居民点和耕地土地集约利用情况进行综合研究，探讨了不同空间尺度、不同土地利用类型集约用地时空分异的规律和影响因素，对经济发展水平、生态服务价值与土地集约利用之间的关系展开研究。结果表明：土地利用集约度同一影响因素在不同土地利用类型中的功能不同；针对不同的土地利用方式，土地集约利用对生态服务价值的影响也不相同；经济发展水平和土地利用集约度正相关，经济增长能促进土地集约利用。

4. 区位理论

传统意义上的区位一词源于德语"standort"，英文将其译为"location"，日文译为"立地"，中文则译为"区位"。区位理论起源于 19 世纪初，是关于人类活动和空间分布及其在空间中的相互关系的学说，旨在探寻人类社会经济活动的空间规律。按照其发展顺序，先后形成了农业区位论、工业区位论、产业区位论、城市区位论和中心地理论等。

19 世纪初期，德国经济学家杜能(Tunen)在《孤立国同农业和国民经济的关系》一书中，假定了孤立国的存在，并从经营角度研究了农业布局的规律与区位选择的途径。杜能认为，农业土地利用类型和农业土地集约化程度不仅取决于土地的自然条件，还依赖于生产力发展水平及经济状况，更重要的是农业用地到市场的距离。因此，杜能的农业区位理论主要讨论如何通过合理布局农业生产使运费降到最低，从而达到节约成本、增加利润的目的。工业区位理论由德国经济学家韦伯(Weber)提出，其理论的核心思想是运输成本和工资是决定工业区位的主要因素，通过分析与测算运输、劳动力及集聚等因素的相互关系，找到工业产品的生产成本最低点，将该点作为工业企业的理想区位。中心地理论由德国地理学家克里斯塔勒(Christaller)提出，中心地是向居住在其周围地域(尤其是农村)的居民提供各种货物和服务的地方，市场、交通和行政三个原则支配了中心地的形成，并从城市或中心居民点的物品供应、行政管理、交通运输等职能的角度系统分析了中心地的规模、等级、人口密度等(杨惠，2018)。

由于国土空间资源尤其是土地资源具有位置固定性的特点，因此在国土空间开发利用和布局优化过程中，必须充分结合区位理论，综合考虑区域自然地理条件和社会经济状况，从而保证资源的充分、合理、可持续利用并实现国土空间利用的社会、经济、生态综合效益最大化。

5. 行为地理理论

行为地理是指研究人类在地理环境中的行为过程、行为空间、区位选择及其发展规律，是人文地理学的分支。行为地理把心理学的行为和知觉概念引入地理学范畴，研究内容主要包括：①居民出行规律；②决策行为的地理合理性；③不同旅游环境中旅游者的行为活动层次结构；④特殊环境中人类的行为，包括灾害环境和宗教环境等。

行为地理在人文地理学中的地位相当于综合自然地理学在自然地理学中的地位，它综合研究人类行为活动的空间规律，对正确认识和分析人地关系意义重大，是人文地理学的综合研究方向。地理科学长期以来侧重客体研究，如自然地理学研究地球表层，经济地理学研究经济的空间分布规律。行为地理学一般考虑自然地理环境与社会地理环境条件下，强调从人的主体性角度理解行为和所处空间的关系。即以人的行为本身为出发点，或者说是以主体的动态规律为基础，分析主体如何反映客体，又如何去适应客体。目前，学者们针对行为地理的理论研究多集中于居住空间、消费行为、空间重构方面，以行为地理为理论指导，强调人类生产、生活行为对空间的影响程度对"三生"空间布局和国土空间结构优化具有重要意义(杨惠，2018)。

3.3.2 国土空间生态脆弱性研究基础理论

1. "生命共同体"理论

"生态环境保护是功在当代、利在千秋的事业""建设生态文明，关系人民福祉，关乎民族未来""建设生态文明是中华民族永续发展的千年大计"。党的十八大以来，我国高度重视生态文明建设，并把生态文明建设纳入中国特色社会主义现代化建设的总体布局，强调要"像保护眼睛一样保护生态环境，像对待生命一样对待生态环境""牢固树立社会主义生态文明观，推动形成人与自然和谐发展现代化建设新格局"。人与自然是生命共同体，是新时代生态文明内涵的核心和高度凝练的表达。关于生命共同体的重要论述经历了"山水林田湖草沙是生命共同体"再到"人与自然是生命共同体"的发展过程，并与命运共同体、人类命运共同体相得益彰。人类跨越种族、文化、国家、意识形态的界限同属一个利益攸关的生命共同体将是历史发展的必然趋势，因为自然是全人类的自然，人类命运共同体不可能轻视和否定自然的物质基础和前提力量。

人的命脉在田，田的命脉在水，水的命脉在山，山的命脉在土，土的命脉在树，山水林田湖是一个生命共同体。自然是生命之母，人与自然是生命共同体，人类必须敬畏自然、尊重自然、顺应自然、保护自然。国土空间生态建设是一个系统工程，需要全方位、全地域、全要素、全过程综合考虑。"山水林田湖草沙是一个生命共同体"理念是新时代国土整治与生态修复的基本遵循，生命共同体理念要求充分考虑国土空间格局的协调性、生态系统各功能组分的关联性，从地域、流域、区域整体性考虑，从生态因子、生态单元、生态功能系统性考虑，从生态、经济、社会综合性考虑，就是要改变以往只针对单一对象、单一目标的局限性，综合考虑自然地理、生态环境和人文社会等多个生态系统耦合联系，统筹推进国土空间山水林田湖草全要素整体保护、系统修复、综合治理。

2. 人地关系协调理论

人地关系是地理学学术用语，随着人类社会发展进步而形成的。人地关系是指人们生存发展和自然之间的作用关系，如人类社会和人类活动与自然环境之间的相互关系，是指人类为了生存的需要，不断地扩大国土空间的利用范围、加深对国土空间的利用程度，以增强人类自身适应环境的能力。人地关系运行包括人的生产(人口数量、人口质量、消费方式)、物质生产(资源利用率、社会生产力及科学技术水平)、环境生产(资源生产力、环境纳污力、灾害破坏力)等。人地协调理论是人地关系理论中的一个分支，人地协调理论强调人口、资源、环境、社会、经济相互协调发展，人决定着人地关系的走向。人地关系协调发展的本质是正确处理顺应自然与变革自然的关系，谋求人类社会和地理环境在结构和功能联系上保持相对平衡，在地理环境容量限度内进行人类活动，两者长期共存，协调发展。

人类与国土空间环境之间的长期相互作用，形成了复杂的人地关系。在漫长的历史演变过程中，随着人类对自然改造能力的不断增强和对自然无节制的摄取，资源承载力下降，资源枯竭、生态污染、过度开发等问题也相继产生，其制约了人类社会发展，人地关系呈持续紧张状态。人地关系理论围绕人类生存和发展，从人类活动的环境影响与环境效应入手，以人为本，以人地综合系统为内容，以指导促进人地协调共同进步为目的。人地关系理论逐渐发展成为研究在人类活动作用下，国土空间生态系统的响应与反馈机制，并以此为基础，探索人类在改造和利用国土空间过程中，促进国土空间生态系统良性循环的可能途径。人地关系对"三生"空间优化研究具有重要的指导作用，一方面国土空间开发利用要遵循自然发展的规律，另一方面要通过一系列调控措施协调现有的人地矛盾。

3. 生态文明理论

生态文明是继原始文明、农业文明、工业文明之后的一种崭新的文明形态。工业革命后社会快速发展，逐渐认识到要以生态建设为中心，以自然、社会为对象，以可持续发展为总目标，突出表明应当重视环境保护。2007 年党的十七大将"生态文明"写进报告，提出："建设生态文明，基本形成节约能源资源和保护生态环境的产业结构、增长方式、消费模式"。生态文明，是人类遵循人与自然和谐发展规律，推进社会、经济和文化发展所取得的物质与精神成果的总和；是指以人与自然、人与人、人与社会和谐共生、良性循环、全面发展、持续繁荣为基本宗旨的文化伦理形态。它是对人类长期以来主导人类社会的物质文明的反思，是对人与自然关系历史的总结和升华。生态文明的提出是针对生态环境恶化和不文明行为，整治生态破坏、生态灾害、生态危机和生态失衡等现状的一种对策或战略，是人类社会全面发展的生态化诉求。

人类的一切生产和生活既有赖于生态环境，同时又影响着生态环境的发展变化。生态环境的质量同样影响着人们的生活质量和生产力发展水平，因而保护生态环境就是保护生产力，改善生态环境就是发展生产力。生态文明理论是一个逐渐形成和不断完善的过程，从古代的儒家思想到今天的"绿水青山就是金山银山"，从开始的重发展到环境保护和发展兼顾的局面，强调用发展的眼光看长远经济发展。我国地域辽阔但人均资源非常有限，自然条件复杂，生态环境也千差万别，脆弱生态环境越来越暴露出类型多、范围广、时空演变快等特点，已成为我国在 21 世纪可持续发展的重要障碍因素。生态文明建设是我国社会经济发展战略任务之一、是中国特色社会主义现代化建设的更高发展阶段。生态文明理论包括生态意识、生态价值、制度建设等方面的内容，生态意识是生态文明的文化基础；生态价值强调的是"自然价值""环境价值"与"经济价值""资源价值"的综合，自然价值是生态文明的价值论基础；生态文明制度建设强调的是"责任与公平"，为生态文明建设提供了保障。

4. 系统理论

系统思想源远流长，伴随着自然和社会科学的深入发展，系统理论也逐渐应运而生。20 世纪 40 年代，美籍奥地利生物学家贝塔朗菲（Bertalanffy）提出要把生物的整体及其环境作为一个系统来研究，创立了一般系统论。系统是指由若干个相互联系、作用的要素所组成的具有一定功能的有机整体。任何系统都是一个有机的整体，它不是各个部分的机械组合或简单相加。系统理论有整体性、层次性、动态性、系统性等特征，它认为客观事物，都要从整体出发，充分把握整体与部分、部分和部分之间的关系，才能认识事物的本质。系统理论动态性要求我们用发展对待土地生态，遵循系统整体的动态发展规律。

系统的发展演变受到内在动力、外部条件、直接诱因、间接诱因等多重因素的影响。系统要素之间的相互作用是系统存在的内在依据，同时也构成系统演化的根本动力。任何现实系统都是封闭性和开放性的统一，系统的进化尤其依赖于外部环境。环境构成了系统内相互作用的场所，同时又限定了系统内相互作用的范围和方式，系统内相互作用以系统与环境的相互作用为前提，二者又总是相互转化的。系统论的任务，不仅在于认识系统的特点和规律，更重要的还在于利用这些特点和规律去控制、管理、改造或创造一个系统，使它的存在与发展合乎人的目的需要。也就是说，研究系统的目的在于调整系统结构，各要素关系，使系统达到最优化目标。

5. 生态学理论

生态学是研究生物与其环境之间的相互关系的科学，以种群、群落和生态系统等为研究对象，主要包括生物与环境、生物与生物之间的关系等，重点是研究生态系统各成分之间的相互关系。生态系统是一个整体系统，是一个动态的开放系统，是一个具有自组织功能的稳定的复杂系统。生态学的基本原理包括物质循环再生原理、物种多样性原理、协调与平衡原理、整体性原理、系统学和工程学原理等。生态系统的复杂性、整体性和生物多样性研究代表了现代生态学的研究方向。

国土空间生态脆弱性评价涉及自然生态系统本身以及人类活动对自然生态系统的干扰程度，从土地利用变化入手，从系统的视角出发，分析人地生态系统之间的关系，找出其内在的演变规律，分析脆弱性变化的机理，有利于认识生态系统的相互作用关系，促进人与自然的和谐。

3.4　国土空间生态脆弱性评价研究方法

脆弱生态环境脆弱度评价的模型方法很多(冷疏影和刘燕华，1999；冉圣宏和毛显强，2000；王学雷，2001；孔红梅等，2002；蔡海生等，2003)，如综合指数法、模糊分析法、定量分析法、集合论法、信息度量法等，目前尚未形成一种为大家一致认可的评价方法，根据研究区域、研究目的的差异、研究人员在研究方法的选取上会有所不同。总体上可以归纳为两类：一类为静态评价(现状评价)；另一类为动态评价(变化分析)。静态评价是对脆弱生态环境的成因、表现及其脆弱程度的静态的、定量的分析，数据一般以 1 年为限，或选取多年数据的平均值进行分析，只能满足静止的、相对分析脆弱性的空间分布现状，不能深入分析脆弱生态环境的发展过程和发展趋势(王经民和汪有科，1996；曹利军和王华东，1998；冯利华，1999；袁兴中和刘红，2001；冉圣宏等，2002)。动态评价一般建立在生态脆弱性静态评价的基础上，对一段时间内的生态脆弱性变化进行研究，是一种动态的、复合的研究方法，能够更好地分析脆弱性变化的驱动机理、演变过程、发展趋势(李晓秀，2000；王国，2001；李瑾等，2001；史德明和梁音，2002)。生态脆弱性评价无论采用何种方法，都必须经过三个步骤：①选择评价因子建立评价指标体系；②确定指标体系中各因子权重；③利用数学原理分析计算。下面就生态脆弱性静态评价和动态评价分别简单介绍。

3.4.1　国土空间生态脆弱性静态评价技术与方法

1. 生态脆弱性静态评价的指标体系

为实现生态脆弱性研究目标，构建科学有效的评价指标体系是首要的。选取指标必须要坚持独立性、动态性、易获性、简练性、可操作性等原则，指标体系应尽量简便易得，避免指标信息覆盖不全和指标间信息重叠。选取因子要比较全面地反映出脆弱生态环境的真实面貌；数据来源可靠，能方便定性或定量分析；所选取的因子能实现空间化表示，以便进行空间分析和计算。指标体系选取主要从自然因素和人文因素两方面考虑。各指标及因子的选择及其权重的确定可参考表 3-1。

表 3-1　生态脆弱性动态评价指标体系及其权重

一级指标			二级指标			三级指标			数据来源
代码	名称	权重	代码	名称	权重	代码	名称	权重	
B1	自然潜在脆弱	0.2700	C1	地形地貌	0.0432	D11	地形坡度、陆地表面起伏度	0.0432	数字高程图地貌图
			C2	气候	0.0702	D21	雨季降雨比重	0.0190	气候统计数据
						D22	旱季干旱天数	0.0204	
						D23	年极端高温天数	0.0098	
						D24	年极端低温天数	0.0098	
						D25	年风灾天数	0.0112	
			C3	土壤	0.0648	D31	土壤可蚀性（K 值）	0.0648	土壤类型图
			C4	水文	0.0567	D41	地表径流	0.0567	地表水资源图
			C5	地质基础	0.0351	D51	岩性	0.0270	地质类型图
						D52	地震	0.0081	地质构造图
B2	人为干扰脆弱	0.7300	C6	植被	0.2044	D61	植被覆盖率	0.2044	植被覆盖图
			C7	土壤侵蚀	0.1825	D71	水土流失强度	0.1825	水土流失图
			C8	土地利用空间格局	0.0949	D81	多样性指数	0.0281	土地利用图
						D82	坡耕地指数	0.0465	
						D83	破碎度指数	0.0266	
			C9	社会发展	0.1095	D91	人口密度	0.0459	统计年鉴数据
						D92	人均耕地面积	0.0329	
						D93	公路密度	0.0307	
			C10	经济发展	0.1387	D101	人均 GDP	0.0638	
						D102	农民人均纯收入	0.0749	

注：指标的选择及其权重的确定可根据研究的需要、数据来源的可靠性、不同区域因子的重要程度等因素，采用主成分分析法、层次分析法等方法而自行确定，本处仅供参考。

2. 生态脆弱性静态评价的数据收集与处理

数据包括图形数据和属性数据两类。为方便空间分析处理，无论是空间数据还是属性数据，都要借助 3S 技术将两类数据进行空间信息化处理。

（1）数据标准化并形成图层。为便于空间动态叠加分析，评价因子都要进行脆弱性分级赋值并形成图层，其中社会经济相关因子是统计数据，以县（乡）行政区域为分析单元，其他因子一律采用评价因子空间最小图斑为分析单元。

（2）数据栅格化并进行脆弱性静态分析。将同一年份各因子图层进行属性数据的链接、赋值，然后再转换成专题栅格数据，进行空间分析。将所有栅格划分为微脆弱、轻脆弱、中脆弱、强脆弱、极脆弱五个等级，以县(乡)行政区域为统计单元，最终得到生态脆弱性空间分布图或现状评价图(一般可分 5 个等级，可视研究需要而定)。

3. 生态脆弱性静态计算和定性分析

(1)生态脆弱性静态计算：主要采用一些数理统计方法，包括模糊分析法、定量分析法、生态脆弱性指数、层次分析法、集合论法和信息度量法等(冉圣宏等，2002；蔡海生等，2003)，方法简单归纳如下：

$$单因子脆弱性(G_i) = 等级划分(R) \times 因子权重(W)$$

$$评价单元脆弱性(G) = \sum \left[单因子脆弱性(G_i) \times 面积的百分比(P) \right]$$

其中，单因子脆弱性可分别给予 1、3、5、7、9 的赋分；各因子权重可根据专家咨询法、层次分析法计算确定；各因子脆弱性可分为微脆弱、轻脆弱、中脆弱、强脆弱、极脆弱5 个等级；单因子评价一般以最小图斑或最小统计区域为评价单元。

(2)生态脆弱性定性分析：对评价各单元(县乡行政区域)各脆弱因子的脆弱性进行综合，将各单元区分为微脆弱区、轻脆弱区、中脆弱区、强脆弱区、极脆弱区，得到研究区域生态脆弱性现状空间分布图，为进行生态环境综合治理提供基础信息。

3.4.2　国土空间生态脆弱性动态评价技术与方法

1. 生态脆弱性动态评价的指标体系及指标权重

生态脆弱性评价指标和权重的确定可参见生态脆弱性静态评价。考虑到生态脆弱性的内因、外因，可以选择地形、地貌、气候、水文、土壤、地质等为生态环境潜在(内在)脆弱性评价自然因子，选择植被覆盖、土壤侵蚀、国土空间利用、社会经济等为生态环境胁迫(外在)脆弱性评价人文因子。自然因子脆弱性相对比较稳定，一般在研究周期内基本保持不变；而人文因子脆弱性则随时间的变化而变化，是生态脆弱性的主导因素。一般而言，动态评价应取研究周期中 2 个时间点以上的数据，实现多时间点的脆弱性动态比较分析。这也是实现生态脆弱性动态评价的关键。

2. 生态脆弱性动态评价的数据收集和处理

如前所述，数据来源包括图形数据和属性数据两类。其中地质专题图、地形专题图、土壤专题图、水文专题图、气候专题图等构成生态环境潜在脆弱性的主要分析数据，历年的植被覆盖变化、土壤侵蚀变化、土地利用变化、社会经济变化等构成生态环境胁迫脆弱性的主要分析数据，潜在脆弱性与相同年份的胁迫脆弱性相加则可分析该年份的现实脆弱性。数据处理步骤见图 3-1。

脆弱性动态分析的数据处理除包含了静态分析处理的两个步骤之外，还要将不同年份的生态脆弱性(潜在脆弱性、胁迫脆弱性)空间分布图进行叠加，得到脆弱性变化空间分布图，形成脆弱性转移矩阵，结合潜在脆弱性、胁迫脆弱性、现实脆弱性进行分析脆弱性的变化转移情况，了解脆弱性的空间格局、驱动机理和发展趋势，依据生态环境脆弱性的增减变化，进一步将研究区域区分为生态修复区、生态持平区、生态退化区，为相应的生态环境综合治理提供决策依据。

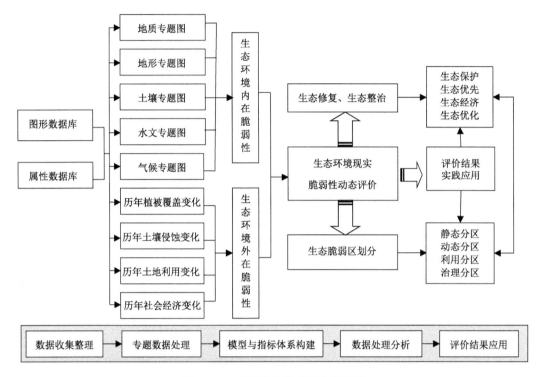

图 3-1　生态脆弱性动态评价流程图

3. 生态脆弱性动态计算和定性分析

生态脆弱性计算和分析主要包括静态(潜在脆弱性计算、胁迫脆弱性计算、现实脆弱性计算)、动态(生态脆弱性变化绝对度和相对度)计算，以及依据脆弱性计算结果对生态环境进行分区并提出相应的治理对策。

1)生态脆弱性静态计算

静态计算如前文所述，但增加了潜在脆弱性、胁迫脆弱性、现实脆弱性的计算内容，即对自然因子和人文因子脆弱性分别计算，以方便对脆弱性变化的驱动机理、演变过程和发展趋势进行分析。计算步骤如下：

$$单因子脆弱性(G_i) = 等级判分(R) \times 因子权重(W)$$

$$潜在脆弱性(G_{li}) = \sum[自然因子等级判分(R) \times 因子权重(W)]$$

$$胁迫脆弱性(G_{ii}) = \sum[人文因子等级判分(R) \times 因子权重(W)]$$

$$现实脆弱性(G_{ri}) = 潜在脆弱性(G_{li}) + 胁迫脆弱性(G_{ii})$$

$$评价单元综合脆弱性(G) = \sum[单因子脆弱性(G_i) \times 面积的百分比(P)]$$

其中，单因子脆弱性可分别给予 1、3、5、7、9 的赋分；各因子权重可根据专家咨询法、层次分析法计算确定；潜在脆弱性、胁迫脆弱性、现实脆弱性可分为微脆弱、轻脆弱、中脆弱、强脆弱、极脆弱 5 个等级；单因子评价一般以图斑或最小统计区域为评价单元（统计数据）；综合评价可选用县乡行政区域划分，以方便进行生态环境治理。

2）生态脆弱性动态计算

一般情况下，至少包含 2 个年份以上的静态计算，并假定在研究周期内生态环境的潜在脆弱性保持不变，脆弱性的动态变化部分仅考虑人为因素（气候和水文条件变化较大时也可以做动态分析）。通过对不同年份的生态环境胁迫脆弱性静态评价结果的空间叠加分析，得到各生态脆弱性等级的变化和转移情况（分析方法与土地利用变化研究类似），从而可分析研究区域生态脆弱性的格局特征、驱动机理、演变过程、发展趋势及其空间分布，并可根据脆弱性的增减进行分区，为如何实施有效的优化调控提供决策依据。

如果以县（乡）行政区域为评价单元，则可直接计算各单元的脆弱性相对变化率和绝对变化率，来判断各评价单元脆弱性的综合变化情况。计算公式如下：

$$生态脆弱性绝对变化率(N_a) = 100\% \times [现实脆弱性(N_i) - 潜在脆弱性$$
$$(N_o)] / 潜在脆弱性(N_o)$$
$$生态脆弱性相对变化率(N_c) = 100\% \times [后期现实脆弱性(N_{i2}) - 前期$$
$$现实脆弱性(N_{i1})] / 前期现实脆弱性(N_{i1})$$

其中，不同年限的生态环境现实脆弱性比较，正值表示相对退化，负值表示相对修复。由此，可对各评价单元的计算结果进行聚类分析，从而对研究区域进行分区。

3）生态脆弱性分区

为便于生态环境综合治理，一般以县（乡）行政区域为分区单元，计算各单元脆弱性等级的面积比例，最终对评价单元脆弱性进行综合判分，并依据判分进行分区。根据研究目标不同可选择不同的分区依据：第一种依照潜在脆弱性评价进行区分；第二种依照胁迫脆弱性评价进行区分；第三种依照现实脆弱性评价进行区分；第四种依照绝对变化率进行区分；第五种依照相对变化率进行区分，其分别表示生态脆弱性的自然区划、胁迫区划、现实区划、绝对变化程度区划、相对变化程度区划。前 3 种可分 5 区（微脆弱区、轻脆弱区、中脆弱区、强脆弱区、极脆弱区），后 2 种可分 3 区（生态修复区、生态持平区、生态退化区）。实际研究中分区方式和数量可根据具体情况和工作需要自行确定。

4）生态环境综合治理

主要依靠脆弱性分区进行，或作为"生态功能区划""国土主体功能区划""国土空间生态修复"的依据进行综合治理。治理中以优化人类活动作为生态脆弱性调控的核心手段，可以将评价结果作为国土空间"三区三线"划定的依据，针对不同生态脆弱性区域采取相应的政策措施和经济手段，减少人类活动对生态环境的有害干扰、修复和改善生态环境、提高生态环境承载力，最终走上生产发展、生活富裕、生境友好、生态文明的和谐发展道路。

3.4.3 国土空间生态脆弱性评价技术与方法展望

1. 生态脆弱性静态和动态评价比较分析

1）数据来源及处理不同

生态脆弱性静态评价，无论是自然脆弱因子还是人文脆弱因子，仅需要使用一年的数据，或者多年的数据的平均值参与评价，同期各因子脆弱性空间分布图层叠加后，得到脆弱性现状空间评价图，是一种静态的、综合性的数据处理。生态脆弱性动态评价，选用的是多年的自然因子和人文因子的脆弱性的数据，较好地保持了数据的真实性和相对性，通过分析每年的生态脆弱性现状分布，并在时间轴上进行叠加分析，可以得到研究区域脆弱性的发展演变过程及其空间分布的变化特征。

2）对脆弱性的分析不同

生态脆弱性静态评价是通过对脆弱因子的综合分析，对生态脆弱性的综合描述。而动态评价将脆弱性分为潜在脆弱性、胁迫脆弱性、现实脆弱性，对脆弱性的分析有区分、有综合，比较容易地分析脆弱性产生的原因、驱动机理、演变过程和发展趋势，使我们对生态脆弱性的认识更加具体、客观。

3）研究结果的应用不同

生态环境是"自然—经济—社会"系统发展的综合体，其驱动机理、演变过程是连续的而非静止的，这种性质决定了脆弱生态环境具有区域性、相对性、动态性。同时，生态脆弱性具体的复合性、动态性、相对性的客观事实，也决定了对脆弱性的认识应该用动态的眼光而非静止的眼光。生态脆弱性静态评价只是对脆弱性的空间定性描述，不能满足人们认识、改善和利用生态环境的客观需求；只有进行动态评价，掌握脆弱生态环境的成因、过程、结果、尺度，从而调整外力对生态环境干扰的类型、特征、强度等，实现对脆弱性变化的调控，促进人与自然的和谐。

2. 生态脆弱性评价研究的发展趋势

生态脆弱性评价是当前土地科学和生态科学研究的一个重要交叉方向，具有很高的现实意义和应用价值。根据前文可知，为获得更多的、更实际直观的数据和实现对数据资料科学、快捷的处理分析，除确定指标体系和指标权重、选择更合适的数学模型外，将地理信息技术与数学理论结合是生态脆弱性评价发展的主导方向。可以预计，随着 3S 技术的广泛应用，以及计算机地理信息系统软件的不断开发，动态评价将成为主要的形式。通过适时更新各因子脆弱性表现特征，方便对一段时间内的环境脆弱因子进行动态分析，在脆弱性变化分析的基础上，实现对脆弱生态环境的动态监测、评价和预警，将现状评价、稳定评价、趋势评价和综合评价结合，为脆弱生态环境的保护建设和适度利用提供重要信息，是未来生态环境脆弱度评价的主要研究方向。

　　另外，可以将生态脆弱性变化分析结果作为基础数据为国土空间资源环境利用区划服务。通过调整人类的活动方向和程度，对生态环境进行保护和修复，完成对生态脆弱性的优化调控，最终实现资源环境的永续利用。同时，脆弱性动态评价也可与国土空间土地利用变化和生态足迹评价相结合，深化生态脆弱性绝对变化率、相对变化率分析和应用，为绿色 GDP 政绩分析和生态补偿研究提供新思路。

第4章　国土空间生态脆弱性评价模型构建

生态脆弱性评价研究的模型方法很多，研究区域涉及干旱地区、矿山、城镇、江河流域、湖泊湿地等不同区域，尚未形成一种为大家一致认可的评价方法。但无论采用何种评价模型方法，都必须经过五个步骤：①确定研究区域和评价单元；②选择评价因子建立评价指标体系；③评价指标分级判分和确定指标体系中各因子权重；④利用数学原理模型计算分析单因子生态脆弱性和综合生态脆弱性；⑤生态脆弱性评价结果分析和应用。数学原理（数学统计模型）包括模糊分析法、定量分析法、生态脆弱性指数法、层次分析法、集合论法和信息度量法等。为满足自然资源开发利用、土地适宜性评价、土地资源评价、社会经济可持续发展等不同评价目标的需要，可选择不同的评价模型。下面以江西省为研究区域，以评价因子最小图斑为评价单元，以实现生态脆弱性动态评价为分析方法，以生态脆弱性分区及优化调控为评价目标，构建江西省国土空间生态脆弱性动态评价的模型方法。

4.1　国土空间生态脆弱性评价因子选择

选择脆弱生态环境评价指标主要存在两个问题：一为追求评价指标体系的完备性而不断提出新的指标，使指标种类和数目过多，导致实际评价工作困难；二是缺乏科学有效的定量筛选方法，往往依靠评价者个人的经验，评价指标体系普遍存在指标信息覆盖不全和指标间信息重叠，影响评价的科学性。评价因子选择和评价指标体系的构建成功与否，直接关系到对区域国土空间生态脆弱性评价是否科学合理和客观公正。

4.1.1　评价因子选择的基本原则

国土空间生态脆弱性评价指标选取及指标体系构建，直接影响评价结果。区域生态脆弱性评价指标选取需考虑众多因素，为了构建科学、合理、客观的国土空间生态脆弱性评价的指标体系，必须充分考虑研究区域生态环境的客观实际，把握好3个方面的因素：①所选因子能比较全面地反映出区域生态脆弱环境的真实面貌；②所选因子的信息能方便获取和定量描述；③所选因子能方便地进行空间分析。一般情况下，生态脆弱性评价因子选择遵循以下几项原则。

1. 科学性与代表性相结合

科学可行是从事任何工作和活动的重要前提，指标的选取决定评价成效，是进行评价的基础和前提。指标体系要能够客观地反映区域生态环境的本质特征，科学而真实地反映生态环境质量水平。评价指标要具有一定的代表性，要确实反映生态环境现状及变化的主导特征。

2. 系统性与综合性相结合

区域生态环境是一个复合生态系统，指标体系要具有综合性和全面性，反映区域资源与环境的主要属性及其相互关系。要求既能反映局部的、当前的和单项的特征，又能反映全面的、长远的和综合的特征。要从整体性、系统性把握生态脆弱性的表征，确定相应的评价层次，将各个评价指标按系统论的观点进行考虑，构成完整的评价指标体系。

3. 简练性与独立性相结合

生态脆弱性评价指标的选择，不是越多越好，而是要充分考虑指标的独立性、典型性、代表性，能够简便反映出生态脆弱环境的主要特性，避免指标之间有直接的联系，造成信息重叠或数据冗余，影响到评价结果的科学性。

4. 动态性与持续性相结合

评价指标选择不拘一时，而是考虑长远，要从土地利用变化背景下探索国土空间生态脆弱性的时空动态演变规律。要充分考虑不同区域、不同时空尺度下，生态系统内部各要素与外部环境都处于不断发展变化中，应该从动态发展的角度来分析生态脆弱性因子的发展演变，找出其中存在的驱动机理和演变规律。

5. 可操作性与因地制宜相结合

不同研究区域的自然条件、人类活动、社会经济等存在着差异，引起生态脆弱性的主导因素有所不同，指标选取要从实际情况出发，针对每个研究区域要做到具体问题具体分析，选取反映研究区域生态脆弱性的最佳评价指标，可以有效获取相关信息和数据的评价指标，从而使评价因子更加具有针对性和实效性。

6. 定量分析和定性分析相结合

国土空间生态脆弱性不仅要有"定性"的表达，也要有"定量"的分析。定性分析强调对土地生态脆弱性的"质"方面的判断，定量分析强调对土地生态脆弱性的"量"方面的分析。坚持定性与定量相结合，可以从逻辑的角度和经验的角度更好地把握生态脆弱性的表征属性。

4.1.2　评价因子选择的基本范畴

国土空间生态脆弱性评价是多目标综合性的评价指标体系，既要考虑生态系统内部及其功能性特征，同时又要考虑生态系统与外在环境的联系等。根据国土空间生态脆弱性的现实表征及其主要影响因素，可以从自然潜在因素和人为干扰因素两方面考虑评价因子的选择。

自然潜在因素：主要从研究区域的自然地理状况、资源生态禀赋、气候变化、自然灾害、水文特征等角度考虑，分析生态系统不在人为干扰的状态下自身潜在的脆弱性，包括地形地貌、气候、土壤、水文、地质等方面，具体包括地形坡度、年均降水量、≥

10℃年平均积温、年极端高温、年极端低温、日照时数、暴雨日数、土壤类型、土壤可蚀性(K值)、地表径流深、岩性等评价因子,属于生态环境内在的脆弱性表征因子。

人为干扰因素:主要考虑人类生产生活方面对研究区域生态环境的影响,从植被覆盖、土壤侵蚀、土地利用空间格局、社会发展、经济发展等方面入手,包括植被覆盖率、水土流失强度、农民人均纯收入、多样性指数、坡耕地指数、破碎度指数、人口密度、人均耕地面积、公路密度、第二产业比重、第三产业比重、城镇化水平、人均GDP等评价因子,属于生态环境外在的脆弱性表征因子。

4.2　国土空间生态脆弱性评价指标体系构建

层次分析法是美国运筹学家萨蒂(T. L. Saaty)教授于20世纪70年代提出的一种实用的多方案或多目标的决策方法,是一种定性与定量相结合的决策分析方法。常用于多目标、多准则、多要素、多层次的非结构化的复杂决策问题,特别是战略决策问题,具有十分广泛的实用性。此处参考层次分析法的基本原理,充分考虑研究区域地质条件、水文条件、气候资源、植被状况、土地利用资源、社会经济等自然因素和人为因素,构建多目标、多准则、多要素、多层次的生态脆弱性评价指标体系。

4.2.1　评价指标体系层次模型

根据区域脆弱生态环境评价指标体系的建立原则,经理论分析和专家咨询,结合江西省脆弱生态环境的具体表征,将江西省脆弱生态环境综合评价指标体系分为四个层次:目标层、准则层、因子层和指标层。最终构建国土空间生态脆弱性动态评价指标体系层次模型,如图4-1所示。

A——目标层:区域生态环境的综合脆弱程度,是自然、人类干扰和社会经济影响的总体反映。

B——准则层:按照生态脆弱性的主要影响因素和表现形式,分为B1-自然潜在脆弱性、B2-人为干扰脆弱性(其中又细分为人类活动的干扰和社会经济活动的干扰)。

C——因子层:按照各因素对脆弱生态环境的作用的不同,结合其所属的学科领域,将各因素因子层分为C1-地形地貌、C2-气候、C3-土壤、C4-水文、C5-地质、C6 植被、C7-土壤侵蚀、C8-土地利用空间格局、C9-社会发展和C10-经济发展。其中,1~5 层因子属于自然潜在因素,6~10 层因子为人为干扰因素(其中 6~8 层为人类活动产生的干扰,9~10 层为社会经济的活动引起的干扰)。

D——指标层:评价指标是因素因子层的进一步细分,具体为:D11-地形坡度、D21-年均降水量、D22-≥10℃年平均积温、D23-年极端高温、D24-年极端低温、D25-日照时数、D26-暴雨日数、D31-土壤类型、D32-土壤可蚀性、D41-地表径流深、D51-岩性脆弱性、D61-植被覆盖率、D71-水土流失强度、D81-多样性指数、D82-坡耕地指数、D83-破碎度指数、D91-人口密度、D92-人均耕地面积、D93-公路密度、D94-城镇化水平、D101-人均 GDP、D102-农民人均纯收入、D103-第二产业比重、D104-第三产业比重。

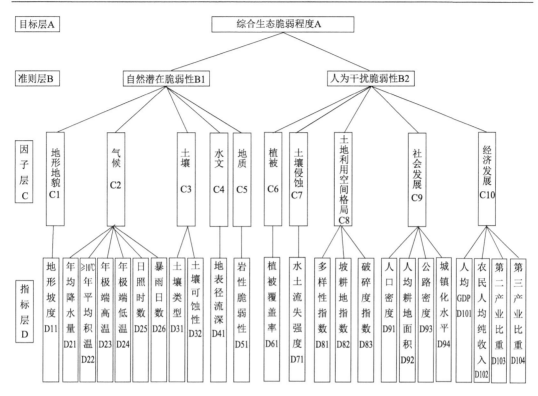

图 4-1　国土空间生态脆弱性动态评价指标体系层次模型

4.2.2　评价指标简单说明

1. 目标层(A)

综合评价江西省生态环境脆弱状况,通过构建评价指标体系层次模型,判定各评价指标的脆弱性及其权重,最终得到综合反映研究区域评价单元的生态环境脆弱程度。

2. 准则层(B)

根据脆弱生态环境产生的原因和表现特征,将总目标层(A)细分为二个要素层,即:B1——自然潜在脆弱性;B2——人为干扰脆弱性。

B1——自然潜在脆弱性:指自然条件和地理特点等自然背景因素,主要包括地质、地貌、气象、水文、土壤等。

B2——人为干扰脆弱性:指不合理的资源开发利用、生产生活等活动,对生态环境造成的负面影响,如植被退化、水土流失、土地利用粗放等,以及社会经济发展对生态环境的影响。

3. 因子层(C)和指标层(D)

因子层是目标要素的进一步细分。其中,自然潜力脆弱包括了地形地貌、气候、土壤、水文和地质基础;人为干扰脆弱包括了植被、水土流失、土地利用空间格局、社会和经济发展方面的主要指标。具体如下。

1) 自然潜在脆弱性(B1)(含 5 个因子 11 个指标)

C1——地形地貌：地形地貌是自然营力作用的产物，包括山地、丘陵、低丘、岗地、平原等类型。虽然在人为活动的影响下，也能产生局部的变化，但总体上反映了自然的作用。有地貌类型、地表起伏度指数、地形坡度等衡量指标，从便于空间分析角度考虑，可用地形坡度(D11)来表征，坡度越大，则表明环境越脆弱。

C2——气候：气候是形成生态环境脆弱的一个主要因素，因为气候变化和极端气候常常带来自然气象灾害，如：洪涝、干旱、风灾、冻害等。从数据的可得性和空间差异性来看，可以选用年均降水量(D21)、≥10℃年平均积温(D22)、年极端高温(D23)、年极端低温(D24)、日照时数(D25)、暴雨日数(D26)来反映气候对生态脆弱性的影响，灾害性气象越多生态环境越脆弱。

C3——土壤：土壤作为地表构成物质也是生态环境脆弱的标识因子，包括土壤类型分布、土壤可蚀性、水土流失率、水土流失强度等衡量指标，土壤类型可以体现土壤空间分布的差异性，水土流失率指水土流失面积与总面积之比，水土流失强度为土壤侵蚀程度。从便于空间分析角度考虑，可选用土壤类型(D31)、土壤可蚀性(D32)来反映土壤脆弱性特征。土壤越是沙性强、越是贫瘠，则相应生态环境越脆弱；土壤可蚀性越强则生态环境越脆弱。

C4——水文：地表径流对于地表物质的冲刷、剥蚀、运移是水文参与地质大循环的重要组成部分，常以地表径流系数和地表径流深度来反映水文状况。地表径流系数指通过地表形成径流的水量占该区域总降水量的百分比，地表径流深度指地表形成的径流侵入土壤的深度(单位为 mm)。从便于空间分析角度考虑，可选用地表径流深(D41)来反映其对脆弱生态环境的影响，其值越大，表明对生态环境的影响越大。

C5——地质：地质因素可从地质基础、地层、新地质构造运动等方面衡量，地质基础包括岩石和构造，地质构造运动通过改变或影响地表的物质和能量分配，从而奠定地理过程发生的空间格局。江西省地质灾害有地震、塌陷、泥石流等，但分布区域有限、差异性不明显，可选用岩性脆弱性(D51)来表征地质基础对环境的影响。岩性结构越松散、构造越发育并切割深度越大，就意味着生态环境越脆弱。

2) 人为干扰脆弱性(B2)(含 5 个因子 13 个指标)

C6——植被：植被一方面受到自然条件，如气候、土壤以及成土母岩物理和化学性质的影响，另一方面也受到人类活动的直接影响，是反映人类活动程度的一个较好的指标。这里用植被覆盖率(D61)来反映生态环境状况，可以利用遥感与地理信息系统技术，根据归一化植被指数(NDVI)分级情况进行分析。植被覆盖越好，则生态环境越好；覆盖率越低则生态环境越脆弱。

C7——土壤侵蚀：土壤侵蚀是生态环境脆弱的重要表征，是指土壤及其母质在水力、风力、冻融或重力等外营力作用下，被破坏、剥蚀、搬运和沉积的过程。水土流失是指土壤在水的浸润和冲击作用下，其结构发生破碎和松散并随水流动而散失的现象。江西属亚热带季风气候区，年均降水较多，土壤侵蚀除自然侵蚀外，主要是不合理土地利用带来的水土流失。水土流失严重的地区多由于人类对植被的破坏，并受到恶劣天气的影响所致。可选用水土流失强度(即土壤侵蚀模数值)(D71)来衡量其对生态环境的影响程度。其值越大，则生态环境越脆弱。

C8——土地利用空间格局：土地利用的空间格局是指土地斑块的分布。衡量土地利用空间格局的指标较多，可选用多样性指数(D81)、坡耕地指数(D82)和破碎度指数(D83)来反映生态环境的脆弱程度。土地利用空间格局指数的大小反映了土地利用对人类活动的干扰程度，随干扰强度的增加，土地利用的多样性指数、坡耕地指数、破碎度指数提高，生态脆弱性越强。

多样性指数(D81)：描述土地利用类型的多少和各种类型在总面积中所占比例，计算公式：$H = -\sum(p_i)\log_2(p_i)$。式中，$H$ 为土地利用多样性指数；p_i 为第 i 种土地利用类型占总面积的百分比。

坡耕地指数(D82)：描述土地利用类型中坡耕地占耕地总面积的比例。可以直接通过对研究区域耕地的坡度进行分级赋值，进行空间分析。

破碎度指数(D83)：描述土地被分割的破碎程度，计算公式：$C = \sum n_i/F$。式中，C 为土地利用破碎度指数；n_i 为所有土地利用类型斑块的总个数；F 为土地总面积。

C9——社会发展：主要表现在人口对资源和生态的"压力"或"胁迫"，并通过间接的作用来体现。可选用人口密度(D91)、人均耕地面积(D92)、公路密度(D93)、城镇化水平(D94)等来表征。

人口密度(D91)：每平方公里面积上生活的人口总数，人口密度越大则土地承载压力越大，生态脆弱性越明显。

人均耕地面积(D92)：人均耕地面积是一个反映区域资源支持能力的重要指标。粮食生产依赖于适宜耕作的土地数量与质量。人均耕地面积越大，土地承载压力越小。

公路密度(D93)：指平均每平方公里土地上所包含的公路里程。公路作为社会基础设施建设的重要部分，公路密度越大，则社会经济状况越好，对生态环境的破坏也越大。

城镇化水平(D94)：指城市人口在总人口中所占的比例，是反映当前社会发展水平的重要指标。城镇化水平越高，则社会经济指数越高，对生态环境的压力也越小。

C10——经济发展：与社会发展因素一样，经济发展对生态环境的影响也是通过间接作用来体现的。可选用人均 GDP(D101)、农民人均纯收入(D102)、第二产业比重(D103)、第三产业比重(D104)等指标来表征。

人均 GDP(D101)：人均 GDP 是一个反映区域经济发展水平的重要指标。人均 GDP 越大，则社会经济越发达，对生态环境保护相关的投入越多，越有利于生态建设相关工作。

农民人均纯收入(D102)：农村人口人均收入是衡量区域农村居民生活水平的一个重要指标，收入越高，则社会经济状况越好，越有利于生态建设相关工作。

第二产业比重(D103)：第二产业比重是工业在地区生产总值中的比例，第二产业的发展往往反映了整个区域的工业化和城镇化水平，是一个反映区域经济结构的重要指标，比重越大，则社会经济状况越好，越有利于生态建设相关工作。

第三产业比重(D104)：第三产业比重是商业和服务业在地区生产总值中的比例，第三产业的发展往往反映了整个区域的经济发展水平，是一个反映区域经济结构的重要指标，比重越大，则社会经济状况越好，越有利于生态建设相关工作。

4.3　国土空间生态脆弱性动态评价模型方法

如何科学确定计算模型方法是对国土空间生态脆弱性进行客观评价的关键环节。通过选取有效的方法进行计算分析，才能够科学认识国土空间生态脆弱性的成因机理及其内在变化规律，为国土空间资源利用与生态保护提供科技支撑和决策支持(蔡海生等，2003；高俊刚等，2016)。

在构建好区域生态脆弱性评价指标体系的基础上，针对各评价指标进行分级赋值、确定各评价指标权重、选取科学有效的评价计算方法，是保证研究工作达到预期目的的关键所在。在生态脆弱性评价方法中，无论是针对研究区域国土空间生态脆弱性单因子评价还是综合评价，以及各评价指标的分级赋值、权重确定，大体有定量分析和定性分析两种方法。定性分析法就是研究者根据以往的经验或者已有的资料对评价因子生态脆弱性进行定性描述的分析，并进行分级赋值。定量分析法是通过数理模型方法对生态脆弱性进行计算，以数值的形式表达出区域生态脆弱性的分值，并进行区间分级描述生态脆弱性程度。随着生态脆弱性评价研究的不断深入，基于空间数据和空间信息的定量分析、动态评价的方法也越来越多，是未来生态脆弱性研究的主要发展趋势。

4.3.1　评价指标分级赋值

对评价因素指标的脆弱度定性量化、分级赋值，是生态环境脆弱度评价的重要内容。因其没有统一的定性量化标准，具有很高的主观人为性。评价因子的脆弱度定性量化得科学与否，直接关系到评价结果的科学与否。为保证定性量化的科学性，可参考有关领域的研究成果，利用德尔菲(Delphi)法，征询有关专家的意见和建议，由各位专家"背靠背"地提出分级赋值建议，最终综合而成。生态脆弱性评价指标分级赋值包含两方面的内容：因子指标原始表征数据信息的等级划分；因子指标生态脆弱性定性量化、归一化赋值。

因子指标等级划分：采用德尔菲法。德尔菲法也叫专家打分法，是一种常见的技术测定方法，它综合了多数专家的经验与主观判断技巧，对大量非技术性且无法定量分析的因素作出概率估算，充分发挥信息反馈与信息控制作用，使专家评估的意见逐渐统一，最后集中在协调一致的分等定级上，对参评指标的生态脆弱性原始表征按照需要分成3～6个等级(如极脆弱区、强脆弱区、中脆弱区、轻脆弱区、微脆弱区、稳定区，分级情况可根据研究需要而定)。

因子脆弱性定性量化:在实际评价过程中,可以根据参评指标的实际定性情况,或本领域的习惯定性方法,将因子原始指标分成不同的等级,并进行归一化处理、量化赋值判分。可采用层次分析法中的定量判分法,将各评价因子指标的生态脆弱性分为极脆弱区、强脆弱区、中脆弱区、轻脆弱区、微脆弱区、稳定区共 6 个等级,分别给予 0.1、0.3、0.5、0.7、0.9、1.0 的分值(表 4-1),进而作为空间分析的归一化图层,分级赋值情况可根据研究需要而定。

表 4-1　生态环境脆弱度评价因子指标定性量化表

因子指标等级	Ⅰ级	Ⅱ级	Ⅲ级	Ⅳ级	Ⅴ级	Ⅵ级
指标定性	稳定区	微脆弱区	轻脆弱区	中脆弱区	强脆弱区	极脆弱区
定量判分	1.0	0.9	0.7	0.5	0.3	0.1

各评价因子指标最终等级划分及赋值结果见表 4-2。

4.3.2　评价指标权重确定

层次分析法是一种有效的决策思维方法,是一种定性和定量相结合的多因子比较方法,其基本功能是比较若干因素对同一目标的影响,确定他们在目标中的比重,该方法已经在众多领域得到广泛应用。主要思路是:把复杂问题"分解"成各个组成因素,按支配关系形成有序的递阶层次结构;用两两比较的方式确定层次中诸因素的相对重要性,这就是"判断";对所要解决的复杂问题的各项进行综合判断,得出各因素重要的总体顺序。这种"分解—判断—综合"的过程,将复杂问题的各个方面通过科学有序的划分,将每个部分分为相互联系的有序层次,使得分析内容更加有条理性(邓雪等,2012;董君,2015)。国土空间生态脆弱性评价属于多因素综合评价,决策者通过运用层次分析法,将生态脆弱性这类复杂的问题,细分为不同的影响层次及因子,通过对它们进行对比分析,最终确定其不同的权重(刘姝驿等,2013;杨俊等;2013)。

1. 层次分析法确定指标权重的计算步骤

(1)建立递阶型层次结构。对评价指标或因子分定层次,并确定指标或因子的相对重要性,并给出重要性标度值(因子 X 比因子 Y 同等重要值为1、稍微重要值为3、明显重要值为5、强烈重要值为7、极端重要值为9)。根据前文分析,将江西省国土空间生态脆弱性评价递阶型层次结构分成 4 层,具体为目标层 A、准则层 B、因子层 C、指标层 D。

(2)构建比较判断矩阵。依据初步划分生态脆弱性评价指标体系的层次架构,将同一层次的因素较上一层次而言比较分析其相对的重要程度,依据其重要程度进行赋值。若介于两个重要性标度之间,则用插值法确定其标度值,构成判断矩阵(B)。判断矩阵1~9 标度的定量评价判断矩阵填写依据如表 4-3。

表4-2　江西省国土空间生态脆弱性评价指标体系等级判分

评价因素指标层(代码)		I级	II级	III级	IV级	V级	VI级	参考标准	计量单位	数据来源	单元尺度
因子层(C层)	指标层(D层)	1	0.9	0.7	0.5	0.3	0.1				
地貌地形 C1	地形坡度 D11	<3	3~8	8~15	15~25	25~35	>35	水土保持综合治理规则 GB/T15772—2008	°	DEM数据	栅格
气候 C2	年均降水量 D21	800~1050	1050~1200	1200~1500	1500~1800	1800~2100	>2100	综合参考	mm	气象数据	栅格
	≥10℃年平均积温 D22	>6200	5600~6200	5000~5600	4200~5000	3500~4200	<3500	综合参考	℃	气象数据	栅格
	年极端高温 D23	<30	30~32	32~34	34~36	36~38	>38	综合参考	℃	气象数据	栅格
	年极端低温 D24	>0	0~-2	-2~-4	-4~-6	-6~-8	<-8	综合参考	℃	气象数据	栅格
	日照时数 D25	>1800	1600~1800	1400~1600	1200~1400	1000~1200	<1000	综合参考	h	气象数据	栅格
	暴雨日数 D26	0~2	2~5	5~8	8~12	12~16	>16	综合参考	天	气象数据	栅格
土壤 C3	土壤类型 D31	水稻土	草甸土	黄棕壤	红壤	其他	—	综合参考	—	土壤数据	栅格
	土壤可蚀性 D32	0~0.09	0.09~0.12	0.12~0.20	0.20~0.25	0.25~0.32	>0.32	综合参考	—	土壤数据	栅格
水文 C4	地表径流深 D41	—	<600	600~800	800~1000	>1000	—	综合参考	mm	地表水资源数据	栅格
地质 C5	岩性脆弱性 D51	—	火成岩	变质岩	沉积岩	第四纪沉积物	碳酸岩	综合参考	—	地质数据	栅格
植被 C6	植被覆盖率 D61	>90	90~70	70~50	50~30	30~10	<10	综合参考	%	遥感数据	栅格
土壤侵蚀 C7	水土流失强度 D71	微度	轻度	中度	强烈	极强烈	剧烈	土壤侵蚀分类分级标准(SL190—2007)	%	水土流失数据	栅格
土地利用空间格局 C8	多样性指数 D81	<1.5	1.2~1.5	0.8~1.2	0.5~0.8	0.2~0.5	<0.2	徐庆勇等	—	土地利用数据	县级
	坡耕地指数 D82	>0.70	0.55~0.70	0.4~0.55	0.25~0.4	0.1~0.25	<0.1	综合参考	%	土地利用数据	县级
	破碎度指数 D83	0~0.01	0.01~0.02	0.02~0.03	0.03~0.04	0.04~0.05	>0.05	综合参考	—	土地利用数据	县级
社会发展 C9	人口密度 D91	<200	200~300	300~400	400~500	500~600	>600	综合参考	人/km²	统计数据	县级
	人均耕地面积 D92	>0.075	0.053~0.075	0.045~0.053	0.035~0.045	0.02~0.035	<0.02	综合参考		统计数据	县级
	公路密度 D93	>0.35	0.35~0.30	0.30~0.25	0.25~0.20	0.20~0.15	<0.15	综合参考	km/km²	统计数据	市级
	坡镇化水平 D94	>50	50~40	40~30	30~20	20~10	<10	综合参考	%	统计数据	县级
经济发展 C10	人均GDP D101	>10000	8000~10000	4500~8000	2500~4500	1000~2500	<1000	综合参考	元	统计数据	县级
	农民人均纯收入 D102	<6000	3500~6000	2000~3500	1500~2000	500~1500	<500	综合参考	元	统计数据	市级
	第二产业比重 D103	>40	40~35	35~30	30~25	25~20	<20	综合参考	%	统计数据	县级
	第三产业比重 D104	>40	40~35	35~30	30~25	25~20	<20	综合参考	%	统计数据	县级

表 4-3　判断矩阵重要程度定义

重要程度	含义
1	表示两个因素相比，具有相同重要性
3	表示两个因素相比，前者比后者稍重要
5	表示两个因素相比，前者比后者明显重要
7	表示两个因素相比，具有相同强烈重要
9	表示两个因素相比，具有相同极端重要
2，4，6，8	表示上述相邻判断的中间值
倒数	若因素 i 与因素 j 的重要性之比为 a_{ij}，那么因素 j 与 i 的重要性之比为 $a_{ji}=1/a_{ij}$

(3)判断矩阵的处理。用和积法计算判断矩阵(B)的最大特征值 λ_{max} 和特征向量 α，其中特征向量 α 为对应各因子权重。

(4)判断矩阵的计算。判断矩阵表示针对上一层次某元素，本层次与之有关因素之间相对重要性比较。层次分析法中，层次单排序就是根据判断矩阵，对上一层次某因素有联系的本层因素的重要权值进行计算，它是层次总排序的基础。

第一，层次单排序及其一致性检验：对每一因子层，引入判断矩阵最大特征值以外的其余特征值的负平均值，作为度量判断矩阵偏离的一致性指标(CI)，各阶矩阵对应的平均随机一致性指标(RI)值如表 4-4，随机一致性比例(CR)为一致性指标(CI)与平均随机一致性指标(RI)之比，随机一致性比例(CR)小于 0.01，则认为矩阵具有满意的一致性(各阶矩阵对应的平均随机一致性指标 RI 值见表 4-4)。公式表示如下：

$$CI=(\lambda_{max}-1)/(n-1)；\quad CR=CI/RI<0.01$$

表 4-4　各阶矩阵对应的平均随机一致性指标(RI)值

阶数	1	2	3	4	5	6	7	8	9
RI 值	0.00	0.00	0.58	0.90	1.12	1.24	1.32	1.41	1.45

第二，层次总排序及其一致性检验：计算同一层次所有因子对于最高层相对重要性的排序权值，称为总排序。总排序一致性检验方法与单排序一致性检验一样，总随机一致性比例(CR$_{总}$)小于 0.01 时，则认为层次总排序结果具有满意的一致性。公式如下：

$$CR_{总}=CI_{总}/RI_{总}=(\sum W_iCI_i)/(\sum W_iCR_i)<0.01 \quad (i=1，2，\cdots，n)$$

式中，W_i 为对应于判断矩阵最大特征根 λ_{max} 的特征向量，经归一化(使向量中各元素之和为 1)后记为 $W_i(i=1,2,3\cdots)$；CI_i 为各阶矩阵对应的一致性指标值；CR_i 为各阶矩阵对应的一致性比率值。

2. 评价指标权重计算与确定

依据上述方法步骤，计算目标层 A、准则层 B、因子层 C、指标层 D 各层的生态脆弱性评价指标权重，得到每一个层次因子相对于上一个层次因子的权重系数(具体见表 4-5～表 4-11)，并得到最终的各因子权重如表 4-12。

表 4-5　A-B 判断矩阵及权重关系

A 土地生态脆弱性	B1	B2
B1 自然潜在脆弱性	3.0000	3.0000
B2 人为干扰脆弱性	1.0000	3.0000
A-B 判断矩阵一致性 CR=0；目标总权重：1.0000		

表 4-5 中，CR=0<0.1，矩阵通过一致性检验，判断矩阵效果可行。自然潜在脆弱性、人为干扰脆弱性相对于国土空间生态脆弱性的比重为 0.6340、0.3660。

表 4-6　B1-C 判断矩阵及权重关系

B1 自然潜在脆弱性	C1	C2	C3	C4	C5
C1 地形地貌	1.0000	0.5000	1.0000	1.0000	0.5000
C2 气候	2.0000	1.0000	2.0000	2.0000	2.0000
C3 土壤	1.0000	0.5000	1.0000	2.0000	2.0000
C4 水文	1.0000	0.5000	0.5000	1.0000	1.0000
C5 地质	2.0000	0.5000	0.5000	1.0000	1.0000
B1-C 判断矩阵一致性 CR=0.0392；目标总权重：0.6340					

表 4-6 中，CR=0.03<0.1，矩阵通过一致性检验，判断矩阵效果可行。地形地貌、气候、土壤、水文、地质相对于自然潜在脆弱性的比重为 0.1195、0.2080、0.1372、0.0788、0.0905。

表 4-7　B2-C 判断矩阵及权重关系

B2 人为干扰脆弱性	C6	C7	C8	C9	C10
C6 植被	1.0000	2.0000	0.5000	0.3333	0.5000
C7 土壤侵蚀	0.5000	1.0000	0.5000	0.5000	0.5000
C8 土地利用空间格局	2.0000	2.0000	1.0000	1.0000	1.0000
C9 社会发展	3.0000	2.0000	1.0000	1.0000	2.0000
C10 经济发展	2.0000	2.0000	1.0000	0.5000	1.0000
B2-C 判断矩阵一致性 CR=0.0305；目标总权重：0.3660					

表 4-7 中，CR=0.03<0.1 矩阵通过一致性检验，判断矩阵效果可行。植被、土壤侵蚀、土地利用空间格局、社会发展、经济发展相对于人为干扰脆弱性的比重为 0.0475、0.0390、0.0897、0.1117、0.0781。

表 4-8　C2-D 判断矩阵及权重关系

C2 气候	D2	D3	D4	D5	D6	D7
D21 年均降水量	1.0000	2.0000	1.0000	2.0000	3.0000	3.0000
D22 ≥10℃年平均积温	0.5000	1.0000	1.0000	1.0000	0.3333	2.0000

续表

C2 气候	D2	D3	D4	D5	D6	D7
D23 年极端高温	1.0000	1.0000	1.0000	2.0000	1.0000	1.0000
D24 年极端低温	0.5000	1.0000	0.5000	1.0000	0.3333	3.0000
D25 日照时数	0.3333	3.0000	1.0000	3.0000	1.0000	2.0000
D26 暴雨日数	0.3333	0.5000	1.0000	0.3333	0.5000	1.0000
C2-D 判断矩阵一致性 CR=0.0841；目标总权重：0.2092						

表 4-8 中，CR=0.08<0.1 矩阵通过一致性检验，判断矩阵效果可行。年均降水量、积温、年极端高温、年极端低温、日照时数、暴雨日数相对于气候的比重为 0.0585、0.0268、0.0361、0.0255、0.0434、0.0177。

表 4-9　C8-D 判断矩阵及权重关系

C8 土地利用空间格局	D14	D15	D16
D81 多样性指数	1.0000	1.0000	0.5000
D82 坡耕地指数	1.0000	1.0000	1.0000
D83 破碎度指数	2.0000	1.0000	1.0000
C8-D 判断矩阵一致性 CR=0.0462；目标总权重：0.0897			

表 4-9 中，CR=0.04<0.1 矩阵通过一致性检验，判断矩阵效果可行。多样性指数、坡耕地指数、破碎度指数相对于土地利用空间格局的比重为 0.0233、0.0294、0.0370。

表 4-10　C9-D 判断矩阵及权重关系

C9 社会发展	D17	D18	D19	D20
D91 人口密度	1.0000	0.5000	1.0000	1.0000
D92 人均耕地面积	2.0000	1.0000	2.0000	1.0000
D93 公路密度	1.0000	1.0000	1.0000	1.0000
D94 城镇化水平	1.0000	0.5000	1.0000	1.0000
C9-D 判断矩阵一致性 CR=0.0328；目标总权重：0.1117				

表 4-10 中，CR=0.03<0.1 矩阵通过一致性检验，判断矩阵效果可行。人口密度、人均耕地面积、公路密度、城镇化水平相对于社会发展的比重为 0.0229、0.0386、0.0273、0.0229。

表 4-11　C10-D 判断矩阵及权重关系

C10 经济发展	D21	D22	D23	D24
D101 人均 GDP	1.0000	1.0000	1.0000	1.0000
D102 农民人均纯收入	1.0000	1.0000	2.0000	1.0000
D103 第二产业比重	1.0000	1.0000	1.0000	1.0000
D104 第三产业比重	1.0000	0.5000	1.0000	1.0000
C10-D 判断矩阵一致性 CR=0.0348；目标总权重：0.0781				

表 4-11 中，CR=0.03<0.1 矩阵通过一致性检验，判断矩阵效果可行。人均 GDP、农民人均纯收入、第二产业比重、第三产业比重相对于社会发展的比重为 0.0194、0.0230、0.0194、0.0163。

表 4-12　江西省国土空间生态脆弱性评价指标权重总表

准则层(一级指标)			因子层(二级指标)			指标层(三级指标)		
代码	因素名称	权重	代码	因子名称	权重	代码	指标名称	权重
B1	自然潜在脆弱性	0.6340	C1	地形地貌	0.1195	D11	地形坡度	0.1195
			C2	气候	0.2080	D21	年均降水量	0.0585
						D22	≥10℃年平均积温	0.0268
						D23	年极端高温	0.0361
						D24	年极端低温	0.0255
						D25	日照时数	0.0434
						D26	暴雨日数	0.0177
			C3	土壤	0.1372	D31	土壤类型	0.0686
						D32	土壤可蚀性	0.0686
			C4	水文	0.0788	D41	地表径流深	0.0788
			C5	地质	0.0905	D51	岩性脆弱性	0.0905
B2	人为干扰脆弱性	0.3660	C6	植被	0.0475	D61	植被覆盖率	0.0475
			C7	土壤侵蚀	0.0390	D71	水土流失强度	0.0390
			C8	土地利用空间格局	0.0897	D81	多样性指数	0.0233
						D82	坡耕地指数	0.0294
						D83	破碎度指数	0.0370
			C9	社会发展	0.1117	D91	人口密度	0.0229
						D92	人均耕地面积	0.0386
						D93	公路密度	0.0273
						D94	城镇化水平	0.0229
			C10	经济发展	0.0781	D101	人均 GDP	0.0194
						D102	农民人均纯收入	0.0230
						D103	第二产业比重	0.0194
						D104	第三产业比重	0.0163

4.3.3　生态脆弱性动态评价

生态脆弱性表现具有一定的模糊性，但反映生态脆弱性的因子特征在空间分布上有其具体表现。生态脆弱性是相对的，不同的评价方法可能会得到不同的结果，但评价结果都会呈现出一定的空间格局特征。为满足自然资源开发利用、国土空间规划、土地适宜性评价、土地资源评价、社会经济可持续发展等脆弱性评价不同目标的需要，基于空间分析的多因素生态脆弱性评价，可以从空间格局分布上更直观地说明问题，为生态脆弱性优化调控提供技术支撑。基于空间分析的综合参数评价法(comprehensive parameter evaluation method based on spatial analysis)具体步骤如下：

1）建立评价指标体系

将生态环境脆弱度评价的主要参评因子分成自然因素 X_1、人为因素 X_2 两个子系统，即 $X=\{X_1、X_2\}$。每个子系统中含有若干脆弱因子。

2）评价指标分级赋值

为评价各区域的环境脆弱程度，进行因子指标等级划分和因子脆弱性定性量化。确定每个因子指标不同等级的划分标准，根据评价因子指标实际表现出的脆弱性定量判分。通过计算各评价单元评价因子总判分确定区域生态环境脆弱度等级。将因子和区域的脆弱程度分为 6 个等级，即 $Y=\{1$（稳定区）、2（微脆弱）、3（轻脆弱区）、4（中脆弱区）、5（强脆弱区）、6（极脆弱区）$\}$，具体可以视研究目标而定。

3）评价指标权重确定

利用专家咨询法（特尔菲法）或层次分析法确定各因子权重（如前文所述），形成权重集 W：

总系统：$W=\{W_1，W_2，W_3\}$　　　　　其中，$W_1+W_2+W_3=1$

子系统：$W_i=\{W_1'，W_2'，W_3'，\cdots\}$　　　其中，$W_1'+W_2'+W_3'+\cdots=1$

4）现状综合评判

把自然因素 X_1、人为因素 X_2 子系统看成一个整体，运用数理模型对区域生态脆弱性的指数进行综合计算，即生态脆弱性静态分析（如前文所述）。公式如下：

$$\mathrm{EVSI}=\sum_{i=1}^{n}P_i\times W_j$$

式中，P_i 为国土空间生态脆弱性指标 i 的等级判分值；W_j 为国土空间生态脆弱性指标 i 的权重；EVSI 为国土空间生态脆弱性综合指数。

可分别计算单因子脆弱性、潜在脆弱性、胁迫脆弱性、现实脆弱性等指数，并计算出评价单元的综合脆弱性。通过国土空间生态脆弱性综合指数，能够很好地直观表达出一个区域的生态脆弱性空间格局和现状表征。

5）动态综合评判

通过对不同年份的生态环境胁迫脆弱性静态评价结果的空间叠加分析，得到各生态脆弱性等级的变化和转移情况，明确各评价单元（栅格）的生态脆弱性相对变化率和绝对变化率。从而可分析研究区域生态脆弱性的驱动机理、演变过程、发展趋势及其空间分布，为如何实施有效调控提供决策依据。

6）生态脆弱分区

根据生态脆弱性静态评价和动态评价结果，对各评价单元（栅格）进行综合判分，进行生态脆弱性的自然区划、胁迫区划、现实区划、绝对变化程度区划、相对变化程度区划。前 3 种可分 5 区（微脆弱区、轻脆弱区、中脆弱区、强脆弱区、极脆弱区），后 2 种可分 3 区（生态修复区、生态持平区、生态退化区）。进行聚类分析，进一步突出生态脆弱性空间格局特征和演变趋势。

7) 生态环境治理

主要依靠生态脆弱性分区情况，分析各评价因子与生态脆弱性的关联，进一步确定引起生态脆弱性的主导因子，以便采取针对性的措施进行治理。生态治理中以优化人类活动作为主要手段，针对不同生态脆弱性区域采取相应的政策措施和经济手段，减少人类活动对生态环境的有害干扰、修复和改善生态环境、提高生态环境承载力，促进人与自然和谐发展。

第 5 章　江西省国土空间生态脆弱性动态评价

以生态脆弱性分析评价为切入点，开展基于国土空间"土地利用—社会经济—生态效应"三位一体的综合研究，为国土空间土地利用与生态保护提供基础资料和科学依据，为区域生态建设和管控提供决策信息和技术支撑。本章主要以江西省鄱阳湖流域为研究区域，讨论了生态脆弱性评价的原理与方法，以区域自然地理条件为基础，分析土地利用和社会经济胁迫下生态脆弱性时空演变情况，完成对区域生态脆弱性的动态评价。结合相关典型专题，分析了区域耕地、建设用地、生态用地等因子脆弱性时空分异特征及其规律，探讨基于生态脆弱性动态评价的土地生态优化调控途径和综合管理措施，协调资源环境利用和社会经济发展，维护区域土地利用安全和生态安全，为其他区域国土空间土地利用和生态管理提供参考。

5.1　研究区域概况及其数据库构建

5.1.1　研究区域概况

江西省位于中国东南偏中部，长江中下游南岸，地处 24°29′14″N～30°04′41″N，113°34′36″E～118°28′58″E，南北长约 620 km，东西宽约 490 km；面积 16.69 万 km²，占全国土地总面积的 1.74%，居华东六省一市的首位。东邻福建、浙江，南连广东，西接湖南，北接安徽、湖北，是我国内陆连接珠江三角洲、长江三角洲和闽江三角洲的最佳陆上通道。

1. 自然地理状况

地形：江西省的地形以江南丘陵、山地为主；盆地、谷地广布，略带平原。东部及东北部有怀玉山和武夷山脉，西部及西北部有幕阜山、九岭山、武功山、罗霄山脉，南部及西南部有万洋山、诸广山、大庾岭、九连山脉。中部丘陵、盆地相间；北部平原坦荡，江湖交织，有我国第一大淡水湖——鄱阳湖及湖区平原。全省地势由东、南、西三面逐渐向鄱阳湖倾斜，构成一个向北开口的巨大盆地。

地貌：江西省是南方红壤丘陵区的典型区域。省境东、西、南三面环山地，中部丘陵和河谷平原交错分布，北部则为鄱阳湖平原。鄱阳湖平原与两湖平原同为长江中下游的陷落低地，由长江和省内五大河流泥沙沉积而成，北狭南宽，面积近 2 万 km²。地貌类型以山地、丘陵为主，兼有平原、岗地，山地面积占全省土地总面积的 36%，丘陵占全省土地总面积的 42%，岗地、平原、水面占全省土地总面积的 22%。

土壤：江西省的土壤中，红壤是最有代表性的地带性土壤。根据全国第二次土壤普查结果，按照其形成条件、成土过程的特点以及土壤属性，全省土壤分为 13 个土类、23

个亚类、92 个土属、251 个土种。其中，红壤分布最广，占全省总面积的 70.69%，江西是我国红壤分布的主要省份之一；水稻土次之，占全省总面积的 20.35%。红壤广泛分布于海拔 800m 以下的低山、丘陵和岗地，成土母质是各类岩石的风化物，土层厚黏，有效土层在 50 cm 以上。水稻土广泛分布于省内山地丘陵谷地及河湖平原阶地，占江西省耕地总面积的 80% 以上。

植被：江西省复杂的气候和地貌条件孕育了丰富的植被资源。可分为常绿阔叶林、常绿落叶阔叶混交林、夏绿阔叶林、竹林、暖性混交林、暖性针叶林、山顶矮林 7 个基本类型，生长繁茂，种属众多，形成了多种类型的森林植被和复杂的结构。江西省积极构建一体化生态屏障，深入实施国土绿化、森林质量提升、湿地保护修复等重大工程。据 2020 年统计数据，江西省森林覆盖率稳定在 63.1%，自然保护地数量达 547 处，占全省总面积的 11.46%。

气候：江西省的气候属中亚热带温暖湿润季风气候，冬夏季风交替显著，四季分明，春秋季短，冬夏季长，年均温为 16.3～19.5℃，一般自北向南递增。赣东北、赣西北山区与鄱阳湖平原，年均温为 16.3～17.5℃，赣南盆地则为 19.0～19.5℃。夏季较长，7 月均温，除省境周围山区在 26.9～28.0℃外，南北差异很小，都在 28.0～29.8℃。极端最高温几乎都在 40℃ 以上，成为长江中游最热地区之一。江西为中国多雨省区之一。年降水量为 1341～1943 mm。

水文：江西省河流众多，主要有赣江、抚河、信江、饶河、修河五大水系，湖泊水库星罗棋布。全省流域面积大于 10km² 的河流有 3761 条，流域面积大于 100km² 的河流有 451 条，流域面积大于 1000km² 的河流为 45 条，流域面积大于 3000km² 的河流有 18 条。各大水系均发源于与邻省接壤的边缘山区，从东南西三个方向汇入鄱阳湖，经鄱阳湖调蓄后由湖口汇入长江，形成完整的鄱阳湖水系。其控制站（湖口水文站）以上集水面积 162225 km²，其中属于江西省境内的面积为 156743 km²，占全省总面积的 94%。境内部分河流汇入湘江水系、珠江水系和直接注入长江，其流域面积合计为 10205 km²，占全省总面积的 6%。

2. 社会经济状况

江西省社会经济总体上在持续稳步增长中，通过树立新的发展理念，以生态强省、立省为导向，主动适应社会经济发展的新常态，取得了不少的成效。2015 年实现地区生产总值 16723.8 亿元，比上年增长 9.1%；2016 年实现地区生产总值 18364.4 亿元，比上年增长 9.0%。2020 年江西地区生产总值为 25691.5 亿元，同比增长 3.8%，是 2015 年的 1.5 倍，排位由 2015 年的全国第 18 位上升到第 15 位。其中，第一产业增加值为 2241.6 亿元，增长 2.2%；第二产业增加值为 11084.8 亿元，增长 4.0%；第三产业增加值为 12365.1 亿元，增长 4.0%。2020 年，全省财政总收入达 4048.3 亿元，年均增长 6.0%；人均可支配收入为 28017 元，增长 6.7%。

根据江西省第七次全国人口普查数据（以 2020 年 11 月 1 日零时为标准时点），全省常住人口总数为 4518.86 万人（不包括中国人民解放军现役军人和居住在省内的港澳台居民以及外籍人员，下同），与 2010 年（第六次全国人口普查数据，下同）的 4456.75 万人相比，增加 62.11 万人，增长 1.39%。居住在城镇的人口为 2731.06 万人，占总人口的 60.44%；居住在乡村的人口为 1787.80 万人，占总人口的 39.56%。与 2010 年相比，城镇人口增加 767.42 万人，乡村人口减少 705.30 万人，城镇人口比重上升 16.38 个百分点，首次超过 60%。全省 11 个设区市中，常住人口超过 350 万人的有 7 个，在 100 万～200 万人之间的有 4 个。人口地区分布总体仍然呈现"七大四小"格局。

3. 主要的生态脆弱性问题

1）江西省生态环境及治理概况

江西历届省委、省政府高度重视生态建设和环境保护，从 20 世纪 80 年代开始，根据本省独特的山、江、湖流域生态系统的特点，采用立足生态、着眼经济、系统开发、综合治理的原则，先后提出并实施了一系列生态经济工程，探索和实践生态恢复、环境优化、经济发展、社会和谐的可持续发展路径。据 2020 年统计，全省 63 个县(市、区)生态质量为优，占全省总面积的 73.9%；31 个县(市、区)生态质量为良，占全省总面积的 25.9%；6 个区生态质量一般，占全省总面积的 0.2%。全省共有各类自然保护地 547处，其中自然保护区 191 处、风景名胜区 45 处、森林公园 182 处、湿地公园 109 处、地质公园 15 处、世界自然遗产(世界自然与文化遗产、文化景观)5 处。

在退化森林修复方面，针对 20 世纪 80 年代初全省存在大面积宜林荒山的状况，江西先后启动实施了"造林灭荒"工程、"山上再造"工程、跨世纪绿色工程、"山上办绿色银行"工程、长江防护林工程、珠江防护林工程以及飞播造林、退耕还林等一系列重大林业生态工程，同时借助外资先后启动了"世界银行贷款国家造林项目""世界银行贷款森林资源发展和保护项目""中德造林项目"等生态绿化工程，全省森林植被覆盖逐渐恢复，森林覆盖率达到 63.1%。

在水土流失治理方面，江西先后开展了赣江流域水土保持重点治理工程、农业开发水保项目、国家近期水土保持重点工程(2009～2011 年)、鄱阳湖流域水保重点工程、坡耕地水土流失综合治理工程等一系列退化土地修复和水土流失治理重大工程，全省水土流失现象得到有效控制，鄱阳湖多年平均入湖泥沙减少近 6 成。在矿山地质生态环境恢复与治理方面，全省先后实施了绿色矿山建设工程、矿产资源领域循环经济示范工程、废弃矿山地质环境恢复治理工程等一系列矿山地质生态环境治理和修复工程，矿山地质环境和生态得到了初步恢复和治理。在打通"绿水青山就是金山银山"双向转换通道方面，江西针对地貌类型中丘陵岗地占比面积较大的特点，先后启动了赣南脐橙甜柚开发、赣中南丰蜜橘开发、茶叶种植、油茶开发、国家山水林田湖生态保护修复试点(赣州)等生态农业建设项目，同时结合红壤丘陵区综合开发治理，发展了千烟洲红壤丘陵综合生态开发模式、余江红壤低丘综合开发模式、"四型"小流域综合治理模式等一系列生态治理模式，总结出了一套经济、社会、生态效益有效结合的生态治理与可持续发展模式。

在流域生态保护方面，推动鄱阳湖生态环境专项整治，先后在鄱阳湖区实施了退田还湖、血吸虫防治、候鸟全湖调查监测、湿地沙化治理等一系列生态保护和治理工程，大幅改善了作为全国最大淡水湖泊的鄱阳湖生态环境，维护了鄱阳湖人与自然和谐共生的可持续发展状态。大力实施河长制、湖长制、林长制政策，强化了湖区生态环境空间管控，严守生态保护红线，加强工业污染治理，有效防范生态环境风险，持续改善农村人居环境，遏制农业面源污染，补齐环境基础设施短板，保障饮用水水源水质安全，加强航运污染防治，防范船舶港口环境风险，优化水资源配置，有效保障生态用水需求。

2）江西省生态环境主要问题

江西生态状况总体良好，但是随着人口的持续增长以及城镇化、工业化进程的加快，全省生态系统所承载的压力也在不断增大，发展和保护面临一系列新的问题和挑战。主要表现在以下几个方面。

一是生态空间生态环境质量依然不高。第九次全省森林资源清查数据显示，江西省森林单位面积蓄积量为 62.67m³/hm²，仅占全国平均水平的 69.79%，只有森林覆盖率第一的福建省的 69.34%，而这其中主要是天然林单位蓄积量拉低了总的森林蓄积量水平。据统计，全省天然林单位蓄积量仅为全国平均水平的 53.4%，为福建省的一半，天然林以退化次生林为主。这些天然林主要分布在以"一湖三屏"为主体的全省重要生态功能区，包括鄱阳湖和赣南山地森林及生物多样性生态功能区、赣东及赣东北山地森林及生物多样性生态功能区、赣西及赣西北山地森林及生物多样性生态功能区，这些重要生态区是全省各级自然保护区的主要分布区域，也是天然林分布的主要区域。同时，森林结构不合理导致森林生态效益不明显，生态服务功能较弱。全省森林优势树种以针叶林为主，近 4 次清查中针、阔叶林的比例分别为 73∶27、76∶24、75∶25、65∶35，与福建省(57∶43)和全国平均水平(44∶56)差距较大，中幼龄林面积比重超过 87%，比福建省高 25 个百分点。

二是农业空间生态环境压力依然严峻。江西是农业大省，近 20 年农业生产集约化、规模化快速发展，农业化肥用量年均递增 2.3%、农药总量年均递增 4.8 %、生猪出栏量年均递增 3.3%、肉牛出栏量年均递增 8.3%。农业生产和农村生活过程中产生的氮磷、农药等污染物不可避免地通过多种途径汇入河流湖泊，尽管全省地表水河流水质除萍水河均为优，但主要湖库水质优良比例仅为 25.0%，除柘林湖外，鄱阳湖、仙女湖以及其他湖库水质均呈轻度污染，河库存水湾区域富营养化现象屡有发生，其中主要污染超标物为总磷。江西省主要农业生产种植轮作制度中，棉田、油-稻轮作、蔬菜地种植制度下的耕地总氮流失量远远超过双季稻种植(7.48kg/hm²)，棉田、蔬菜地、橘园、茶园、菜-稻轮作总磷流失量也远远超过双季稻种植(0.88 kg/hm²)。伴随着农业生产过程中，农药特别是除草剂的施用量不断加大，土壤、水质农药污染程度也不断加剧。从分布上看，农业种植业中氮磷流失较大的区域主要分布在鄱阳湖平原、赣抚平原、吉泰盆地和赣南丘陵盆地。江西畜禽养殖业已成为农业纯收入增长最快、贡献最多的产业，其产值占农林牧渔业总产值的 1/3，是农村致富的重要途径之一。但畜禽养殖业产生的大量粪便和污水也成为农村最主要环境污染源之一。从分布来看，江西畜禽养殖主要分布在宜春市、南昌市、吉安市、赣州等地。鄱阳湖是我国最大淡水湖，纳上游赣江、抚河等五大河流水系，具有发展水产养殖的天然条件，养殖水面大，是我国重要的淡水水产养殖基地，淡水水产品产量约占全国总产量的 10 %，由围湖水产养殖造成的污染在鄱阳湖湖区也日趋加剧。

三是城镇空间人居环境质量依然堪忧。城镇人居生态空间质量不高主要表现在城镇居住空间尤其是城镇老旧小区配套生态基础设施缺乏、配置不合理，城镇居民垃圾分类及处理能力不到位，城镇生活污水收集和处理能力不足，城镇污水管网等基础设施还没有做到"雨污分流"。根据 2007～2017 年《江西省环境状况公报》，2007～2017 年江西省城镇生活污水排放量由 7.5 亿 t 增长到 13.31 亿 t。由于城镇生活污水处理管网设施建设滞后，部分城镇污水处理厂因污水收集管网不配套而不能正常运行，城镇生活污水处理率较低。而城镇生活垃圾普遍采用填埋方式，"垃圾围城"已成为现实，环保、高效的固体废弃物处理循环经济模式还没有大规模推广。农村生活污水、农村生活垃圾等导致农村人居环境恶劣，乡镇和行政中心村的生活污染物产生系数远高于其他村组。由于基础设施建设缺乏，大部分集中居住的村庄空间布局零乱，基本上没有生活污水处理设施，也没有合理的污水排放管道，更谈不上"雨污分流"，尽管各地都在大力开展生态建设，但人居环境质量问题依然形势严峻。

四是矿山地质生态环境问题依然突出。截至 2018 年，江西省登记矿山有 5237 个，采矿证矿区总面积 3054.56km²。江西省内主要矿产集中区为赣南钨及稀土矿区、赣东北、赣西北铜及多金属矿区，萍-乐拗陷带煤矿区，赣西的钽铌矿区，赣中铁矿区等。江西省矿山地质环境影响严重区 14 个，面积 10051.95km²，以稀土、铜、金、钨、多金属和煤等矿山居多，主要分布在赣南稀土矿、赣北、赣东北贵金属、有色金属矿和煤矿等矿集区，赣西煤矿、赣中铁矿、多金属矿等矿集区；矿山地质环境影响较严重区 22 个，面积 14937.18km²，主要分布在赣北、赣东北非金属矿山和煤矿矿集区，赣中煤矿、铁矿、建材矿、赣南稀土、多金属矿等矿集区；矿山地质环境影响一般区 8 个，面积 25329.17km²，以建材类小型矿山占大多数。同时，江西省尚有历史遗留废弃露天矿山 5062 个（截至 2018 年底），矿区总面积 253.48km²，主要分布在赣州、九江、宜春、上饶、吉安等地。其中长江沿线（10 km）江西段废弃露天矿山 84 个，总面积 673.19hm²，以建材及砖瓦黏土矿为主（78 个）；赣、抚、信、饶、修五河流域以及鄱阳湖沿岸（10 km）1200 个，总面积 4573.72hm²，也以建材及砖瓦黏土矿为主（1156 个）。截至 2018 年底，全省废弃矿山累计占用及损坏土地约 154.22km²，其中尚需治理面积为 70.81km²，在"绿水青山就是金山银山""山水林田湖草生命共同体"等新的理念和要求下，江西省生态保护和生态修复工作依然还存在着较大的提升空间。

5.1.2　研究区域国土空间数据库构建

数据库建设是进行脆弱生态评价的重要组成部分，也是进行评价最基础、最关键的一环。根据江西省国土空间土地利用及生态环境情况来选择评价指标，评价指标的选择、计算、分析涉及多方面，数据包括影像数据、统计年鉴、专题数据（气候、地质），以及其他相关的数据信息等。

1. 原始专题数据获取

专题数据。土壤资料：土壤资料为 1988 年编制的江西省第二次土壤普查资料。地貌资料采用 1988 年由江西省地质矿产局区域地质调查大队编制的 1∶50 万江西省地貌图。地质构造：由江西省地质矿产局地质调查大队 1984 年编制，引用的地质资料截至 1980

年底，主要用于提取岩性。土壤类型：为第二次土壤普查资料；DEM 数据：主要来自地理空间数据云的 30m 分辨率数字高程数据；气象数据：江西省气象局分布在江西省观察台的 87 个站点数据，分别为 1985 年、1995 年、2000 年、2005 年、2010 年、2015 年各年的年均降水量、积温、年极端高温、年极端低温、日照时数、暴雨日数。

土地利用数据。数据源为覆盖江西省全省地域范围的土地利用分类数据，选取的是1985 年、1995 年、2000 年、2005 年、2010 年、2015 年 6 期的土地利用现状数据，作为江西省国土空间生态脆弱性动态评价的基础数据。数据主要来自 1985 年、1995 年、2000年、2005 年、2010 年、2015 年的 LANDSAT4-5 TM 卫星影像(主要拍摄时间分别为 1985年 10 月 23 日、1995 年 11 月 2 日、2000 年 10 月 27 日、2005 年 10 月 31 日，2010 年11 月 7 日、2015 年 10 月 23 日，轨道号为 121-40)。利用 Erdas8.6、ArcGIS9.0 软件对遥感影像进行几何纠正、投影转换，依据中国科学院土地资源遥感影像解译分类系统和中国环境数据库建设的标准，并利用目视判读和实地调查方法检验，将每年的遥感数据解译为耕地、林地、草地、水域、建设用地、未利用地六大类，进行江西省土地利用变化分析。

社会经济统计数据。社会、经济、人口等统计数据的数据，主要来源于相关年份江西省统计年鉴、江西省各个市级统计年鉴、江西省各大网站统计公报。研究区域包含江西省 100 个县(市、区)[①]，在综合考虑数据收集难易程度及数据精度要求的基础上，以县(市、区)作为研究评价单元。

2. 原始专题数据预处理

以数据库为支撑，综合地图数据、观测数据、统计数据、文献数据等数据信息，结合评价因子的选择，对相关数据进行加工处理，成为空间矢量数据或栅格数据，作为生态脆弱性评价的基础数据支撑。数据库各图层数据简单介绍如下。

(1)行政区划图：基于江西省土地利用变更调查数据库中的行政边界。参考江西标准地图进行更新，得到江西省县(市、区)级行政区划图。

(2)地形图：采用全国 1∶25 万数据库中的地形数据，以矢量形式存储管理 1∶25万地形图上的境界、水系、交通、居民地、地貌等要素，并转换为 100m×100m 分辨率的栅格数据。

(3)地貌图：采用 1988 年由江西省地质矿产局区域地质调查大队编制的 1∶50 万江西省地貌图。

(4)数字高程模型(DEM)和坡度图：将江西省 DEM 数据导入 ArcGIS 中，通过空间分析工具中的表面分析工具，得到全省的坡度数据，然后重采样为 30m×30m 分辨率的栅格数据。

(5)地质图：对江西省地质图进行矢量化，通过指标判分将值赋给属性表，然后将要素转栅格，重采样后数据输出分辨率大小为 30m×30m。

(6)土地利用图：将 1985 年、1995 年、2000 年、2005 年、2010 年、2015 年 6 期土地利用数据重分类为耕地、林地、草地、水域、建设用地、未利用地(图 5-1)，利用

---

① 行政区划以 2020 年为准。

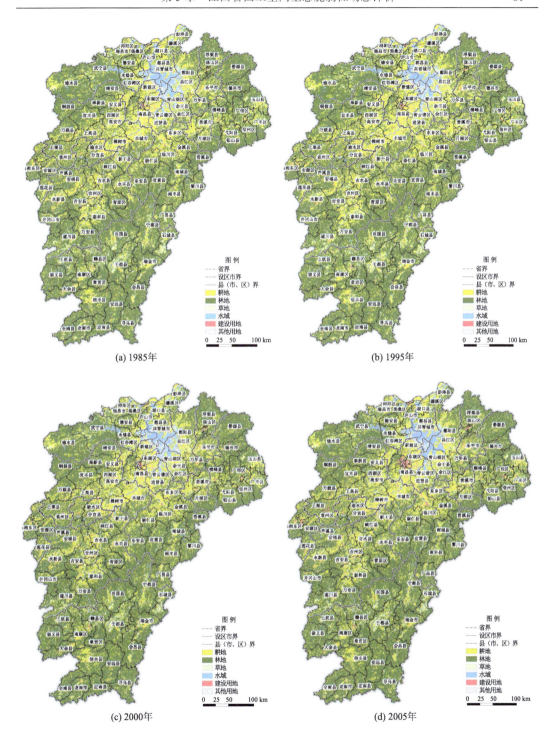

(a) 1985年

(b) 1995年

(c) 2000年

(d) 2005年

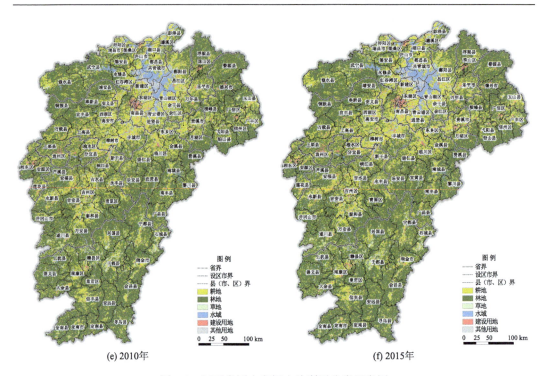

(e) 2010年 (f) 2015年

图 5-1 江西省国土空间土地利用分类示意图

为保证数据图件的连续性和可对比性, 所有图件的行政区划均参考江西省自然资源厅官网公布的 2020 最新行政边界数据

ArcGIS 软件将 6 期数据按照县(市、区)级行政单元进行分割提取, 然后将其转化为栅格数据, 利用景观格局指数计算软件 Fragstats3.4 计算出每个县(市、区)级行政单元景观水平上的景观多样性指数、景观破碎度指数, 然后将每个县(市、区)的景观指数链接到属性表中转为 30m×30m 分辨率的栅格数据。

(7)植被覆盖图: 土地植被覆盖度是反映土地利用变化的一个重要指标, 利用遥感与地理信息系统技术, 根据归一化植被指数(NDVI)可提供植被反射重要信息的原理, 通过建模反演植被覆盖度, 并进行覆盖度分级赋值, 得出土地植被覆盖度数据与专题地图。也可通过分析评价区域(单元)内林地、草地、农田的面积占被评价区域(单元)总面积的比重, 反映被评价区域植被覆盖的程度(分权重见表 5-1)。其计算公式如下:

植被覆盖指数=归一化系数×(0.5×林地面积+0.3×草地面积+0.2×农田面积)/区域面积

表 5-1 植被覆盖指数分权重

植被类型	林地			草地			耕地	
权重	0.5			0.3			0.2	
结构类型	有林地	灌木林地	疏林和其他林地	高覆盖度草地	中覆盖度草地	低覆盖度草地	水田	旱地
分权重	0.6	0.25	0.15	0.6	0.3	0.1	0.7	0.3

(8) 地表径流图：通过各地市的年降水量、年径流总量得到其地表径流深，然后通过 ArcGIS 反距离空间权重法插值得到江西省的地表径流水资源栅格图，将其要素转栅格，重采样后输出为 30m×30m 栅格数据。

(9) 气象数据：通过江西省气象局获取江西省 1985 年、1995 年、2000 年、2005 年、2010 年、2015 年 6 期的降水、日照时数、平均气温、暴雨日数、极端最高气温、极端最低气温、≥10℃积温等指标数据，每一期的数据都包括全省的 87 个站点的站点数据，通过 ArcGIS 软件对数据进行空间量化形成分析图层。由于 1995 年的初始数据中南昌县、彭泽县、上饶县、鹰潭市等地区的数据存在缺失，故在输入 ArcGIS 软件中时将其站点数据进行删除处理。数据处理具体过程如下：将每个站点经纬度坐标点导入 ArcGIS 分析软件中，将每个点转成 XY 坐标，并投影到初始的西安 80 坐标系下，选择反距离空间权重法对点数据进行空间插值分析，得到 1985 年、1995 年、2000 年、2005 年、2010 年、2015 年 6 期的江西省降水、日照时数、平均气温、暴雨日数、极端最高气温、极端最低气温、≥10℃积温等指标的栅格数据，栅格数据尺度大小为 30m×30m。

(10) 社会统计数据：通过查询江西省及各地市相关统计年鉴(1986 年、1996 年、2001 年、2006 年、2011 年、2016 年)，选取人口密度、人均耕地面积、人均 GDP、农民人均纯收入、第二产业比重、第三产业比重等指标，将各个县(市、区)的社会统计数据链接到 ArcGIS 属性表中，通过要素转栅格，将各个县市区的社会统计数据重采样转为 30m×30m 的栅格数据。

3. 数据库建设

根据参评的指标对生态与环境脆弱性的影响，将其区分为正向指标和负向指标。不同类型的指标采用符合其特点的量化方法，使所赋分值真实科学地反映出它们对生态脆弱性的客观影响。为实现对各评价指标的空间格局分析和综合空间叠加分析，对原始数据赋值并进行归一化处理，使任一评价单元内任一评价指标的作用分值位于[0, 1]区间，其中"0"和"1"来表示指标对生态脆弱性的影响为最劣和最优的两种极端状态。

按照空间数据库数据的拓扑关系，将数据类型分三种形式存储：①点状数据，如气象站点数据、地震点数据、地名等；②线状数据，如行政边界、年径流深等；③多边形(面状)数据，如土地利用类型、土壤类型、县域数据等。并根据需要，进行矢、栅数据的转换与配准，矢量数据格式为 ArcGIS 的 Coverage 格式，栅格数据为 30m×30m 分辨率的 Grid 格式。

由于采用的图形数据很多，比例尺也不尽相同，有的格式也不一样，为了方便进行空间分析，将所有的图形数据统一转换为 ArcGIS 的 Coverage 格式，并依据 1∶25 万地形图数据的江西省省界进行数据的配准，统一图形数据的投影坐标系统。在图形数据配准后，进行属性数据的链接、赋值。然后再转换为 30m×30m 的专题栅格数据，进行空间分析。

5.2 国土空间生态脆弱性评价结果分析

在对研究区域生态环境客观认识的基础上，结合 1985 年、1995 年、2000 年、2005 年、2010 年、2015 年共 6 个年份数据资料收集及处理分析，利用 3S 技术和数理模型，采用基于空间分析的综合因素评价法，对江西省国土空间生态脆弱性进行动态评价，对研究区域自然潜在脆弱性、人为胁迫脆弱性、现实脆弱性进行分析，针对生态脆弱性空间格局、动态变化、相对变化、驱动因素和生态响应进行了探讨。

5.2.1 国土空间自然潜在脆弱性评价结果分析

基于国土空间自然潜在脆弱性分析模型，对 1985 年、1995 年、2000 年、2005 年、2010 年、2015 年共 6 个年份自然生态脆弱性进行数据资料收集及处理分析，评价结果示意图如图 5-2 所示。

1985 年，自然潜在脆弱性主要处于中度脆弱性和重度脆弱性，重度脆弱性主要分布在中部，主要是环鄱阳湖地区及赣江流域，轻度脆弱性和中度脆弱性分布较为分散，在北部、西部、东部、南部分布。

1995 年，重度脆弱性等级明显有所下降，且重心向南部迁移，同时轻度脆弱性集中分布在西北及东北部的高山森林地区，地域性明显，其他地区主要为中度脆弱性。

2000 年，中度脆弱性变化明显，从 1995 年环鄱阳湖地区及赣江流域的重度脆弱转变为中、轻度脆弱，表明江西省对流域管理的力度加大，取得了较好的成效；轻度脆弱性东北部变化较为明显，自然生态环境有所退化。

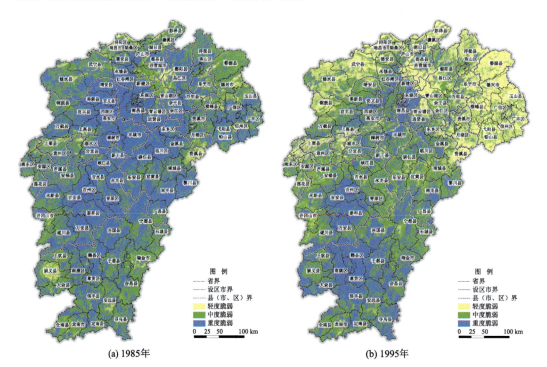

(a) 1985年   (b) 1995年

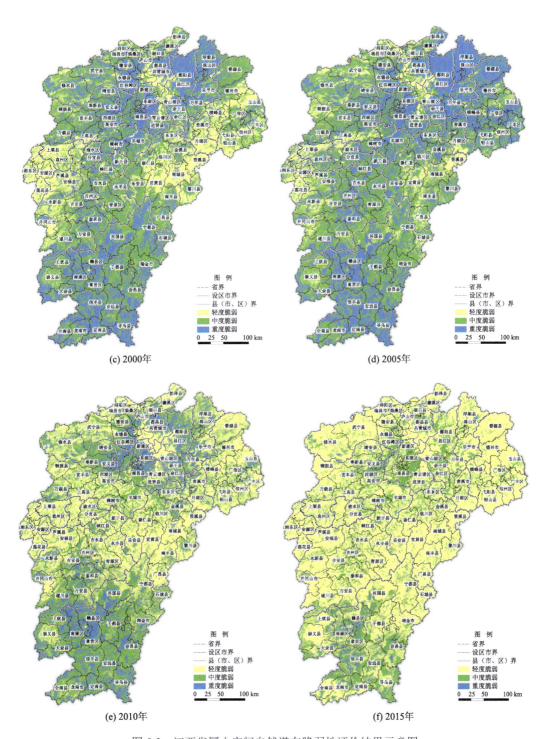

(c) 2000年

(d) 2005年

(e) 2010年

(f) 2015年

图 5-2　江西省国土空间自然潜在脆弱性评价结果示意图

2005 年，相对于 2000 年来说，自然潜在脆弱性变化总体不大，轻度脆弱性主要分布在环鄱阳湖地区、赣东及赣南、赣西的部分地区，但是相对来说分布较为零散，破碎化程度较大；重度脆弱性面积小，主要分布在江西省东北部地区，如鄱阳县、浮梁县、婺源县等地。

2010 年，自然潜在脆弱性总体处于中度脆弱性的阶段，但是重度脆弱性分布零散，重度脆弱性以南昌、赣州、上饶等地区为主，对比来说生态环境有所好转。轻度脆弱性变化较为明显，除了赣南地区的变化趋势不大外，其他地区变化较大，轻度脆弱性在江西省中部、东北地区集中分布，而在北部及南部以零星分布为主。

2015 年，自然潜在脆弱性以轻度脆弱性为主，重、中度脆弱性面积较小，同时中度脆弱性呈面状减少的现象，说明江西省自然生态环境有所好转且有逐渐扩大的趋势，主要为鄱阳湖流域的湿地及东部的森林及西部的宜春、新余、萍乡以及南部的吉安、赣州部分地区等。

5.2.2　国土空间人为干扰脆弱性评价结果分析

基于国土空间人为干扰脆弱性（胁迫脆弱性）分析模型，对 1985 年、1995 年、2000 年、2005 年、2010 年、2015 年共 6 个年份人为干扰脆弱性进行数据资料收集及处理分析，评价结果示意图如图 5-3 所示。

1985 年，人为干扰脆弱性以轻度脆弱性和中度脆弱性为主，重度脆弱性地区零星分布在新建区、月湖区、南康区、德兴市等地区。

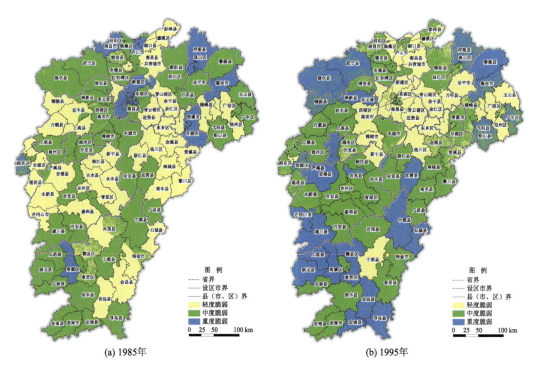

(a) 1985年　　　　　　　　　　　　　　　　(b) 1995年

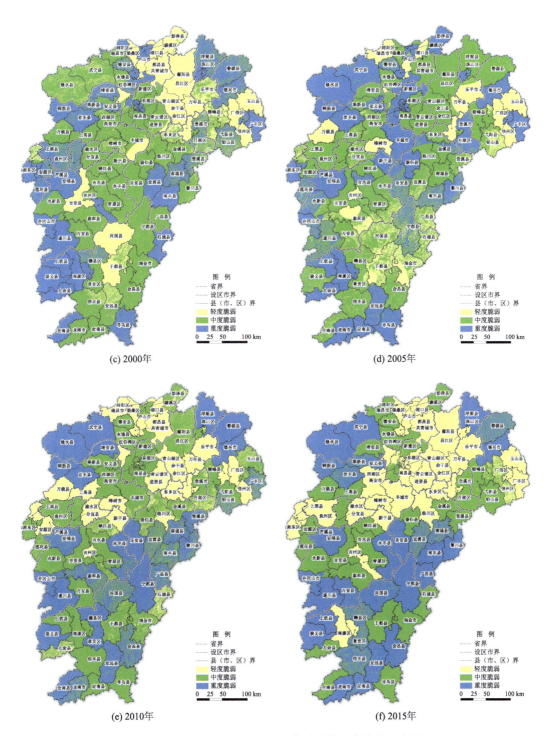

图 5-3　江西省国土空间人为干扰脆弱性评价结果示意图

1995 年，人为干扰脆弱性轻度、中度、重度三个等级分布较为均衡，东部婺源县、德兴市及铅山县部分地区、西部武宁县、修水县、安福县部分地区及井冈山市、遂川县全域、中部宜黄县全域、南部崇义县全域及宁都县、石城县部分为重度脆弱性，南部吉安县、吉州区、信丰县等地区，西部月湖区、资溪县、贵溪市等地区为中度脆弱性。

2000 年，人为干扰重度脆弱性地区主要分布在湖口县、昌江区、广丰区、西湖区、青云谱区、南康区、章贡区部分地区；中度脆弱性地区主要分布在赣南、赣中地区以及赣西铜鼓县、宜丰县等地区，呈面状零星分散；其他地区都为轻度脆弱性。

2005 年，人为干扰脆弱性等级以中度和重度脆弱为主，同时轻度脆弱较为零散，主要零星分布于万载县、瑞昌市、玉山县、樟树市、广信区、余江区以及赣州市等地区，其他地区均为中度或重度脆弱，表明 2000～2005 年，江西省人为干扰对生态环境的影响急剧增强。

2010 年，人为干扰脆弱性等级呈现出中度脆弱与重度脆弱基本持平的局面，中度脆弱性地区主要分布在赣南和赣中地区，轻度脆弱性地区仅分布在环鄱阳湖地区，其他地区均为重度脆弱性地区。

2015 年，人为干扰脆弱性等级以轻度脆弱和重度脆弱为主，轻度脆弱性地区只分布在湖口县、信州区、月湖区、青云谱区、昌江区、余江区、广丰区、吉州区等部分地区。

5.2.3 国土空间现实脆弱性评价结果分析

基于国土空间生态脆弱性静态评价分析模型，通过对研究区域 6 个年份的国土空间生态脆弱性静态评价指标数据综合处理分析，各年份现实脆弱性及其变化情况如图 5-4、表 5-2。

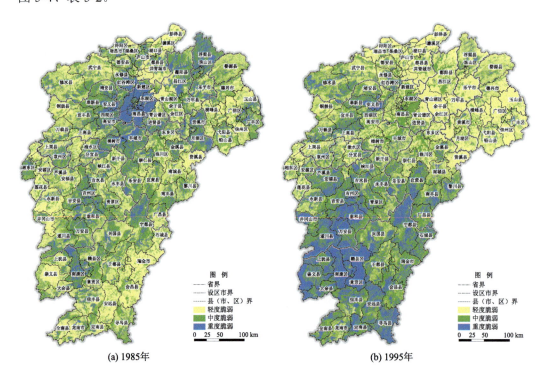

(a) 1985年   (b) 1995年

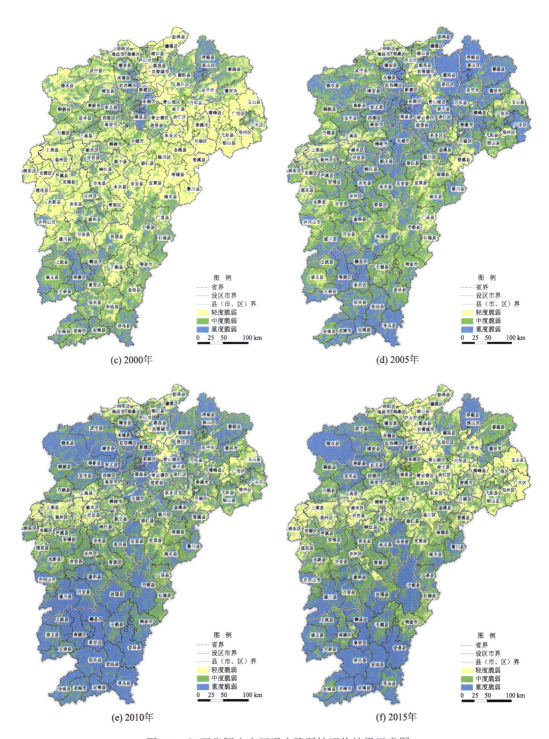

(c) 2000年

(d) 2005年

(e) 2010年

(f) 2015年

图 5-4　江西省国土空间现实脆弱性评价结果示意图

表 5-2　1985～2015 年江西省国土空间生态脆弱性综合分值

年份	评价等级	面积/10^3km^2	占比/%
1985 年	重度脆弱	27.02	16.24
	中度脆弱	69.36	41.68
	轻度脆弱	70.02	42.08
1995 年	重度脆弱	36.69	22.05
	中度脆弱	67.99	40.86
	轻度脆弱	61.72	37.09
2000 年	重度脆弱	25.34	15.23
	中度脆弱	69.96	42.04
	轻度脆弱	71.10	42.73
2005 年	重度脆弱	72.40	43.51
	中度脆弱	74.57	44.81
	轻度脆弱	19.43	11.68
2010 年	重度脆弱	83.93	50.44
	中度脆弱	62.12	37.33
	轻度脆弱	20.35	12.23
2015 年	重度脆弱	65.20	39.18
	中度脆弱	65.98	39.65
	轻度脆弱	35.22	21.17

可知，1985～2000 年江西省国土空间生态脆弱性一直都是以中度脆弱性和轻度脆弱性为主，1985 年、1995 年、2000 年、2005 年、2010 年、2015 年，中度脆弱性面积占比分别为 41.68%、40.86%、42.04%、44.81%、37.33%、39.65%。1985～2000 年，中度脆弱面积占比较为稳定，2000～2015 年，中度脆弱面积占比呈现出波动变化的趋势，其中，2005 年出现研究期内的峰值，达到 44.81%，而后至 2010 年出现研究期内面积占比的最低值，为 37.33%，在后续变化中又呈现出轻微上升的趋势。

1985 年，江西省国土空间生态脆弱性中度脆弱比例为 41.68%，重度脆弱占比 16.24%，轻度脆弱占比 42.08%，可以看出全省绝大部分区域处于中度脆弱和轻度脆弱的状态。1995 年中度脆弱占比为 40.86%，相对 1985 年，面积减少了 $1.37 \times 10^3 km^2$；轻度脆弱面积占比为 37.09%，相对 1985 年，减少了 4.99%。2000 年中度脆弱比例为 42.04%，相对于 1995 年增长了 1.18%；轻度脆弱性面积占比从 1995 年的 37.09% 增至 42.73%，下降比例大于中度脆弱性的增长比例；重度脆弱则从 1995 年的 22.05% 下降到 15.23%，重度脆弱性变化较大。2005 年重度脆弱大幅增加，从 2000 年的 15.23% 增长到 2005 年的 43.51%；中度脆弱性变化呈现上升趋势，从 2000 年的 42.04% 增至 2005 年的 44.81%，轻度脆弱性从 2000 年的 42.73% 降为 2005 年的 11.68%，表明 2000～2005 年，江西省的轻度脆弱变化最为明显。2010 年，重度脆弱占比为 50.44%，其比例最大；中度脆弱性相对于 2005 年有所下降；轻度脆弱比例上升了 0.55%。2015 年重度脆弱性面积为 65.20 $\times 10^3 km^2$，占比 39.18%；中度脆弱相对于 2010 年有所提高，达到了 39.65%；轻度脆弱性从 2010 年的 12.23%上升到了 21.17%。

综上所述，1985～2015 年，江西省国土空间生态脆弱性从几乎全域为中度脆弱和轻度脆弱的状况，转变为重度脆弱性与中度脆弱性相对持平、轻度脆弱面积较小的状况。整体来看，国土空间生态环境呈现出恶化的趋势。

5.2.4　国土空间生态脆弱性空间格局分析

以江西省国土空间生态脆弱性静态评价为基础，结合生态自然潜在脆弱性、人为干扰脆弱性、现实表现脆弱性等，对 30 年来现实脆弱性空间格局表征情况分析如下。

1985 年，江西省资溪县、安远县、瑞金市、彭泽县、上栗县、石城县、广信区、崇义县、莲花县等大部分及部分县域处于轻度脆弱的状态；中度脆弱性地区主要分布在赣南，赣中以及赣西北地区。

1995 年，横峰县、广信区、万年县、玉山县、余干县、湖口县、乐平市、资溪县、余江区、彭泽县、浔阳区、柴桑区、庐山市、弋阳县等赣东北和赣西北地区的大部分县(市、区)处于轻度脆弱的等级，赣东北和赣西北地区境内地形复杂，植被覆盖程度较高，人为干扰强度相对其他地区较小；中度脆弱性地区主要分布在环鄱阳湖和赣南地区的南昌县、瑞金市、全南县、会昌县等县(市、区)。

2000 年，赣西和赣东北地区的上栗县、资溪县、广信区、玉山县、弋阳县、横峰县、南城县、莲花县等县(市、区)以轻度脆弱为主，其中上栗县、资溪县、广信区、余江区境内轻度脆弱面积占比达到 90%以上，中、重度脆弱性地区占比极少，生态环境质量较好；中度脆弱性地区分布较为零散，主要集中分布于石城县、铜鼓县、定南县、上犹县、崇义县、会昌县等县(市、区)；重度脆弱性地区面积相对较小，主要集中分布于青云谱区、昌江区、南康区、章贡区等地区，沿各大城市外缘分布的趋势较为明显。

2005 年，江西省整体以中度脆弱为主，集中分布于铜鼓县、永丰县、瑞金市、浔阳区、万安县、吉安县、于都县、石城县、铅山县、会昌县、崇义县等地区；轻度脆弱呈条带状分布于赣西、赣东和环鄱阳湖地区的莲花县、庐山市、瑞昌市、上栗县、资溪县等县(市、区)；重度脆弱主要集中分布于赣东北、赣南地区及赣江流域，如昌江区、珠山区、青云谱区、浮梁县、章贡区、青山湖区、寻乌县、广丰区、南康区、信州区、鄱阳县、南昌县、婺源县等县(市、区)，境内重度脆弱面积占比均达到 80%以上，这些地区生态环境以重度脆弱为主导，一方面归因于工业的飞速发展，人为干扰强度不断增强，生态环境面临的压力随之增大；另一方面归因于这些地区自然生态环境本身具有一定的脆弱性，在自然潜在因素和人为干扰因素的双重影响下，生态环境相对于其他地区呈现出更为脆弱的状态。

2010 年，赣东、赣西、赣中吉泰盆地区域的石城县、南城县、吉安县、广昌县、万载县、吉水县、宜黄县、南丰县、安福县、湘东区等县(市、区)均以中度脆弱为主导，从全域整体来看分布较为集中，在各县(市、区)境内分布较为零散；重度脆弱面积较大，主要集中分布于赣县区、青云谱区、南康区、安远县、寻乌县、会昌县、章贡区、靖安县、遂川县、奉新县、上犹县、信丰县、定南县、崇义县、南昌县、全南县、修水县等赣南、赣中吉泰盆地、赣西北地区；轻度脆弱面积较小，主要集中分布于赣西、赣东北及环鄱阳湖地区。

2015 年,轻度脆弱主要集中分布于月湖区、浔阳区、安源区、广丰区、上栗县、玉山县、濂溪区、庐山市、信州区、袁州区、珠山区等赣西、赣东北、环鄱阳湖地区的县(市、区);中度脆弱在全省范围内零散分布;重度脆弱整体来看集中分布于赣南和赣西两大片区,局部零散分布于各县(市、区)的城区周围。

从生态脆弱性空间格局发展情况看,1985 年江西省国土空间生态脆弱性总体处于轻度脆弱,轻度脆弱的地形梯度特征明显,呈现出沿着赣东罗霄山脉、赣南南岭-九连山脉、赣东武夷-怀玉山脉、鄱阳湖区庐山呈条带状分布;重度脆弱集中分布于南昌、赣州等地势较平坦、开发强度较强的大城市核心区域,呈现出面状分布的趋势;中度脆弱有明显沿各大城市核心区外缘呈辐射状分布的趋势。1995 年,重度脆弱仍沿各大城市核心区呈面状集中分布,中度脆弱沿重度脆弱外缘分布,相对于 1985 年的生态脆弱性分布格局,1995 年重、中度脆弱集中向赣南地区转移,轻度脆弱地区集中向赣东北地区转移,生态脆弱性整体呈现出南高北低的分布格局。2000 年,相对于 1995 年,中度脆弱向赣中转移,赣南生态脆弱性有明显减轻的趋势,而赣北生态脆弱性呈现明显加重的趋势。2005 年,重度脆弱面积明显增加,分布区域相较以往进一步扩张,重度脆弱-中度脆弱-轻度脆弱的圈层式分布特征更加明显。2010 年,脆弱性空间分异特征更为明显,由以往的条带式、圈层式分布,逐渐演化呈现出集聚的面状分布特征,重度脆弱向赣南、赣西北、环鄱阳湖地区集聚,轻度脆弱向赣西、鄱阳湖区、赣东北部分地区集聚,中度脆弱则主要向赣中地区集聚。2015 年,生态脆弱性空间分布特征与 2010 年较为类似,整体仍呈现南北高、中间低的趋势,但与 2010 年相比,赣西-鄱阳湖地区-赣东北沿线上,生态脆弱性有明显减轻的趋势。2015 年与 1985 年相比较,江西省国土空间生态脆弱性整体呈现出加重的趋势,但从局部来看,南昌与赣州等城市的核心区域、赣江沿线地区、环鄱阳湖地区的生态脆弱性有明显的减弱趋势,这表明,江西省近年来在水环境保护、城市绿地公园建设、生态环境治理工程方面取得了较好的成效。

5.2.5 国土空间生态脆弱性转移矩阵分析

根据国土空间生态脆弱性静态评价结果,进一步分析 1985～2015 年江西省国土空间生态脆弱性转移情况,以 10 年为步长进行空间叠加分析,其国土空间生态脆弱性转移矩阵如表 5-3～表 5-5 所示。

表 5-3 1985～1995 年江西省国土空间生态脆弱性等级转移矩阵　　(单位：$10^3 km^2$)

脆弱等级	重度脆弱	中度脆弱	轻度脆弱	合计
重度脆弱	13.11	11.64	2.27	27.02
中度脆弱	19.47	29.77	20.12	69.36
轻度脆弱	4.11	26.58	39.33	70.02
合计	36.69	67.99	61.72	166.40

注: 转移矩阵中,纵向合计为 1985 年的生态脆弱性等级面积,横向合计为 1995 年的生态脆弱性等级面积。

表 5-4　1995～2005 年江西省国土空间生态脆弱性等级转移矩阵　　（单位：10^3km^2）

脆弱等级	重度脆弱	中度脆弱	轻度脆弱	合计
重度脆弱	28.12	8.54	0.03	36.69
中度脆弱	29.19	34.53	4.27	67.99
轻度脆弱	15.09	31.50	15.13	61.72
合计	72.40	74.57	19.43	166.40

注：转移矩阵中，纵向合计为 1995 年的生态脆弱性等级面积，横向合计为 2005 年的生态脆弱性等级面积。

表 5-5　2005～2015 年江西省国土空间生态脆弱性等级转移矩阵　　（单位：10^3km^2）

脆弱等级	重度脆弱	中度脆弱	轻度脆弱	合计
重度脆弱	44.10	24.37	3.93	72.40
中度脆弱	21.02	35.02	18.53	74.57
轻度脆弱	0.08	6.59	12.76	19.43
合计	65.20	65.98	35.22	166.40

注：转移矩阵中，纵向合计为 2005 年的生态脆弱性等级面积，横向合计为 2015 年的生态脆弱性等级面积。

　　分析江西省国土空间生态脆弱性转移情况：1985～1995 年，重度脆弱有所增加，中度脆弱性转移面积比例最大，其转为重度脆弱的面积为 $1.947×10^4km^2$，轻度脆弱转为重度脆弱面积有 $4.11×10^3km^2$。1995～2005 年，国土空间生态脆弱性转移最多的是轻度脆弱转为中度脆弱，面积为 $3.150×10^4km^2$，中度脆弱转为重度脆弱面积为 $2.919×10^4km^2$，轻度脆弱性转为重度脆弱的面积为 $1.509×10^4km^2$。2005～2015 年，国土空间生态脆弱性转移中，重度脆弱性转为中度脆弱性的面积为 $2.437×10^4km^2$，所占比例最大，中度脆弱性转为重度脆弱性的面积为 $2.102×10^4km^2$，轻度脆弱性转为中度脆弱性的面积为 6.59 $×10^3km^2$。总体上，国土空间表现为生态轻度脆弱性的区域越来越少，生态重度脆弱性的区域越来越多，生态环境逐渐恶化。

5.2.6　国土空间生态脆弱性动态变化分析

　　国土空间生态脆弱性是相对的，生态脆弱性的变化也是客观的。因此，以潜在脆弱度和现实脆弱度为衡量指标，可以通过不同年份的生态脆弱性评价结果空间叠加分析，得到生态脆弱性空间转移格局，并进一步结合前文生态环境绝对退化和相对退化的内涵，分为生态脆弱性相对变化率和绝对变化率，分析生态环境的退化和恢复情况。

　　基于 1985 年、1995 年、2005 年、2015 年四期的江西省国土空间生态脆弱性评价结果，以现实脆弱度为衡量指标，根据生态环境相对变化公式进行计算分析，得到 1985～1995 年、1995～2005 年、2005～2015 年以及 1985～2015 年国土空间生态脆弱性相对变化等级和变化类型面积占比如图 5-5、图 5-6 所示。

　　1985～1995 年，江西省土地生态脆弱性相对变化，以基本持平类型为主，占比为 49.41%；轻度退化和轻度恢复次之，分别为 27.68% 和 19.09%；重度退化和中重恢复比例最小，分别为 2.47% 及 1.36%。其中，重度恢复类型主要分布于赣江下游尾闾段的西湖区、青山湖区，以及赣东地区的余江区、贵溪市等县(市、区)；轻度恢复类型主要

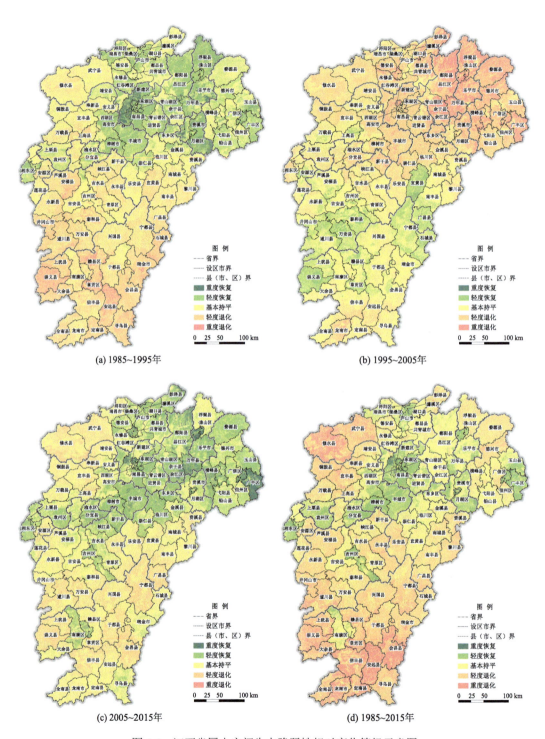

图 5-5　江西省国土空间生态脆弱性相对变化等级示意图

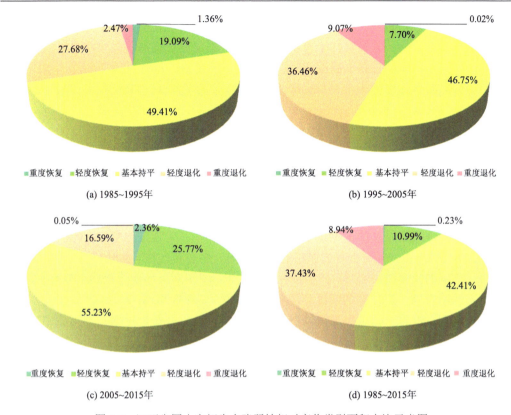

(a) 1985~1995年　　　　　　　　(b) 1995~2005年

(c) 2005~2015年　　　　　　　　(d) 1985~2015年

图 5-6　江西省国土空间生态脆弱性相对变化类型面积占比示意图

集中分布在环鄱阳湖地区和赣东北地区，在赣西地区有小面积零星分布；基本持平类型在全域范围内大面积广泛分布；重度退化类型集中分布于赣南地区，如赣县区、安远县、崇义县等；轻度退化类型沿重度退化区域外缘呈条带状分布于赣南地区和赣西部分地区，如会昌县、定南县、寻乌县、上犹县、大余县、遂川县、井冈山市等。

1995～2005 年，江西省土地生态脆弱性相对变化中以基本持平为主，占比高达 46.75%、轻度退化、重度退化、轻度恢复、重度恢复面积占比依次降低，分别为 36.46%、9.07%、7.70%、0.02%。重度退化类型主要在赣东北地区呈面状集聚分布，在赣南地区有小面积零星分布；轻度退化类型主要分布于环鄱阳湖地区和赣西部分地区，如东湖区、青山湖区、西湖区、安义县、永修县、铜鼓县、修水县、湘东区等；基本持平变化类型在赣东北以外的地区广泛零散分布；相对集中分布于赣南的于都县、瑞金市、兴国县、南康区等县（市、区）；轻度恢复主要分布于吉泰盆地和赣南部分山地；重度恢复面积最小，零星分布于赣东地区的宜黄县。该段时期内，国土空间生态脆弱相对变化类型由北到南整体呈现出重度退化–轻度退化–基本持平–轻度恢复渐变的空间层次结构。

2005～2015 年，江西省土地生态脆弱性相对变化中以基本持平为主，占比为 55.23%，轻度恢复、轻度退化、重度恢复、重度退化面积占比依次降低，分别为 25.77%、16.59%、2.36%、0.05%。重度恢复类型零散分布于赣东北的万年县、信州区、广丰区、昌江区、珠山区等地；轻度恢复类型沿赣西–环鄱阳湖地区–赣东北沿线呈条带式分布；基本持平类型面积较大、分布较广，在全域范围内零散分布；轻度退化类型集中分布于赣西北和赣南地区，如修水县、武宁县、于都县、上犹县、崇义县、会昌县、宁都县等；重度退化类型面积最小，零星分布于赣南地区的会昌县、崇义县。2005～2015年江西省国土空间生态脆弱相对变化以基本持平和轻度恢复为主导，重度退化类型面积占比极小，表明江西省越来越重视经济发展与生态保护之间的权衡协同，在经济快速发展的同时，生态环境得到了一定的保护与恢复。

总体上，1985～2015年，江西省国土空间生态环境整体有所退化，生态脆弱相对变化以基本持平为主，但轻度退化面积占比较大。江西省国土空间生态退化较为严重的地区主要是赣南地区和赣西北部分地区，这些地区地形相对复杂、植被覆盖程度较高，自然本底条件较好，但是生态系统易受外部环境干扰，退化风险较大，在30年以来城镇化发展和社会经济飞速发展的大背景下，生态环境受到了一定程度的负面影响，从局部来看，南昌市、赣州市、吉安市等大城市的核心区域，生态脆弱性呈现出轻度恢复的趋势，在经历长时间的快速发展之后，城市绿地公园建设、城区人居环境改善逐渐被重视起来，城区生态环境得以一定程度的修复。随着江西省对生态保护的重视，江西省整体生态环境得到一定程度的保护，重度退化情况有了明显的改善，并在近年来呈现出稳中向好、逐渐恢复的趋势。

5.2.7　国土空间生态脆弱性动态变化驱动因素分析

1. 自然因素的影响

江西省地处长江中下游南岸、南方山地丘陵地带，地貌类型有山地、丘陵、岗地、平原和湖泊水系等，气候温和湿润，生态系统齐全，生物资源丰富。从地理构造上看，江西省山、江、湖之间密切关联，构成了一个完整的、相对独立的水陆相间的生态大系统。俯视江西版图，东南西三面群峦叠嶂，地势高峻，形成天然屏障，中间盆地舒缓，河流纵横，北部低洼，湖漱棋布。境内大小山脉丘陵间发育形成了2000多条细、支流，它们渐渐汇集成贯穿江西全境的赣江、抚河、信江、饶河、修河五大江河水系，最终又在江西北部汇集，形成全国第一大淡水湖——鄱阳湖。江西山、江、湖之间构成了一个朝下的手掌形的生态系统，鄱阳湖流域像长江中下游伸出的一只手掌。这种自成体系、相对独立的地理生态系统十分有利于生态经济区建设，开发后既容易形成系统的生态效益、经济效益，还可以有效地阻断、防止境外环境污染的干扰、破坏。从自然资源上看，江西气候温湿、土地肥沃、水源充沛，森林覆盖率高，是发展生态农业的理想场所，也为生态工业提供了宽松环境。从行政区划上看，鄱阳湖流域面积占全省总面积的97%，与江西的行政区划基本一致，便于统一组织大规模开发治理，便于协调各种矛盾，均衡各种利益，有利于国土空间生态保护工作的实施和政策的连贯性。

江西省境东、西、南三面环山，北面出口水汇长江。东部及东北部有怀玉山和武夷山脉，西部及西北部有幕阜山、九岭山、武功山、罗霄山脉，南部及西南部有万洋山、诸广山、大庾岭、九连山脉，高度一般为海拔1000～1500m，武夷山的主峰——黄岗山高达2157.7m，为全省最高峰。中部丘陵、盆地相间；北部平原坦荡，江湖交织，有我国第一大淡水湖——鄱阳湖及湖区平原。全省地势由东、南、西三面逐渐向鄱阳湖倾斜，构成一个向北开口的巨大盆地。地貌类型以山地、丘陵为主，兼有平原、岗地，山地面积约占全省土地总面积的 36%，丘陵约占 42%，岗地、平原、水面约占 22%。从空间分布上看，鄱阳湖周边各县市区、赣江流域、江西赣中部等区域都是位于地势较为低，大部分都是处于平原地带；赣南地区大部分都是丘陵山区，特别是全南县、龙南县、定南县、上犹县、崇义县、大余县、寻乌县、于都县等，江西西部地区的井冈山市、芦溪县、铜鼓县、宜丰县、靖安县、修水县、武宁县等，赣东北的铅山县、玉山县、上饶县、婺源县、浮梁县及赣东地区的宜黄县、乐安县等都是低山丘陵及高山地区。总体上，江西省地貌以南方红壤丘陵山地为主，植被以常绿阔叶林为主，具有典型的亚热带森林植物群落。特别是植被多是次生林、人工林，生态系统相对比较简单，受旱涝灾害、极端气候的影响比较大，生态环境比较敏感，比较容易形成脆弱生态环境。

　　江西省地形坡度差异明显，地表起伏度比较大，地质与地貌地质构造上，以锦江-信江一线为界，北部属扬子准地台江南台隆，南部属华南褶皱系，形成了一系列东北-西南走向的构造带。南部地区有大量花岗岩侵入，中部盆地中沉积了白垩系至古近系的红色碎屑岩层，并夹有石膏和岩盐沉积；北部地区形成了以鄱阳湖为中心的断陷盆地，盆地边缘的山前地带有第四纪红土堆积。这是造成全省地势向北倾斜的地质基础。从江西省地形坡度图、岩性图看，地质条件和地形坡度在某种程度呈相关性，影响着自然生态环境。地形坡度一方面影响区域的气温、光照等，形成小区域气候；另一方面，也会对人类活动产生影响。在人类活动及自然环境自身的内外力作用下，会对自然环境带来双重影响，容易造成山体滑坡、水土流失等自然灾害，生态系统自身恢复能力差。

2. 人为干扰因素的影响

　　从江西的人口增长情况看，1985 年，江西省总人口为 3508.80 万，城镇人口 694.24 万；1990 年，总人口为 3810.64 万人，城镇人口 775.47 万人；2000 年，总人口为 4148.54 万人，城镇人口 1148.73 万人；2010 年，总人口为 4456.78 万人，城镇人口 1963.66 万人；2015 年，总人口为 4565.63 万人，城镇人口 2356.78 万人。30 年来，人口总量继续保持着低速增长态势，占全国总人口的比重略有上升，城镇化发展取得巨大成就，新型城乡关系逐步形成。这表明，近年来江西经济发展较好，尤其是工业园区发展迅速，使得跨省外出人口增速趋缓，常住人口增加，人口密度、人均耕地、公路密度等对自然环境的压力增加了，人均 GDP、农民人均纯收入有一定的提高，但在中部六省中人口密度依然相对比较低，经济改善情况也比较落后。江西省丘陵山地多，素有"六山一水二分田，一分道路和庄园"的说法，人均耕地比较少，2015 年人均耕地为 1.02 亩[①]左右，大大低于全国 1.52 亩的平均水平，人口的增长及社会需求的增加，不少粗放型的经济增长都是以牺牲生态环境为代价，如过度利用土地资源、森林砍伐、过度采矿等，对生态环境造成一定的负面影响。

----

① 1 亩≈666.67 m²。

随着人口增长和社会经济发展，国土资源开发程度越来越高，必然会影响到国土空间生态环境的稳定性。从研究区域看，1985 年江西省植被覆盖率最好的地区为江西省南部、赣东北地区、赣西地区、赣东地区，大部分环鄱阳湖地区植被覆盖率相对来说较低；1985～2000 年，江西省植被覆盖率几乎没有什么变化；到 2005 年，江西省赣南地区的植被覆盖率有所下降，但是得益于退田还湖、退耕还林等政策的实施，赣中地区、环鄱阳湖地区的植被覆盖率相对有所提高，表明人为活动对植被有一定程度的积极影响。到 2010 年，赣南地区的植被覆盖率逐渐有所提高，环鄱阳湖部分地区植被覆盖下降。整体来说，江西省植被覆盖率有所下降，特别是赣南、赣东北及赣西低山丘陵地区。这些地方的自然生态环境本身脆弱，受到外界活动干扰影响较大。

人类生产活动会带来生态环境的破坏，人口进城加速、城市快速扩张带来的不合理城镇化，同样会对生态环境带来不利影响。随着江西城镇化建设的不断推进，乡村人口在一定时期内加速向城镇集聚，农业活动比重下降，耕地"非农化"现象增加，乡村人口逐渐下降，城镇人口比重上升。1985 年，江西省城镇化率为 19.78%，城镇化率高的地区主要为江西省各地级市的市辖区，最高的为南昌市青山湖区、贵溪市信州区、广丰区、南康区等，其次为吉安市、萍乡市、九江市、景德镇市等各地级市市辖区，其他各县市区都较为低；1995 年城镇化率为 23.85%，变化明显的为宜春市各县市区；2000 年城镇化率 27.69%，2005 年城镇化率为 37.10%，2010 年城镇化率为 44.06%，城镇化率比重提高比较快的地区主要集中在中部及北部地区。2010～2015 年变化更加明显，到 2015 年城镇化率已经达到 51.62%，除了赣南地区的三南地区、上饶市部分县区城镇化率比较低，其他县市城镇化率都较高、发展势头良好，从生态脆弱性格局表征对人口城镇化的响应情况看，表明区域社会经济发展、人为干扰活动，对生态环境的影响较大。随着人口的城镇化加速，2015 年江西省城镇人口总量首次超过乡村，表明江西省已结束以乡村型社会为主的时代，开始进入以城市社会为主的新阶段，这将为全省经济发展升级带来新的机遇，也为生态环境带来了严峻的挑战。

5.2.8　国土空间生态脆弱性动态变化生态综合响应分析

人类活动是土地利用/土地覆被变化的主要因素。人类土地利用活动对土地格局和生态环境有积极的和消极的两种影响。合理的人类活动，即在尊重自然客观规律的前提下，适度地利用土地，将会产生良好的生态环境效应；相反，不合理的土地利用，即无论是有意或无意的情况下违背自然客观规律，过度地开发利用土地，将会导致土地退化、水土流失、生态脆弱、环境恶化等严重后果。人类在地球上的客观存在使得人类活动对土地利用/土地覆被变化的影响是无法避免的，研究生态脆弱性动态变化的生态环境响应，就是客观认识人类活动对国土空间生态环境的影响，并以此为依据对人类活动进行科学有效的调控，使之在最大程度上对生态环境产生积极的、有益的影响，减少对生态环境产生消极的、不利的影响。

通过对江西省国土空间自然潜在脆弱性、人为干扰脆弱性、现实表现脆弱性的动态分析评价，我们可以对生态脆弱性的静态表征和动态演变形成比较科学的认知。基于自然潜在因素、人为干扰因素两方面，分析生态脆弱性内在的和外在的动态演变驱动机理，探讨生态脆弱性综合表征的主导影响因素及其生态环境效应，对于国土空间生态修复和综合整治具有非常积极的意义。国土空间生态脆弱性驱动因素与其生态响应有多种耦合形式，积极的影响因素会产生积极的生态响应，消极的影响因素会产生消极的生态响应。积极的影响因素有：湿地保护、自然保护区建设、土壤修复、水土保持工程、国土综合整治、合理城镇化建设等，这些措施能够提升生态系统功能，促进生态文明建设；消极的影响因素有：气候灾害、植被破坏、土地退化、农业面源污染、不合理城镇化、土地资源过度开发等，这些因素会破坏生态系统健康、降低生态环境质量。结合江西省国土空间生态脆弱性表征实际情况看，其生态脆弱性动态变化生态响应，主要表现在以下几个方面。

（1）自然生态环境总体向好，局部呈现中度退化状况。从 1985～2015 年国土空间生态脆弱性动态评价看，江西省自然潜在脆弱性一直占据较大比重，人为干扰脆弱性变化幅度不很明显，现实脆弱性主要在中度脆弱性与轻度脆弱性上变换，总体上生态脆弱性变化不大，且向生态恢复有利的方向发展。研究表明，江西省生态环境的脆弱性主要是由于其自身的自然地理条件的影响，江西省地形以山地丘陵为主，地质构造复杂，赣北和赣中南分属扬子陆块和南华活动带，同时省域内矿产丰富、资源条件较好，矿产资源开发利用是生态脆弱的关键驱动力。另外，江西多丘陵山地，地形坡度及地质基础等自然地理某种程度上限制了人类活动，同时坡度高及地质基础差的地区生态环境脆弱，其自身处于一个不稳定的状态，极易受到自然环境内外因素的双重作用，加剧其生态脆弱性表征。

（2）水土流失治理整体推进，土壤侵蚀仍旧不容乐观。江西省属于南方丘陵红壤区，红壤占全省土地总面积的七成左右，大规模的经果林开发已成为丘陵区水土流失的主要原因。同时，红壤酸性强，黏重板结，有机质含量低，保肥保水性能差，受到区域内气候的原因及人为活动的影响，土地覆被容易发生变更，土壤侵蚀极其普遍。从研究数据看，1985～2015 年江西省土壤侵蚀极强烈及剧烈等级呈现出先大幅度增加到后面变缓的趋势，土壤侵蚀依然是生态建设面临的问题。进一步落实"生态强省、绿色崛起"的发展战略，实施《江西省水土保持规划(2016—2030 年)》，以小流域为单元，加强山水林田湖草沙的系统综合治理，重点管控江河源头区、重要水源地、城镇化建设、生产建设项目、林果业土地利用开发项目等，加快建立起符合江西国土主体功能定位的水土保持生态环境建设格局势在必行。

（3）自然保护地建设稳步推进，生物多样性得到有效保护。自然保护地作为一种特殊的土地利用方式，在生态系统保护和生物多样性保护上至关重要。自然保护地建设是人民生态保护意识提高的结果，是生物多样性保护的基础前提，是落实国土空间"三区三线"中生态红线的本底工作。截至 2020 年，全省共建成各类自然保护地 547 处，面积 191.28 万 hm^2，占全省总面积的 11.46%，有效保护了全省 95%的野生植物种类、80%的野生动物种类，为构建南方生态安全屏障、打造美丽中国"江西样板"发挥了重要作用。江西省生态环境优良，是全国首批国家生态文明试验区，省域自然保护地类型丰富，进一步加强生态市县建设管理、加强自然保护区生态环境监管工作，以保护为目标、以问题为导向、以空间优化为重点、以生态管控为手段，完善以国家公园为主体的省域自然保护地体系，是深入推进生态文明建设的迫切需求。

(4)加强国土空间规划管控，强化生态环境监测预警。在全球气候变化背景下，生态环境系统并不是一成不变的，生态环境质量也不是长期固有的。由于受到内外部因素的影响，国土空间生态环境无时无刻不在发生变化，加快建设自然生态环境资源数据库，落实土地生态环境实时监控，加强国土空间规划和用途管控，是实现国土空间生态环境脆弱有效调控的重要举措。要落实生态保护、基本农田、城镇开发等空间管控边界，实施主体功能区战略，划定并严守生态保护红线，及时处理相关违法违规问题。要提升生态系统质量和稳定性，坚持系统观念，从生态系统整体性出发，推进山水林田湖草沙一体化保护和修复，更加注重综合治理、系统治理、源头治理，加快构建以国家公园为主体的自然保护地体系，完善自然保护地、生态保护红线监管制度，提高生态环境治理体系和治理能力现代化水平。

第6章　江西省国土空间生态脆弱性分区及治理对策

国土空间生态脆弱性分区包括多种形式、内容和方法，从评价因子类型上划分有单因子脆弱性分区、多因素综合脆弱性分区、脆弱性动态叠加分区、脆弱性综合治理分区等类型；从主导因素评价上划分有自然潜在脆弱性分区、人为干扰脆弱性分区、现实脆弱性分区、绝对脆弱性分区、相对脆弱性分区等。针对不同的目标和需求，可能得到不同的分区结果，特别是基于不同的问题导向进行区划，可为进行国土空间生态规划、生态建设、生态保护和修复、国土空间综合整治等提供决策参考和基础支撑，提高国土空间生态脆弱性优化调控和综合治理绩效。

6.1　国土空间生态脆弱性分区

在江西省国土空间生态脆弱性动态评价分析的基础上，从自然潜在脆弱性分区、人为干扰脆弱性分区、现实脆弱性分区、相对脆弱性分区四个方面进行国土空间生态脆弱性分区，综合分析不同主导因素分区所反映出的问题，在此基础上讨论生态优化调控对策，以利于加强国土空间生态环境治理和生态管理工作。

6.1.1　国土空间生态自然潜在脆弱性分区

生态环境自然潜在脆弱性衡量的是一个地区的地质、地形、土壤、水文、气候等自然要素的综合表征，其空间分异规律，主要是研究区域自然条件本身差异对生态环境正负面综合影响的结果。对于某一特定的研究区域较短的时间段来说，国土空间生态环境潜在脆弱性是比较稳定的、也是相对的，但因为气候、水文、地质等方面的影响，也会有一定的变化。根据江西省 1985 年、1995 年、2000 年、2005 年、2010 年、2015 年共 6 个年份的国土空间生态环境自然潜在脆弱性综合分析评价，将其划分为轻度脆弱度、中度脆弱度、重度脆弱度共 3 个等级。根据生态环境潜在脆弱性空间分异情况，以地域和流域为基础，可依据潜在脆弱性空间聚类情况将江西省国土空间大体划分 15 个区域：赣东丘陵山地轻度脆弱区、赣东丘陵山地中度脆弱区、赣东丘陵山地重度脆弱区、赣中丘陵盆地轻度脆弱区、赣中丘陵盆地中度脆弱区、赣中丘陵盆地重度脆弱区、赣北平原湖泊轻度脆弱区、赣北平原湖泊中度脆弱区、赣北平原湖泊重度脆弱区、赣南山地丘陵轻度脆弱区、赣南山地丘陵中度脆弱区、赣南山地丘陵重度脆弱区、赣西山地丘陵轻度脆弱区、赣西山地丘陵中度脆弱区、赣西山地丘陵重度脆弱区(图 6-1)。各脆弱区可以综合为三个区域：鄱阳湖区及赣江两侧地区生态环境自然潜在轻度脆弱区、赣西北-赣东南生态环境自然潜在中度脆弱区、赣西-赣东生态环境自然潜在重度脆弱区。

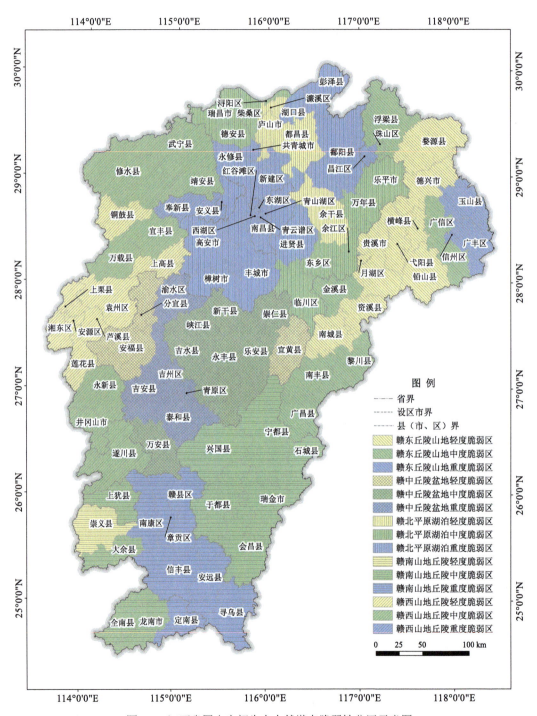

图6-1　江西省国土空间生态自然潜在脆弱性分区示意图

鄱阳湖区及赣江两侧地区生态环境自然潜在轻度脆弱区：主要集中分布于鄱阳湖区以及袁河、抚河、章水中上游地区，在空间上沿鄱阳湖以及武夷山脉、罗霄山脉等江西省主要一级山脉呈条带状分布，主要涉及赣东丘陵山地区的婺源县、横峰县、贵溪市、资溪县；赣南山地丘陵区的崇义县；赣中丘陵盆地区的安福县、分宜县；赣西山地丘陵区的芦溪县、袁州区、铜鼓县；赣北平原湖泊区的庐山市、都昌县、余干县等县(市、区)。区内分布有大面积的公益林、自然保护地和森林公园，自然本底条件较好，野生保护动植物资源丰富，具有较强的水源涵养、水土保持、生物多样性维护等生态系统服务功能，是江西省的重要生态屏障。

赣西北-赣东南生态环境自然潜在中度脆弱区：集中分布于信江上游、赣江右岸、饶河中游以及修河中上游地区，主要涉及赣东丘陵山地区的浮梁县、广信区、黎川县、南丰县、广昌县；赣南山地丘陵区的宁都县、兴国县、于都县、瑞金市、全南县、龙南县；赣中丘陵盆地区的永丰县、峡江县、新干县、乐安县；赣西山地丘陵区的武宁县、修水县、靖安县；赣北平原湖泊区的瑞昌市、德安县、柴桑区等县(市、区)，在空间上有明显沿重度脆弱区外圈分布的趋势。区内地形起伏较大，降水量大且相对集中，存在一定程度的水土流失敏感性。

赣西-赣东生态环境自然潜在重度脆弱区：集中分布于信江源头、赣江左岸以及鄱阳湖滨湖区，主要是上饶市、赣州市、吉安市、南昌市等各大城市的主城区及其周边地区，涉及赣东丘陵山地区的信州区、广丰区、玉山县；赣南山地丘陵区的章贡区、赣县区、南康区、信丰县；赣中丘陵盆地区的吉州区、青原区、吉安县、泰和县；赣西山地丘陵区的奉新县；赣北平原湖泊区的高安市、新建区、青山湖区、永修县、鄱阳县、昌江区、湖口县等县(市、区)。其中，赣江中上游左岸地区地形起伏较大，区内土壤类型以砂壤土和重壤土为主，景观类型复杂多样，存在较强的水土流失敏感性，区域年内气温变化较大，易对农业生产等活动造成一定的负面影响；鄱阳湖滨湖地区地势相对平坦，分布有大面积的人造地表，汛期地表径流大，存在洪涝灾害等自然生态环境风险，且区内易出现高温极端天气，会对农业生产和人类生活造成一定程度的负面影响。

6.1.2　江西省国土空间生态人为干扰脆弱性分区

生态环境人为干扰脆弱性是一个地区的植被变化、土地利用、土壤侵蚀、社会经济等人为影响的综合表征。合理的土地利用行为将会给生态环境带来积极的影响，不合理的土地利用行为将会给生态环境带来消极的影响。针对江西省1985年、1995年、2000年、2005年、2010年、2015年人为干扰脆弱性评价结果，将其划分为轻度脆弱、中度脆弱和重度脆弱，同时以地势和方位为基础，对江西省人为干扰脆弱性进行空间分区，共计15类，分别是赣东丘陵山地轻度脆弱区、赣东丘陵山地中度脆弱区、赣东丘陵山地重度脆弱区、赣中丘陵盆地轻度脆弱区、赣中丘陵盆地中度脆弱区、赣中丘陵盆地重度脆弱区、赣北平原湖泊轻度脆弱区、赣北平原湖泊中度脆弱区、赣北平原湖泊重度脆弱区、赣南山地丘陵轻度脆弱区、赣南山地丘陵中度脆弱区、赣南山地丘陵重度脆弱区、赣西山地丘陵轻度脆弱区、赣西山地丘陵中度脆弱区、赣西山地丘陵重度脆弱区(图6-2)。

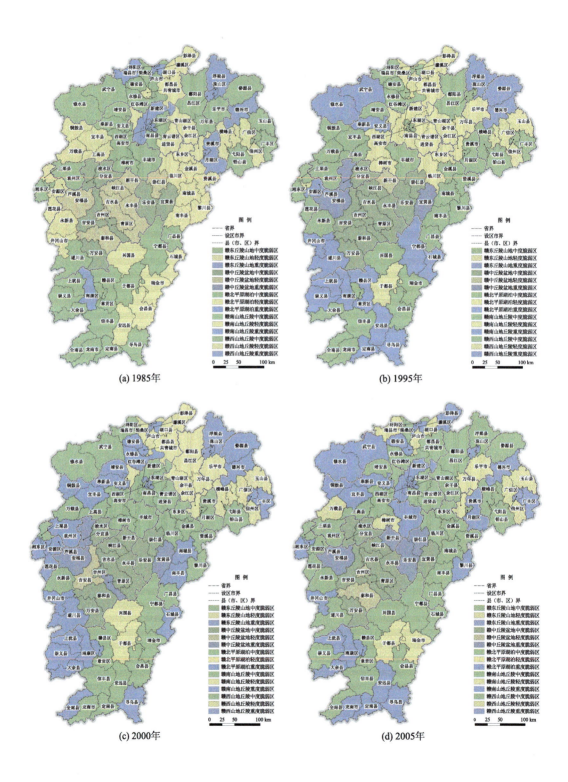

(a) 1985年　　　　　　　　　　　　　(b) 1995年

(c) 2000年　　　　　　　　　　　　　(d) 2005年

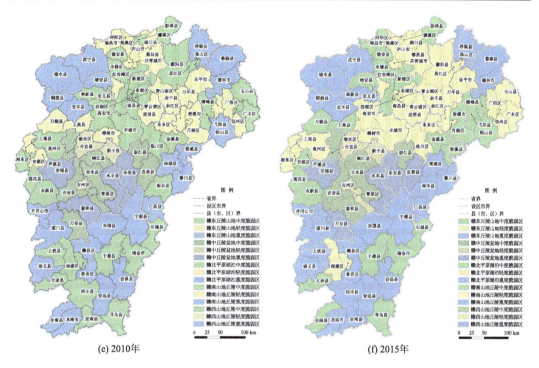

(e) 2010年　　　　　　　　　　　　　　　　(f) 2015年

图 6-2　江西省国土空间生态人为干扰脆弱性分区示意图

　　1985 年，赣东丘陵山地人为干扰脆弱性分区以轻度脆弱区为主，另外中度脆弱区集中分布于婺源县、玉山县、铅山县等地，重度脆弱区以浮梁县、德兴市、贵溪市等地为主。赣中丘陵盆地以轻度脆弱区和中度脆弱区为主，其中轻度脆弱区分布相对集中，主要分布于新干县、峡江县等地；中度脆弱区主要分布于分宜县、渝水区等地。赣北平原湖泊重度脆弱区分布集中，基本处于南昌市部分县区，而轻度脆弱区和中度脆弱区分布较为零散。赣南山地丘陵除南康区为重度脆弱区，兴国县、瑞金市等 5 个县区为轻度脆弱区，其余均处于中度脆弱区。赣西山地丘陵中度脆弱区和轻度脆弱区相对持平且呈现间隔式分布。

　　1995 年，江西省赣东丘陵山地人为干扰重度脆弱区为浮梁县、婺源县和德兴市，而轻度脆弱区为玉山县、广信区和横峰县，其余各地均为中度脆弱区。赣中丘陵盆地人为干扰脆弱性有所增加，以中度脆弱区为主，并出现了重度脆弱区，主要为分宜县和安福县。赣北平原湖泊人为干扰脆弱性有所降低，基本处于轻度脆弱区和中度脆弱区，没有出现重度脆弱区。中度脆弱区以南昌市部分县区、如东湖区等，以及九江市部分县区，如濂溪区等地为主。赣南山地丘陵大部分处于重度脆弱区，仅于都县为轻度脆弱区。赣西山地丘陵仅安源区为轻度脆弱区，其余为重度脆弱区和中度脆弱区，且分布相对持平。

　　2000 年，赣东丘陵山地人为干扰脆弱性有所提高，广丰区、南城县等由 1995 年的中度脆弱区转变为重度脆弱区，而其余地区变化不大。赣中丘陵盆地相对 1995 年，仅吉安县和青原区发生变化，吉安县转变为轻度脆弱区，而青原区变为重度脆弱区。赣北平原湖泊以重度和轻度脆弱区为主，其中南昌市人为干扰脆弱性较高，基本是重度脆弱和中度脆弱，而九江市部分区县也为重度脆弱。赣南山地丘陵仅兴国县、于都县为轻度脆弱区，重度脆弱区分布主要集中在西部，如上犹县等。赣西山地丘陵区人为干扰脆弱性较高，未出现轻度脆弱区，重度脆弱区和中度脆弱区间隔分布。

2005 年，赣东丘陵山地以中度和重度脆弱区为主，其中重度脆弱区分布于黎川县、信州区、广丰区、德兴市、贵溪市。赣中丘陵盆地仅吉州区、泰和县为轻度脆弱区，安福县、新干县、崇仁县为重度脆弱区，其余皆为中度脆弱区。赣北平原湖泊仅瑞昌市、庐山市、湖口县为轻度脆弱区，其余大多为中度脆弱区，且重度脆弱区集中分布于南昌市及其周边。赣南山地丘陵仅于都县、瑞金市为轻度脆弱区，另外，重度脆弱区主要分布于南部和西部。赣西山地丘陵万载县变为轻度脆弱区，其余仍以重度、中度脆弱区为主。

2010 年，赣东丘陵山地人为干扰脆弱性程度相比 2005 年有所加剧，南城县、资溪县等均转变为重度脆弱区。而其余分布相差不大。赣中丘陵盆地泰和县由 2005 年的轻度脆弱区转变为重度脆弱区，渝水区、新干县转为轻度脆弱区，其余各地基本维持不变。赣北平原湖泊轻度脆弱区有所增加，且南昌市大部分区域转变为中度脆弱区。赣南山地丘陵于都县、瑞金市由轻度脆弱区转变为了中度脆弱区，且重度脆弱区主要分布于兴国县、宁都县、赣县区等地，生态环境有所恶化。赣西山地丘陵人为干扰脆弱性有所降低，上栗县、芦溪县、上高县等新转变为轻度脆弱区。

2015 年，赣东丘陵山地集聚趋势明显，自北向南呈现重度脆弱区—轻度脆弱区—中度脆弱区—重度脆弱区的态势。赣中丘陵盆地渝水区、新干区、吉州区、青原区为轻度脆弱区，安福县、乐安县、万安县、永丰县为重度脆弱区，其余皆为中度脆弱区。赣北平原湖泊人为干扰脆弱性明显降低，大多处于轻度脆弱区，中度脆弱区集中于南昌、九江部分县区。赣南山地丘陵仅南康区、章贡区为轻度脆弱区，其余大部分处于重度脆弱区，人为干扰脆弱度较强。赣西山地丘陵轻度脆弱区以湘东区、安源区、袁州区等为主，且重度脆弱区分布较广，主要为井冈山市、遂川县、武宁县等地区。

6.1.3　江西省国土空间生态现实脆弱性分区

现实生态脆弱性是组成生态环境的要素自身的脆弱，即潜在脆弱性和外界干扰对生态环境的影响，也是胁迫脆弱性的综合表现，是国土空间生态脆弱性的静态指标。对江西省 1985 年、1995 年、2000 年、2005 年、2010 年、2015 年共六个年份的国土空间生态现实脆弱性进行分区，共计 15 类，分别为赣东丘陵山地轻度脆弱区、中度脆弱区、重度脆弱区，赣中丘陵盆地轻度脆弱区、中度脆弱区、重度脆弱区，赣北平原湖泊轻度脆弱区、中度脆弱区、重度脆弱区，赣南山地丘陵轻度脆弱区、中度脆弱区、重度脆弱区，赣西山地丘陵轻度脆弱区、中度脆弱区、丘陵重度脆弱区（图 6-3）。

可以看出，1985 年，国土空间生态现实脆弱性分区中赣东丘陵山地区生态脆弱性以轻度脆弱和中度脆弱为主，不存在赣东丘陵山地重度脆弱区，其中赣东丘陵山地轻度脆弱区主要分布在铅山县、弋阳县、横峰县、广信区、资溪县等地，赣东丘陵山地中度脆弱区主要分布在浮梁县、婺源县、德兴市、玉山县、广丰区等地；赣中丘陵盆地轻度脆弱区主要分布在新干县、永丰县、峡江县等地，中度脆弱区主要分布在崇仁县、乐安县、

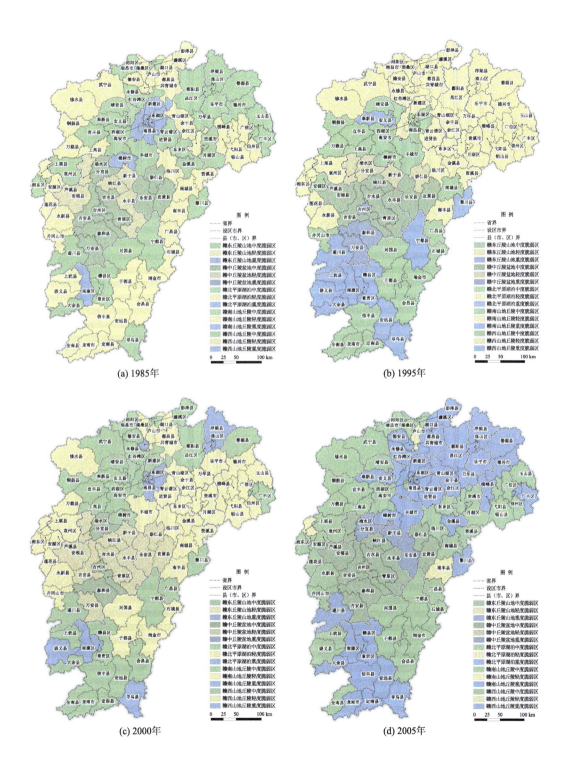

(a) 1985年

(b) 1995年

(c) 2000年

(d) 2005年

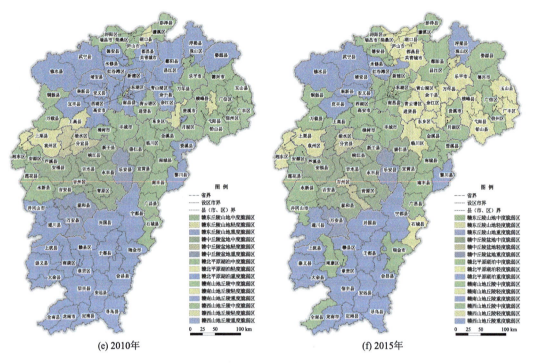

(e) 2010年　　　　　　　　　　　　(f) 2015年

图 6-3　江西省国土空间生态现实脆弱性分区示意图

万安县、泰和县等地，不存在重度脆弱区；赣北平原湖泊轻度脆弱区主要分布在都昌县、彭泽县、庐山市等地，中度脆弱区主要分布在丰城市、高安市、进贤县、东乡区等地，重度脆弱区分布在红谷滩区、青云谱区、南昌县、青山湖区、新建区和樟树市；赣南山地丘陵轻度脆弱区分布最广，主要分布在于都县、瑞金市、会昌县、信丰县等地，中度脆弱区主要分布在宁都县、兴国县等地，重度脆弱区分布在南康；赣西山地丘陵以轻度脆弱区和中度脆弱区为主，其中轻度脆弱区主要分布在修水县、武宁县、永新县等地，中度脆弱区主要分布在遂川县、袁州区、宜丰县等地，不存在重度脆弱区。

1995 年，江西省国土空间生态现实脆弱性分区中重度脆弱区比 1985 年分布面积更广。其中，赣东丘陵山地依旧以轻度脆弱为主，主要分布在贵溪市、铅山县等地，中度脆弱区仅分布在南城县和广昌县，重度脆弱区分布在黎川县；赣中丘陵盆地以中度脆弱性为主，主要分布在永丰县、乐安县等地，轻度脆弱区分布在新干线、崇仁县等地，重度脆弱区分布在泰和县、万安县和吉州区；赣北平原湖泊以轻度脆弱区为主，主要分布在鄱阳县、余干县、都昌县等地，中度脆弱区主要分布在丰城市、高安市等地，无重度脆弱区；赣南山地丘陵以重度脆弱区和中度脆弱区为主，其中重度脆弱区主要分布在崇义县、安远县、寻乌县等地，中度脆弱区主要分布在信丰县、兴国县、会昌县等地，无轻度脆弱区；赣西山地丘陵以轻度脆弱区和中度脆弱区为主，轻度脆弱区主要分布在袁州区、永新县等地，中度脆弱区分布在宜丰县、高安市等地，重度脆弱区分布在遂川县和奉新县。

2000 年，总体来看，江西省国土空间生态现实脆弱性以轻度脆弱和中度脆弱为主。

其中，赣东丘陵山地新增浮梁县为重度脆弱区，其余县区均以中度脆弱和轻度脆弱为主；赣中丘陵盆地以轻度脆弱区为主，主要分布在永丰县、乐安县等地，中度脆弱区分布在泰和县等地，无重度脆弱区；赣北平原湖泊以轻度脆弱区和中度脆弱区为主，除青云谱区、青山湖区、南昌县和共青城市等地为重度脆弱区外，其余均为轻度和中度脆弱区；赣南山地丘陵区重度脆弱区明显减少，以中度脆弱区为主，主要分布在信丰县、安远县等地，崇义县、南康区、章贡区和寻乌县为重度脆弱区，轻度脆弱区分布在兴国县、于都县、瑞金市和石城县；赣西山地丘陵以轻度脆弱区和中度脆弱区为主，其中轻度脆弱区主要分布在袁州区和永新县等地，中度脆弱区主要分布在武宁县和宜丰县等地，无重度脆弱区。

2005 年，江西省国土空间生态现实脆弱性以中度脆弱区和重度脆弱区为主，较 2000 年变化较大。赣东丘陵山地以中度脆弱性为主，主要分布在铅山县、玉山县等地，重度脆弱区主要分布在浮梁县、婺源县等地，轻度脆弱区仅分布于南丰县；赣中丘陵盆地中度脆弱区主要分布在万安县、永丰县等地，重度脆弱区分布在乐安县、新干县和渝水区，无轻度脆弱区；赣北平原湖泊以重度脆弱区为主，除庐山市为轻度脆弱区，高安市、东湖区、瑞昌市、浔阳区、柴桑区、濂溪区、临川区、东乡区、红谷滩区和余江区为中度脆弱区外，其余地区均为重度脆弱区；赣南山地丘陵以中度脆弱区和重度脆弱区为主，无轻度脆弱区，其中重度脆弱区主要分布在信丰县、安远县等地，中度脆弱区主要分布在兴国县、于都县等地；赣西山地丘陵以中度脆弱区为主，除上栗县为轻度脆弱区，遂川县、奉新县为重度脆弱区外，其余均为中度脆弱区。

2010 年，赣东丘陵山地轻度脆弱区分布在横峰县，中度脆弱区主要分布在铅山县、玉山县等地，重度脆弱分布在浮梁县、婺源县、黎川县、资溪县和月湖区；赣中丘陵盆地除分宜县、渝水区为轻度脆弱区，乐安县、泰和县和万安县为重度脆弱区外，其余均为中度脆弱区；赣北平原湖泊区以重度脆弱区为主，主要分布在鄱阳县、都昌县等地，中度脆弱区主要分布在瑞昌市、彭泽县等地，轻度脆弱区分布在湖口县；赣南山地丘陵除石城县为中度脆弱区外，其余地区均为重度脆弱区；赣西山地丘陵中度脆弱区主要分布在永新县、莲花县等地，轻度脆弱区主要分布在袁州区、上高县等地，重度脆弱区主要分布在修水县、武宁县等地。

2015 年，赣东丘陵山地轻度脆弱区主要分布在铅山县、玉山县等地，中度脆弱区主要分布在贵溪市、南丰县等地，重度脆弱区主要分布在黎川县和浮梁县；赣中丘陵盆地以中度脆弱区为主，除渝水区、吉州区、青原区为轻度脆弱区，乐安县和万安县为重度脆弱区外，其余地区均为中度脆弱区；赣北平原湖泊轻度脆弱区主要分布在都昌县、进贤县等地，中度脆弱区主要分布在丰城市、高安市等地，重度脆弱区分布在永修县；赣南山地丘陵以重度脆弱区为主，主要分布在兴国县、于都县、信丰县等地，中度脆弱区分布在瑞金市、全南县等地，轻度脆弱区分布在石城县；赣西山地丘陵轻度脆弱区主要分布在袁州区、湘东区等地，中度脆弱区主要分布在永新县、井冈山市等地，重度脆弱区主要分布在修水县、武宁县等地。

6.1.4 江西省国土空间生态自然潜在脆弱性相对变化分区

综合 1985~2015 年国土空间生态脆弱性静态评价结果,利用国土空间生态相对脆弱性分析模型,得到生态环境相对脆弱性的空间分布情况,进一步进行聚类分析,划分出以下 15 个生态相对脆弱区:赣东丘陵山地相对恢复区、赣东丘陵山地相对持平区、赣东丘陵山地相对退化区、赣中丘陵盆地相对恢复区、赣中丘陵盆地相对持平区、赣中丘陵盆地相对退化区、赣北平原湖泊相对恢复区、赣北平原湖泊相对持平区、赣北平原湖泊相对退化区、赣南山地丘陵相对恢复区、赣南山地丘陵相对持平区、赣南山地丘陵相对退化区、赣西山地丘陵相对恢复区、赣西山地丘陵相对持平区、赣西山地丘陵相对退化区(图 6-4)。在国土空间生态相对脆弱性分区的基础上,结合影响生态环境质量的主导因素,并提出相应的综合治理对策。

1985~1995 年,江西省以生态持平区和生态恢复区为主,只有崇义县和大余县为生态退化区。赣东丘陵山地绝大部分地区为生态恢复区,只有广昌县和黎川县为生态持平区;赣北平原湖泊地区除少数县区外,其余地区均为生态恢复区;赣西北部丘陵地区以生态恢复区为主,赣西南部以生态持平区为主;赣中地区除新干县、永丰县、崇仁县、吉水县和宜黄县为生态恢复区外,其他地区均为生态持平区;赣南地区只有崇义县和大余县为生态退化区,其余地区均为生态持平区;赣东地区除黎川县和广昌县为生态持平区外,其他地区均为生态恢复区。

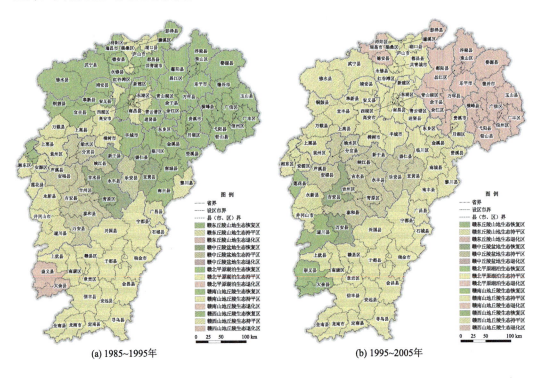

(a) 1985~1995 年　　　　　　　　　　(b) 1995~2005 年

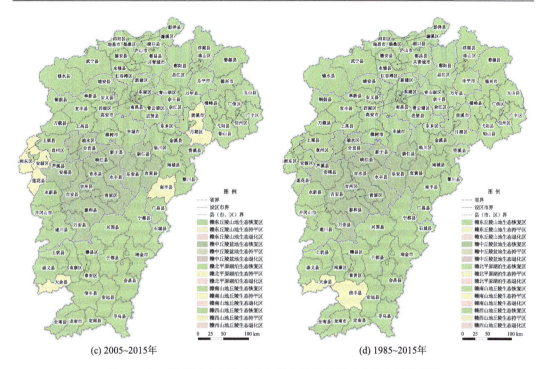

(c) 2005~2015年　　　　　　　　　　　　(d) 1985~2015年

图 6-4　江西省国土空间生态自然潜在脆弱性相对变化分区示意图

1995～2005 年，江西省以生态持平区为主，生态退化区次之，生态恢复区面积最小。赣东地区的贵溪市、东乡区和月湖区及以南地区均为生态持平区，以此为界，赣东北部均为生态退化区；赣北地区除瑞昌市、德安县和彭泽县为生态退化区外，其他地区均为生态持平区；赣西地区除莲花县和遂川县为生态恢复区外，其他地区均为生态持平区；赣中丘陵盆地除吉安县和万安县为生态恢复区外，其余地区均为生态持平区；赣南地区除崇义县和大余县为生态恢复区外，其他区域均为生态持平区。

2005～2015 年，江西省绝大部分地区处于生态恢复区，只有少数县区为生态持平区，无生态退化区。其中，赣东地区的南丰县和贵溪市、赣西地区的莲花县、芦溪县、上栗县和湘东区、赣南地区的大余县为生态持平区。

整体来看，1985～2015 年，江西省除赣南大余县和信丰县为生态持平区外，其他地区均为生态恢复区。

6.1.5　江西省国土空间生态人为干扰脆弱性相对变化分区

基于国土空间生态人为干扰脆弱性分析模型，通过对研究区域 3 个时间段内的国土空间生态人为干扰脆弱性指标数据综合处理分析，得到赣东丘陵山地生态恢复区、赣东丘陵山地生态持平区、赣东丘陵山地生态退化区、赣中丘陵盆地生态恢复区、赣中丘陵盆地生态持平区、赣中丘陵盆地生态退化区、赣北平原湖泊生态恢复区、赣北平原湖泊生态持平区、赣北平原湖泊生态退化区、赣南山地丘陵生态恢复区、赣南山地丘陵生态持平区、赣南山地丘陵生态退化区、赣西山地丘陵生态修复区、赣西山地丘陵生态持平区、赣西山地丘陵生态退化区 15 个分区。各时间段内人为干扰脆弱性相对变化分区及其变化情况如图 6-5 所示。

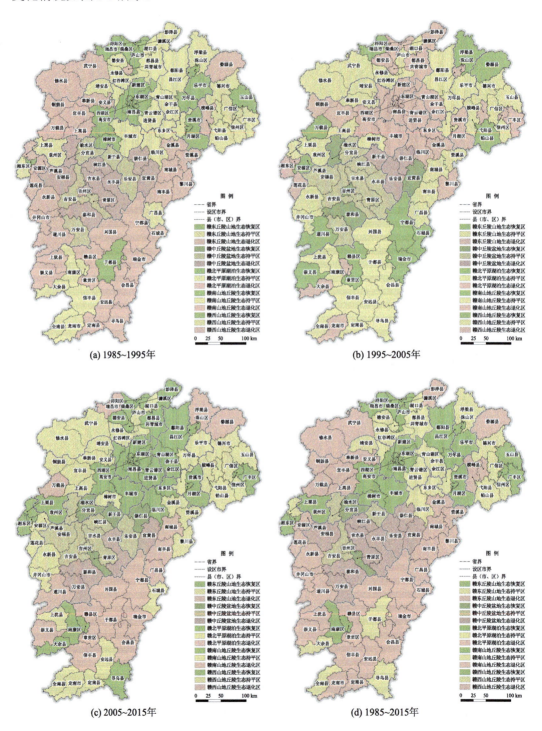

图 6-5　江西省国土空间生态人为干扰脆弱性相对变化分区示意图

基于 1985～1995 年的演变格局,国土空间生态人为干扰脆弱性分区主要以生态退化区为主,人为干扰恢复区主要分布在赣北地区的南昌市、庐山市、乐平市、万年县、贵溪市、玉山县,赣南地区只有于都县属于人为干扰生态恢复区。赣南、赣西区域城市扩张加快、土地利用结构转变,人为因素对生态系统影响越来越大,导致生态退化。

基于 1995～2005 年的演变格局,人为干扰脆弱性分区主要以生态持平区为主。其中,赣中地区主要以生态退化区为主,其余地区以生态持平区为主,生态恢复区为辅。南昌城区作为省会城市,经济发展、城市扩张速度加快,带动周边城市加速发展,人为干扰生态程度加深,生态系统退化特征明显。

基于 2005～2015 年的演变格局,人为干扰脆弱性分区中生态恢复区、生态持平区、生态退化区三种分区面积相较其他时间段内较为平均。其中,赣北主要以生态恢复区为主,赣南以生态退化区为主,空间差异较为明显。此阶段内,随着生态文明建设的推进,江西省主要城区生态环境逐渐好转,南昌市成为赣北地区人为干扰脆弱性恢复的核心区域,但赣西、赣南地区仍存在大面积生态退化区,主要原因是社会经济发展对生态系统的破坏程度仍然大于保护力度。

综上所述,基于 1985～2015 年的演变格局,江西省国土空间生态人为干扰脆弱性总体呈现为以生态退化区为主,生态持平区为辅的状况。其中,人为干扰脆弱性恢复区主要集中于赣中南昌城区附近,说明作为省会城市,南昌在发展的同时仍然在兼顾生态文明建设,但江西省赣西、赣南仍存在大面积人为干扰生态脆弱性退化区,说明部分城市仍在加速扩张,对生态系统仍存在较大的负面影响。

6.1.6　江西省国土空间生态现实脆弱性相对变化分区

基于国土空间生态人为干扰脆弱性分析模型,通过对研究区域 3 个时间段内的国土空间生态人为干扰脆弱性指标数据综合处理分析,将江西省国土空间生态现实脆弱性分区划分为赣东丘陵山地生态恢复区、赣东丘陵山地生态持平区、赣东丘陵山地生态退化区、赣中丘陵盆地生态恢复区、赣中丘陵盆地生态持平区、赣中丘陵盆地生态退化区、赣北平原湖泊生态恢复区、赣北平原湖泊生态持平区、赣北平原湖泊生态退化区、赣南山地丘陵生态恢复区、赣南山地丘陵生态持平区、赣南山地丘陵生态退化区、赣西山地丘陵生态修复区、赣西山地丘陵生态持平区、赣西山地丘陵生态退化区 15 个分区。各年份现实脆弱性及其变化情况如图 6-6 所示。

基于 1985～1995 年的演变格局,江西省国土空间生态现实脆弱性主要以生态持平区为主。此时间段内,赣北生态状况相对较好,生态现实脆弱性退化区集中分布于赣南,赣北与赣南现实生态脆弱性差异明显。赣南地区社会经济发展和城市开发建设强度不断加大,对生态系统造成了一定程度的负面影响。

基于 1995～2005 年的演变格局,江西省国土空间生态现实脆弱性以生态退化区和生态持平区为主。由图 6-6 可知,生态退化区几乎覆盖整个赣北地区,中部、南部地区只有少量区域存在生态修复区,其余地区均为生态退化区和生态持平。此时间段内,赣北区域发展较快,以南昌市、九江市、上饶市为主,辐射整个赣北地区,从而导致赣北地区生态显示脆弱性呈现退化区的特征。

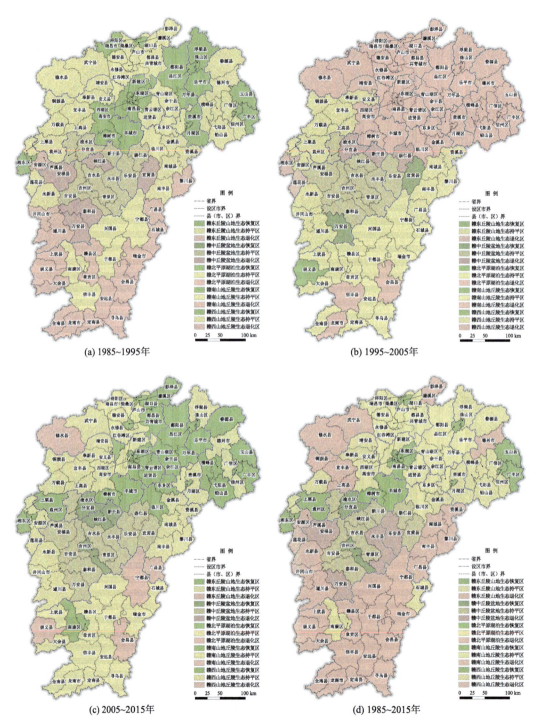

(a) 1985~1995年

(b) 1995~2005年

(c) 2005~2015年

(d) 1985~2015年

图 6-6 江西省国土空间生态现实脆弱性相对变化分区示意图

　　基于 2005～2015 年的演变格局，江西省国土空间生态现实脆弱性以生态持平区为主，生态修复区为辅。其中，生态修复区集中于赣东北，其余区域主要为生态持平区，生态退化区范围较少。此阶段变化趋势显示江西省国土空间现实脆弱性正在逐渐转好，国土空间生态系统得以改善。

　　综上所述，1985～2015 年，江西省国土空间生态现实脆弱性从以生态持平区为主，生态退化区与生态修复区为辅转变为生态退化区与生态持平区相当的格局，生态修复区较少的状况，显示出其间江西省国土空间现实脆弱性出现恶化趋势。赣北南昌城区部分区域、丰城市、袁州区、玉山县等地存在少量现实脆弱性恢复区，赣南、赣西基本为现实脆弱性退化区，整体空间差异十分明显。

6.1.7　江西省国土空间生态脆弱综合调控分区

　　基于 2015 年江西省国土空间生态现实脆弱性分区结果与 1985～2015 年江西省国土空间生态现实脆弱性相对变化分区结果，对江西省国土空间生态脆弱现状及 1985～2015 年变化趋势进行组合分析，按以下(表 6-1)原则，将江西省划分为保育保护区、自然恢复区、整治修复区。进一步，综合考虑江西省地形地貌、植被水系的复杂性和空间差异性，结合江西省五大地貌区划分结果，形成江西省国土空间生态脆弱性综合评价分区调控图(图 6-7、表 6-2)，针对不同地貌区的不同调控类型，分析其形成的原因与机制，提出相应的生态修复对策措施。

表 6-1　江西省国土空间生态脆弱性综合调控分区依据

脆弱性	相对恢复	相对持平	相对退化
轻度脆弱	保育保护区	保育保护区	自然恢复区
中度脆弱	自然恢复区	自然恢复区	整治修复区
重度脆弱	自然恢复区	整治修复区	整治修复区

表 6-2　江西省土地生态相对脆弱性分区面积统计表　　　　(单位：$10^3 km^2$)

代码	名称	面积	代码	名称	面积
I	赣东丘陵山地生态保育保护区	8.40	IX	赣北平原湖泊生态自然恢复区	18.47
II	赣东丘陵山地生态整治修复区	13.12	X	赣南山地丘陵生态保育保护区	1.57
III	赣东丘陵山地生态自然恢复区	9.05	XI	赣南山地丘陵生态整治修复区	35.49
IV	赣中丘陵盆地生态保育保护区	3.12	XII	赣南山地丘陵生态自然恢复区	2.34
V	赣中丘陵盆地生态整治修复区	9.96	XIII	赣西山地丘陵生态保育保护区	4.34
VI	赣中丘陵盆地生态自然恢复区	14.52	XIV	赣西山地丘陵生态整治修复区	24.67
VII	赣北平原湖泊生态保育保护区	16.82	XV	赣西山地丘陵生态自然恢复区	1.72
VIII	赣北平原湖泊生态整治修复区	3.48		合计	167.07

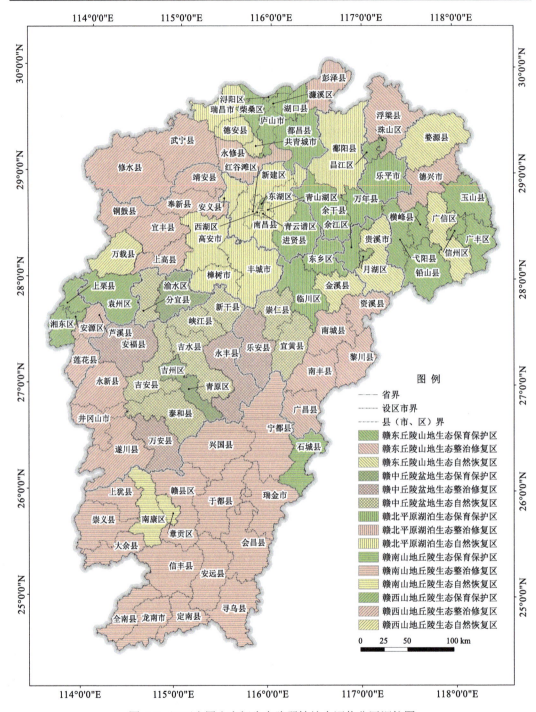

图 6-7 江西省国土空间生态脆弱性综合评价分区调控图

赣东丘陵山地生态保育保护区：针对赣东丘陵山地生态保育保护区的发展要优化产业布局，严格控制城乡建设用地规模，加快村庄规划及农村宅基地改革，盘活农村存量用地，加快旧城改造，以提高土地利用效率。

赣东丘陵山地生态整治修复区：赣东地区城镇化及经济发展快速，人为活动剧烈，应以保护及修复为主。一是要加快城镇基础设施建设及市容环境的优化，启动"多规合一"，严格控制用地指标，禁止占用基本农田；二是要转变经济发展模式，依托其自身的自然景观以及人为景观，发展旅游；三是统筹实施广昌、资溪、宜黄等河流源头的生态移民工程，保护水资源。

赣东丘陵山地生态自然恢复区：以生态保护为主，由于区域内不少地区处于高山丘陵地段，生态环境自身较为脆弱。主要应发展区域内的旅游业，发展精品旅游及生态养生产业，同时要发展绿色农业，减少对自身生态环境的破坏。

赣中丘陵盆地生态保育保护区：针对赣中丘陵盆地生态保育保护区，要优化人口密度，严格控制城乡建设用地规模，需要加快村庄规划及农村宅基地改革，盘活农村存量用地，加快旧城改造；要进一步统筹城镇建设、农业发展与生态保护的关系。

赣中丘陵盆地生态整治修复区：国土空间生态环境有所退化，主要表现在人为干扰方面即人类活动对自然生态环境的影响，但是也不能忽略其自身的自然生态环境问题，要秉承稳发展、重保护的理念，注重以绿色发展作为发展导向，优化三大产业结构布局，严格控制用地指标，清理闲置土地。

赣中丘陵盆地生态自然恢复区：赣中丘陵盆地生态自然恢复区要实行空间管制，对自然保护区、森林公园、湿地、水源地、公益林等要实行管控禁止开发；农业方面要减少农药及面源污染，扶持有一定影响力的农业品牌及企业，积极引导农业向现代化方向发展。

赣北平原湖泊生态保育保护区：针对赣北平原湖泊相对恢复区中南昌、进贤等农业强县，要优化农业结构，提高技术水平，发展优势特色的现代种植业；加快旧城改造工程，提高绿地及森林覆盖率；加快编制村庄规划，严格加强农村建房审批及整治农村卫生情况，加快土壤污染及农田水利设施治理，减少农业面源污染，保护耕地资源。

赣北平原湖泊生态整治修复区：针对赣北平原湖泊生态整治修复区，主要是禁止开发，以国土空间生态保护为主，其鄱阳湖湿地受到多种因素影响，存在着湿地破坏、水质污染、生物多样性减少等问题。一方面应加大生态建设及环境保护力度，建立有效的生态补偿机制，提高对湿地生态保护的投入力度，减少农业面源污染及居民生活污水对鄱阳湖水质的污染；另一方面要转变经营模式，要走生态农业之路，提高老百姓的对赣北平原湖泊相对退化区的生态保护意识。

赣北平原湖泊生态自然恢复区：针对赣北平原湖泊生态自然恢复区要突出生态观光、陶瓷文化、历史文化等旅游资源优势，加强基础设施建设，以绿色(生态文明)、紫色(历史文化)相结合发展经济。

赣南山地丘陵生态保育保护区：其主要集中在石城县，针对赣南山地丘陵保育保护区，需要加大宣传力度，增强保护意识，同时还需要正确处理保育保护区内保护与开发的关系，实现开发与保护相结合。

　　赣南山地丘陵生态整治修复区：赣南山地丘陵生态整治修复区位于南方红壤丘陵地带，土层薄弱，但是又处于革命老区，为了发展，人为活动强烈，国土空间过度开垦现象突出。一方面利用国家的相关政策，帮助老区实现乡村振兴，同时依托赣南特色的森林资源，发展林下经济走生态绿色之路；另一方面加大对不合理采矿的处罚力度，严防破坏生态环境之举。还需要加大对红壤酸化及改良修复，退化严重地段还需实施生物工程措施办法，控制水土流失。

　　赣南山地丘陵生态自然恢复区：其主要集中在南康区、章贡区等，需要严防水土流失，加强对生态环境的监测，由于其自身生态环境本身就较为脆弱，需要减少人类活动对自然生态系统的破坏，发挥森林作为生态保护屏障的功能，同时加快三产融合，推动当地经济发展。

　　赣西山地丘陵生态保育保护区：其主要集中于袁州区、安源区、湘东区等农业较为发达的地区，一方面要进一步调整农业产业结构，提高技术水平，发挥特色农业优势；另一方面要培养生态意识，严格控制农业面源污染，走生态农业道路。同时要严格保护森林资源、水资源等，并优化城乡结构，加快乡村振兴。

　　赣西山地丘陵生态整治修复区：自身生态环境就较为脆弱，同时为了发展经济，人为活动也较为活跃，应以生态保护为主加强国土综合整治。由于遂川、井冈山、永新等县市经济较为一般，可依托其境内的红色旅游资源，适度推动旅游产业文旅融合发展，带动区域整体经济，减少对生态环境的破坏。

　　赣西山地丘陵生态自然恢复区：以生态保护为主，由于其不少都是位于高山丘陵地区，以森林为主，故以保护森林资源、利用森林资源作为依托，发挥其生态屏障的作用，同时要加大对区域内山林权属的稳定，严格控制采伐量，减少水土流失现象，依托山地森林资源发展可持续经济。

6.2　国土空间生态脆弱性分区治理对策

　　对国土空间生态脆弱性进行分区，重点是辨析生态脆弱性主导表征因子及其区域脆弱性的发展演变情况，并以此为依据，指导调整人们的土地利用活动和社会经济策略，达到治理和改善生态环境的目的。对国土空间生态环境综合治理，根本在于因地制宜，结合各区域脆弱性主导因素进行专项治理，主要依托生态环境保护和修复、国土空间综合整治、农业生产结构调整、新型城镇化建设等，改善土地利用结构、提高土地利用效率、提升生态环境质量。综合江西省国土空间自然潜在脆弱性分区、人为干扰脆弱性分区、现实脆弱性分区、相对脆弱性分区情况，从分区类型、分区目的、方法依据、分区结果、调控措施等方面简单比较分析(表 6-3)，并进一步为生态脆弱性优化调控提出有针对性的应对策略。

表 6-3　江西省国土空间生态脆弱性分区比较

分区类型	分区目的	分区方法依据	分区结果	调控措施
自然潜在脆弱性分区	探讨自然潜在脆弱性的性状特征	地形地貌、气候、土壤类型、水文、地质等多因素综合评价		加强生态保护修复、水土流失治理、改善区域小气候等
人为干扰脆弱性分区	探讨人类活动对土地生态脆弱性的影响程度	植被变化、水土流失、土地利用、社会经济发展等多因素综合评价		加强国土空间规划利用,科学有序利用土地资源,加大对生态环境治理力度
现实脆弱性分区	科学认知国土空间生态脆弱性的现实分布状况	自然潜在脆弱性和人为干扰脆弱性综合评价	赣东山地丘陵轻度脆弱区、赣东山地丘陵中度脆弱区、赣东山地丘陵重度脆弱区、赣中丘陵盆地轻度脆弱区、赣中丘陵盆地中度脆弱区、赣中丘陵盆地重度脆弱区、赣北平原湖泊轻度脆弱区、赣北平原湖泊中度脆弱区、赣北平原湖泊重度脆弱区、赣南山地丘陵轻度脆弱区、赣南山地丘陵中度脆弱区、赣南山地丘陵重度脆弱区、赣西山地丘陵轻度脆弱区、赣西山地丘陵中度脆弱区、赣西山地丘陵重度脆弱区	加强"三区三线"管控,加强国土综合整治和生态建设工程,协调好"人-地-水"的关系
自然潜在脆弱性相对变化分区	明晰自然潜在生态脆弱性时空演变特征和优化调控对策	研究时期内自然潜在生态脆弱性评价结果综合比较分析		完善国土空间生态脆弱性动态评价监测预警体系,实施生态环境绩效评价,加大科学技术调控及可持续管理调控力度
人为干扰脆弱性相对变化分区	明晰人为干扰生态脆弱性时空演变特征和优化调控对策	研究时期内人为干扰生态脆弱性评价结果综合比较分析		严格控制人类活动对生态环境的扰动,推动建设人与自然和谐发展的国土空间
现实脆弱性相对变化分区	明晰现实生态脆弱性时空演变特征和优化调控对策	研究时期内现实生态脆弱性评价结果综合比较分析		科学开发利用土地资源,加强三线约束,走可持续发展道路

6.2.1　基于国土空间生态建设视角

从国土空间生态保护与修复角度考虑，结合国土空间生态脆弱性等级分区和相对变化分区，可以将江西省国土空间划分为保育保护区、自然恢复区、修复整治区、优化重建区。基于国土空间生态建设视角进行分区治理的重点在于落实"三区三线"和"三线一单"生态环境分区管控，完善生态补偿制度，加强生态建设，修复受损的生态系统结构，提高生态质量，提升生态系统服务功能，协调社会经济发展与生态环境保护，促进人与自然的和谐共生。

(1)生态保育保护区政策导向：该分区主要涉及自然保护地和部分特殊用地，是生态环境极其敏感或生态功能极为重要的区域，如自然保护区、公益林区、水源保护区、环境空气一类功能区、生态功能试点保护区、分洪蓄洪区、"双退区"等，主要分布于江西省鄱阳湖区、"五河"源头区及东江源头区。针对生态保育保护区，应明确各级各类自然保护地管理职责任务，强化管理职能，加大财政支持，推进整合优化，提升保护等级；实施自然保护地核心保护区等关键区域内的人口平稳搬迁，减少社区居民生产生活对自然保护区的干扰和破坏，同时做好搬迁安置和补偿工作；加强"三区三线"的划定和管控，扭转风景名胜区、森林公园等区域"重开发、轻保护"的不良势头，建立规范合理的财政维持养护机制，严格执行财政经费的总额保障、规范使用、控制开支等制度；明确核心保护区、一般控制区等不同区域的人口容量、建筑、旅游、探险等开发活动的标准；强化对各类禁止开发区域的统一管理和部门协调，加强法律、执法、舆论、公示、听证等监管体系建设；推行地质公园、森林公园等景区门票预约制，实行游客数量控制，建立人类活动超载预警制度。

(2)生态自然恢复区政策导向：该分区主要涉及部分生态环境较为脆弱，或生态功能较重要但生态环境存在轻微退化风险的区域，如湿地保护区、大型工业园区和城镇开发边界附近的自然保护区、退田还湖区"单退区"等。针对生态自然恢复区，应尽量减少人为干扰，为生态系统休养生息提供稳定的内外部环境，充分发挥生态系统的自我恢复能力；加快建立生态移民和生态补偿机制，促进形成规范的财政转移支付，着力加强劳动力培训和输出，缓解资源环境的压力，选择性地扶持和培育特色优势产业发展，发展生态产业和替代产业；推进城镇低效用地整理，提升土地集约节约利用水平，实施严格的国土空间用途管制制度，加强规划引导城镇空间有序扩张，控制城市建设和工业发展对林地等生态用地的侵占破坏；建立规范可行的生态补偿机制和办法，明确分阶段财政转移支付的标准、规模、用途和调整办法；制定资源消耗、环境影响、生产规模、工艺技术等方面的强制性产业准入门槛，出台投资补贴、税收减免、信贷投放等方面优惠政策，扶持符合主体功能的特色优势产业发展；制定居住、就业、社保、教育、卫生等方面补助政策，引导当地居民向外迁移或在当地集中生产生活。

(3)生态修复整治区政策导向：该分区主要是城市生态系统和存在较强生态脆弱性的区域，区内人类活动较为集中，或存在引发疾病的潜在威胁等生态环境问题，如开发程度较高、生态结构受损、生态功能退化、生态环境承载力开始减弱的区域，以及血吸虫病尚未得到完全控制的区域，主要涉及长江干流江西段、大南昌都市圈以及"五河"中下游腹地的城镇化和工业化区域。针对生态修复整治区，应积极制定产业优化和转移导向目录，鼓励优先发展高新技术产业、出口导向型产业和现代服务业，引导发展资源消耗少、环境破坏小、附加价值高、产业带动性强的产业，严格限制资源消耗多、环境污染大、工艺落后、附加值低、技术含量少的产业发展；制定严格的建设用地期限内和年度增量指标，制定更加严格的产业效能标准，明确城镇、产业和园区单位面积土地承载量的集约用地标准；制定明确的产业项目水耗、能耗、污染物排放标准，颁布不同行业的资源回采率、综合利用率、回收率以及污染废弃物综合处理率等强制性标准；制定扶持自主创新、循环经济、清洁生产等方面的税收优惠标准，明确对高新技术产业、吸纳就业型产业、外地转移型产业的信贷优惠额度、期限和利率标准。

(4) 生态优化重建区政策导向：该分区主要涉及生态环境极其脆弱或社会经济发展压力较大的区域，包括重要的生态功能区和城镇周边扩展区等，要强化空间治理、优化空间布局、完善空间规划，结合"三区三线"管控和"三线一单"生态环境分区管控，严格落实生态保护红线、永久基本农田保护红线，因地制宜地开展生态修复和综合整治，加大生态基础设施建设的投资支持力度。在城市开发边界线内，明确生态用地的比例，有针对性地适当扩大建设用地供给，鼓励和吸引人口在重点开发区域聚集居住，支持重大产业项目及相关配套能力建设。以"三区三线"作为构建国土空间开发保护新格局的约束和依据，全面实施四级三类国土空间规划，调整产业结构、优化产业布局、合理推进城镇化建设，形成生态空间山清水秀、生产空间集约高效、生活空间宜居适度的国土空间格局。深化生态保护补偿制度改革，围绕生态文明建设总体目标，加强同碳达峰、碳中和目标任务衔接，进一步推进生态保护补偿制度建设，发挥生态保护补偿的政策导向作用，践行"两山"理念，实现生态保护者和受益者良性互动。

6.2.2　基于国土空间开发利用视角

结合国土空间生态环境轻脆弱性、中脆弱性、强脆弱性、极脆弱性的区划，可以将江西省土地利用划分为重点开发区、优化开发区、限制开发区和禁止开发区。重点在于加强国土空间规划和用途管制，严格落实"三区三线"管控，提高土地利用效率和生态效应，促进土地资源可持续利用。

(1) 实施国土空间综合整治，提升国土空间治理效能。针对生态脆弱性较轻、自然资源本底和土地利用条件相对较好、社会经济发展潜力较大的区域，强化多规合一、优化三生空间。合理配置土地资源，全面提升自然资源治理能力和治理体系现代化，贯彻"全面保护、生态优先、突出重点、合理利用、持续发展"的方针，发展生态循环经济。以国土空间综合整治为抓手，实施城镇、农业、农村、矿山等各类国土空间的综合整治。开展城镇工矿低效、闲置用地综合整治，提高城镇工矿建设用地集约节约利用，优化城镇工矿生产、生活、生态空间布局，促进国土空间高效发展；大力推进山水林田湖草生态保护修复、全域土地综合整治、废弃露天矿山生态修复等试点工作，以国土空间生态修复示范区建设引领全省国土空间生态修复，探索构建统一的省级国土综合整治与生态修复技术标准体系。

(2) 坚守三区三线底线思维，优化国土空间利用格局。对于生态脆弱性较一般，水土资源比较好，有进一步挖掘潜力的区域，可进一步实施土地利用结构调整，针对农村腹地和农田集中区农业基础设施建设水平不足、农村生产生活条件差、农村建设用地格局散乱、生态环境污染等重点问题，通过高标准农田建设、城乡建设用地增减挂钩、人居环境整治和历史文化保护、土壤污染治理、整治搬迁、生态移民等措施，改善农业农村生产生活条件，扭转文化景观资源丰富区乡村空心化及凋敝趋势，促进重要生态功能保护与发展持续协调；推进矿产资源开发集中区的矿山地质环境恢复治理，加大损毁土地修复力度，重点开展因矿产资源勘查开采等活动造成矿区地面塌陷、地裂缝、崩塌、滑坡，地形地貌景观破坏、含水层破坏等区域的生态修复，实现矿山土地生态系统可持续发展。

(3) 开展退化生态系统修复，促进人与自然和谐共生。针对生态脆弱性较强且存在一定退化风险的区域，为了缓和社会经济发展需求与土地利用矛盾而不得不适度开发的区域，应当遵循"山水林田湖草"生命共同体理念，推进退化生态系统修复治理工作。要结合目标导向、问题导向、需求导向，统筹推进退化生态系统各要素系统修复，重点开展红壤退化、岸线侵占、水土流失、污染土地、湖区湿地及鄱阳湖沙化土地等退化生态系统的治理与修复，让退化生态系统的"疮疤"得到全面修复。加强生态系统基础网络建设，解决生态系统破碎、各要素功能发挥不充分等问题，使国土空间退化生态系统"通经络、强筋骨"，充分发挥系统的整体功能，促进人与自然和谐共生。

(4) 加强自然生态系统保护，保障自然生态系统安全。针对生态脆弱性较强、人类活动与土地利用矛盾尖锐、存在较大生态风险，或有特殊利用需求的区域，如自然保护地核心区，高山生态脆弱区域，人均耕地极度稀少的区域，可以采取生态移民、生态补偿等方式缓和人类活动对土地的压力，使当地生态环境得以修复。按照保护优先、自然恢复的原则，采取有效措施切实加强全省自然资源生态系统保护。重点加强水源涵养地、生物多样性保护地、湖泊湿地等生态空间的保护和功能提升，强化地质环境安全、林业生态系统保护与提升、水资源综合利用与节约保护，维护生态脆弱区自然生态平衡，促进江湖河关系和谐，提升生态系统功能和服务，保障流域生态系统和全省生态屏障安全。

6.2.3　基于社会经济高质发展视角

紧紧围绕统筹推进"五位一体"总体布局和协调推进"四个全面"战略布局，牢固树立"山水林田湖草生命共同体"理念，以"空间结构调整优化国土空间功能，资源高效利用提升国土空间质量，生态系统修复打造美丽生态国土，整治修复制度体系建设筑牢美丽国土根基"为目标，统筹推进国土空间山水林田湖草全要素整体保护、系统修复、综合治理。

(1) 保护优先、自然恢复。坚持人与自然和谐共生，坚持节约优先、保护优先、自然恢复为主的方针，像保护眼睛一样保护生态环境，像对待生命一样对待生态环境。尊重自然规律，高效开展山水林田湖草生态保护与修复工作，处理好鄱阳湖流域"人—水—地"的关系，进一步提升自然资源环境承载力，理顺经济发展与生态保护关系，实现人口与经济社会、自然环境协调和可持续发展。

(2) 统筹兼顾、整体施策。以"五河"干支流为经脉，以山水林田湖草为有机整体，统筹水陆、城乡、江湖，统筹上中下游，统筹水资源、水生态、水环境，统筹产业布局、资源开发与生态环境保护，识别重要生态廊道和关键生态节点，打通山水林田湖草彼此间的"关节"与"经脉"，通盘考虑、整体谋划，全方位、全地域、全过程开展国土空间生态保护和修复，努力构建区域一体化的生态安全新格局。

(3) 突出重点、体现特色。突出重点流域、重点区域、重点生态功能区和重点开发区，坚持自然恢复与人工修复相结合，生物措施与工程措施相结合，各种措施合理配置，发挥综合治理效益。突出区域生态特点和功能定位，以格局优化、系统稳定和功能提升为目标，针对生态突出问题，立足长远、科学规划、因地制宜、因害设防，科学合理设计工程项目，促进区域生态环境健康发展。

(4) 分区管控、建管结合。根据生态环境功能定位与重点地区的突出问题，因地制宜，因势利导，实施有针对性的对策措施，制定差别化的保护策略与管理措施，实施精准治理。强化生态环境硬约束，明确资源利用上线、生态保护红线、环境质量底线，制定产业准入负面清单，设定禁止开发的岸线、河段、区域、产业，实施更严格的管理要求。

(5) 创新机制、完善制度。坚持以生态文明制度改革引领生态保护管理，创新生态保护修复的组织、实施、管护、考核、激励、责任追究等系列管理机制，形成责权明确、协同推进、务实有效的管理格局。以政府为主导，整合财政资金，引入社会资本，建立完善的资金筹措机制，加强生态环境可持续管理立法与实施，完善与实施绿色 GDP 绩效评价，保障区域国土空间生态保护与综合整治工作有效实施。

第7章 区域国土空间生态脆弱性评价案例分析

国土空间生态脆弱性评价包括多种形式、内容和方法，从评价因子类型上划分有单因子脆弱性评价、多因素综合脆弱性评价；从生态脆弱性评价尺度看，有宏观、中观、微观评价，包括国家级、省级、市县级，以及流域、区域、项目区层面等。国土空间生态脆弱性评价结果的应用，主要体现在对生态环境的客观认知和分区整治。国土空间生态脆弱性分区方面，从评价因子类型上划分有单因子脆弱性分区、多因素综合脆弱性分区、脆弱性动态叠加分区、脆弱性综合治理分区等类型；从主导因素评价上划分有自然潜在脆弱性分区、人为干扰脆弱性分区、现实脆弱性分区、绝对脆弱性分区、相对脆弱性分区等。针对不同的目标和需求导向，可能得到不同的分区结果，特别是基于不同的问题导向进行区划，可为国土空间生态规划、生态建设、生态保护和修复、国土空间综合整治等提供决策参考和基础支撑，提高国土空间生态脆弱性优化调控和综合治理绩效准确性。下面以著者团队承担的相关科研项目和指导研究生学习研究实践为基础，以区域、县域、自然保护区为研究尺度进行案例分析，讨论国土空间生态脆弱性评价模型方法和结果应用，为国土空间生态保护修复和综合整治提供决策参考科技支撑。

7.1 鄱阳湖区生态环境质量评价专题研究

综合考虑鄱阳湖区自然资源本底与人为干扰对生态系统脆弱性的复合影响，基于土地利用现状及其变化对典型湖泊地区生态环境质量展开时空动态评价分析，识别国土空间生态脆弱性时空变化特征，并提出相应的调控对策建议。

7.1.1 鄱阳湖区国土空间生态现状概述

鄱阳湖位于江西省北部，是一个过水性、吞吐性、季节性湖泊，每年经鄱阳湖调蓄注入长江的水量平均达 1450 亿 m^3，占长江平均年流量的 15%以上。鄱阳湖是长江中下游地区生态安全、饮水安全的重要保障，在调洪蓄水、气候调节和生物多样性保护等方面，具有无法估量的社会、经济和生态价值。鄱阳湖区为鄱阳湖沿岸县市，主要由赣江、抚河、信江、饶河、修河五大河流下游入湖处形成的大片三角洲，以及滨湖地区直接入湖的 24 条主要河流构成的河网区域组成。区内河流纵横，湖泊星罗棋布，土壤肥沃，生物多样性丰富。20 世纪 60 年代，鄱阳湖区围湖造田现象严重，湿地生态遭到破坏。1998年，长江流域发生特大洪水，鄱阳湖也受到影响，湖区土地利用/覆盖发生了较大的变化，大量成熟林地遭到破坏。为了改善鄱阳湖的湿地生态环境，洪水过后湖区大力推行退田还湖政策，由此造成区域水域面积大幅增加，耕地面积大幅减少，鄱阳湖的水源涵养功能显著提高。本研究所指的鄱阳湖区主要针对鄱阳湖沿岸市县区，包括南昌市南昌县、新建县、进贤县；九江市的城区、庐山市、德安县、永修县、湖口县、都昌县，以及上饶市余干县、鄱阳县。地理范围为 28°24′N～29°46′N、115°49′E～117°46′E，土地面积 19731km²，约占江西省土地总面积的 11.8%。

1. 地形地貌

鄱阳湖区处于江西五大河流尾闾部位，地形比较低缓，以岗地、平原为主，地形地貌由山地、丘陵、岗地、平原、水道、洲滩、内湖等组成，由外至内大致形成了自山地至丘陵到平原逐渐向鄱阳湖倾斜的环状分布格局。山地、岗地处于湖泊外环，丘陵沿湖周边分布，高程 200～300m；滨湖区以平原为主，高程 30～200m，多系河谷平原和滨湖平原，河网密布、土地肥沃。农业地貌可分为山地丘陵、岗地、平原三个区，岗地所占比重最大，农业利用条件较好。因其独具特色的地貌形态，形成了鄱阳湖湿地和湖滩草洲景观特色，也是江西省重要的粮食主产区、鱼米之乡。

2. 气候条件

鄱阳湖区处于亚热带季风性湿润气候区，气候温暖湿润，夏季高温多雨，冬季寒冷干燥。月均温最高出现在 7 月，约 30℃，月均最低温在 1 月，约 4.4℃。降雨充沛，多年平均年降水量 1368～1796mm，年内分配不均，降雨多集中在 3～8 月，占总降水量的 74.6%，11 月至翌春 3 月降水量较少，常有先涝后旱的现象发生。因季节性降雨的影响，湖区常有"高水是湖，低水似河""洪水一片，枯水一线"的独特自然地理景观。受季风气候影响，年平均风速介于 2.4～4.8m/s，该区风能资源丰富，可常年利用。湖区具有四季湿润的湖泊小气候、春夏多雨的湿润气候、春夏多雨的暖湿气候，独特的气候环境为农、林、水产发展提供了良好条件。

3. 植被覆盖

鄱阳湖区属中亚热带常绿阔叶林带，自然条件温和，植被类型多样，是亚洲东南部热带、亚热带植物区系的起源中心之一。其中，自然植被主要包括森林植被、湿地植被和沙生植被。湖区现存的天然森林植被主要是次生林，是在不同时期开发利用下由原生植被经长期逆向演替形成。湖区森林植被受海拔高度影响有明显垂直变化，针叶林为主要类型、分布广泛。湿地植被分布在湖泊、水库、池塘、沟渠等水域，由湿生植物、挺水植物、浮叶植物、沉水植物和漂浮植物组成。鄱阳湖区沙化荒地主要分布在高程 50～200m 的湖中沙山和滨湖沙滩上，固定沙地的植被覆盖度一般都大于 30%，植物种类比较丰富；流动沙丘植被覆盖度一般小于 15%，植物种类极其单调，主要有单叶蔓荆等少数几种灌木。自 1998 年鄱阳湖区实施"封山植树、退耕还林、平垸行洪、退田还湖、移民建镇"以来，湖区植被覆盖度不断提高，生态环境得到改善。

4. 土壤资源

鄱阳湖区土壤类型繁多，土壤肥力较好，处于国内典型的红壤丘陵地带，因此分布最为广泛的是红壤土。在海拔 14～18m 分布部分草甸土，其主要特点是：土质疏松，透气性好，滨河河谷平原以冲击性土壤为主，主要包括潮土、黄泥土等，其中潮土土层深厚，土质疏松多孔，通透较好，夜间多发生"反潮"现象而得名，是良好的旱地土壤。鄱阳湖区内是江西省水稻主产区，区域内最大的耕作型土壤为是潴育型水稻土，主要分布在河流沿岸和湖盆灌溉条件良好的地区，肥沃易耕作，抗侵蚀性能良好。

5. 水文状况

鄱阳湖区水系以鄱阳湖为中心，水系错综复杂，河川径流多，水体面积位于六大水文区之首。鄱阳湖区水系是以鄱阳湖作为汇聚中心，上承赣江、饶河、抚河、信江、修河五大河的来水，下接长江，容量巨大，是江西省的"集水盆"、五河等的"中转站"以及全省的水运枢纽。鄱阳湖是一个吞吐型、季节性湖泊，具有"高水是湖，低水成河，洪水一片、枯水一线"的独特自然景观，对长江中下游的蓄洪、排洪和调洪发挥着重要的作用。

6. 生物多样性

鄱阳湖区以其独特的地形地貌，在亚热带湿润季风气候的作用下，形成了复杂多样的湿地生态系统，根据生态系统的组分特征可分为荒山灌丛草坡生态系统、湖滨沙地生态系统、湖滩草洲生态系统、滨岸带生态系统、表水层生态系统、深水层生态系统六大类。鄱阳湖湿地植物资源丰富，现已查明有浮游植物 54 科 154 种，水生维管束植物 38 科 102 种，草甸、沼生植物 25 科 74 种；鸟类有 310 种，占全省鸟类种数的 73.8%，占全国鸟类种数的 25%，其中典型的湿地鸟类有 159 种，包括一些珍稀鸟类如越冬白鹤种群数量占全球总数的 95% 以上，东方白鹳占全球总数的 89.3%，白枕鹤数量占全球总数的 50% 以上；鱼类约有 139 种，占全省总数的 76.4%，基本成分是鲤科鱼类。此外，鄱阳湖湿地还有浮游动物 24 科 207 种，其中原生动物 29 种，轮虫类 91 种，枝角类 57 种，桡足类 30 种，软体动物 87 种，两栖及爬行类动物 78 种，哺乳动物 45 种。每年冬季至次年春季枯水期，鄱阳湖区都会迎来数量众多的候鸟越冬栖息，鄱阳湖也被称为"白鹤世界""珍禽王国"。

7. 自然灾害

鄱阳湖区存在涝灾、旱灾、血吸虫等自然灾害风险。洪涝灾害的发生在时空上往往不是孤立的，表现在地域和时间分布上有一定的规律性，具有重灾重发的特点。在时间上，具有若干年内灾害重发的特点。在空间上，鄱阳湖流域洪涝多出现在信江、抚河、饶河及潦河、锦江等流域。鄱阳湖区历来有水、旱灾害交替发生的现象，主要原因是季节性降雨集中，加剧了洪水泛滥；同时水土流失造成了江河湖库淤塞、河湖床不断抬高，过水较快，造成旱季用水比较困难。由于人口增长和社会经济的发展，不合理的土地利用对生态环境带来了极大破坏，造成了大量的水土流失致使洪水泛滥。同时，湖泊、河道管理失调，占河、占滩、占湖、占库、占塘现象也十分严重，影响了汛期行洪，加剧了洪水猖獗。另外，血吸虫对湖区群众的生产、生活和生态安全也带来了潜在的威胁。

7.1.2　区域国土空间生态环境质量评价指标体系与计算方法

1. InVEST 生境质量模型

生境质量是反映环境提供给个体或种群生存发展所需的各类资源和条件状况，当生境质量较好时，资源和条件得到满足，生物多样性发展得到保障，生态脆弱性程度越低。InVEST 生境质量模型将人类活动干扰引入对生境质量评价当中，当人类活动强度加大时生境质量水平明显下降，其原理为结合外界威胁因子及强度和各土地利用类型对威胁因子的敏感度计算出生境质量分值(胡丰等，2022)。InVEST 生境质量模型综合考虑了自然资源本底与人为干扰胁迫共同作用下的生态环境综合质量，生境质量越高表明自然资源本底条件较好，生态系统受人为活动干扰的影响越小，生态脆弱性程度越低；生境质量越低表明自然资源本底条件较差，受城镇建设、工业发展等人为活动的干扰较大，生态脆弱性较高。其公式如下：

$$Q_{xj} = H_j \left[1 - \left(\frac{D_{xj}^z}{D_{xj}^z + K^2} \right) \right]$$

式中，Q_{xj} 为土地利用/土地覆盖类型 j 中栅格 x 的生境质量，值域在[0,1]；H_j 为土地利用/土地覆盖类型 j 的生境适宜性，根据情况可以简单地分类成 0 或 1，0 代表非生境，1 代表生境。如果有充分的研究区物种生境的信息，可以赋值[0,1]，1 代表最高的生境适宜性；D_{xj} 为土地利用/土地覆盖类型 j 中栅格 x 的生境退化水平；Z 为归一化常数，系统默认取值 2.5；K 为半饱和常数，通常取最大生境退化栅格值的一半。D_{xj} 的计算公式为

$$D_{xj} = \sum_{r=1}^{R} \sum_{y=1}^{Y_r} \left(\frac{w_r}{\sum\limits_{r=1}^{R} w_r} \right) r_y i_{rxy} \beta_x S_{jr}$$

式中，r 为威胁因子；R 为威胁因子的个数；y 为威胁因子 r 的栅格图层；x 为生境的栅格数；Y_r 为威胁因子 r 的栅格个数；w_r 为威胁因子 r 的归一化权重，表示每一种威胁因子对生境完整性的影响与其他威胁因子相对值大小，取值为[0,1]，值越大表明威胁因子对生境完整性影响越大；β_x 为生境栅格 x 的可达性水平，受政策、环境等因素的影响，取值[0,1]，本章不考虑该值的影响，故取 1；S_{jr} 为土地利用类型 j 对威胁因子 r 的敏感性，取值范围为[0,1]，值越大代表越敏感；i_{rxy} 为威胁因子 r 的栅格图层 y 对生境栅格 x 的影响，受距离的影响呈现两种衰减规律：

$$i_{rxy} = 1 - \left(\frac{d_{xy}}{d_{r\max}} \right) (线性衰减)$$

$$i_{rxy} = \exp\left(-\left(\frac{2.99}{d_{r\max}} \right) d_{xy} \right) (指数衰减)$$

式中，d_{xy} 为生境栅格 x 和威胁因子栅格 y 之间的距离；$d_{r\max}$ 为威胁因子 r 的最大影响

距离。

本章参考任涵等(2018)、税燕萍等(2018)对流域生境质量的研究以及 InVEST 用户手册，结合相关专家的经验，得到研究区生态环境威胁因子表(表 7-1)、生境类型及其对威胁因子的敏感性表(表 7-2)。

表 7-1　生态环境威胁因子表

威胁因子	最大影响距离	权重	衰减函数
城镇用地	10	0.9	指数衰减
农村居民点	6	0.6	指数衰减
其他用地	2	0.1	线性衰减
其他建设用地	5	0.7	指数衰减
耕地	3	0.3	线性衰减

表 7-2　生境类型及其对威胁因子的敏感性表

地类	生境适宜性	城镇用地	农村居民点	其他建设用地	耕地	其他用地
水域	0.90	0.75	0.60	0.70	0.50	0.25
有林地	1.00	0.90	0.70	0.80	0.60	0.30
耕地	0.40	0.40	0.30	0.20	0.30	0.15
农村居民点	0.00	0.00	0.00	0.00	0.00	0.00
疏林地	0.90	0.70	0.70	0.70	0.60	0.30
灌木林地	1.00	0.80	0.75	0.70	0.50	0.40
城镇用地	0.00	0.00	0.00	0.00	0.00	0.00
中覆盖草地	0.60	0.50	0.35	0.40	0.30	0.35
高覆盖草地	0.70	0.60	0.50	0.50	0.35	0.30
其他林地	0.80	0.80	0.70	0.80	0.60	0.40
低覆盖草地	0.50	0.50	0.40	0.40	0.30	0.40
其他用地	0.10	0.20	0.10	0.10	0.10	0.05
其他建设用地	0.00	0.00	0.00	0.00	0.00	0.00

2. 像元二分法

像元二分法是针对植被覆盖度估算时提出的研究方法(李苗苗，2003)，通过设置一定置信度内的 NDVI 累积分布阈值将像元区分为土壤纯像元、土壤植被混合像元、植被纯像元三类，进而得到以 NDVI 表征的区域植被覆盖度。像元二分法计算公式为

$$FC = \frac{NDVI - NDVI_{soil}}{NDVI_{veg} - NDVI_{soil}}$$

$$NDVI_{soil} = \left(FC_{max} \cdot NDVI_{min} - FC_{min} \cdot NDVI_{max}\right) / \left(FC_{max} - FC_{min}\right)$$

$$NDVI_{veg} = \left[\left(1 - FC_{min}\right) \cdot NDVI_{max} - \frac{1 - FC_{max} \cdot NDVI_{min}}{FC_{max} - FC_{min}}\right]$$

式中，FC 为植被覆盖度；NDVI 为栅格像元 NDVI 值；$NDVI_{soil}$ 为土壤纯像元 NDVI 值；$NDVI_{veg}$ 为植被纯像元 NDVI 值；FC_{max} 和 FC_{min} 分别为植被覆盖度的最大值和最小值，与地区、时相、图像空间分辨率等有关。

依据像元二分法的原理，设置不同土地类型下的生境退化度累积分布 D_{cd}(cumulative distribution, cd)阈值，以此区分生境是否受到高强度的干扰。半饱和常数 K 和生境退化度 D 共同决定生境质量的离散程度，依据生境质量计算公式，当 D 为 $0.5K$ 时，生境质量相对于生境适宜度（以下简称相对）下降 15%；当 D 等于 K 时，生境质量相对下降 50%；当 D 为 $1.5K$ 时，生境质量相对下降 73%；当 D 等于 $2K$ 时，D 达到最大，此时生境像元受干扰最强，生境质量相对下降 85%。概率密度函数（probability density function，PDF）与累积分布函数（cumulative distribution function，CDF）常用于研究连续型随机变量的变化规律，对阈值的确定也能起到帮助（Sihi Debjani et al.，2020）。综上所述，本章设置 $D=0.5K$、$D=K$、$D=1.5K$，以及 80%置信度 D_{cd}、90%置信度 D_{cd} 5 类生境退化度备择阈值，依据生境质量计算公式将生境退化度转化为相应的生境相对退化水平。通过研究不同生境质量相对退化水平下的 D_{cd}，以确定区域生境质量强干扰阈值。

3. 标准差椭圆

标准差椭圆是空间统计领域比较常用的统计工具，最早由美国南加利福尼亚大学社会学教授 D.韦尔蒂·利菲弗（D. Welty Lefever）在 1926 年提出，主要用于分析和探索数据变化规律。椭圆扁率表示数据沿长轴分布的显著程度，扁率越大，表示数据沿长轴分布的趋势越明显；反之，椭圆扁率越小，即长短半轴长度越接近，则越不明显。如果长短半轴完全相等，即椭圆扁率为 0，构成圆形，则表示没有任何的方向分布特征。其公式表达如下：

$$x_i' = x_i - x_{wmc}; \quad y_i' = y_i - y_{wmc}$$

$$\tan\theta = \frac{\left(\sum_{i=1}^{n} w_i^2 x_i'^2 - \sum_{i=1}^{n} w_i^2 y_i'^2\right) + \sqrt{\left(\sum_{i=1}^{n} w_i^2 x_i'^2 - \sum_{i=1}^{n} w_i^2 y_i'^2\right)^2 + 4\left(\sum_{i=1}^{n} w_i^2 x_i' y_i'\right)^2}}{2\sum_{i=1}^{n} w_i^2 x_i^2 y_i^2}$$

$$\delta_x = \sqrt{\frac{\sum_{i=1}^{n}(w_i x_i'\cos\theta - w_i y_i'\sin\theta)^2}{\sum_{i=1}^{n} w_i^2}}; \quad \delta_y = \sqrt{\frac{\sum_{i=1}^{n}(w_i x_i'\sin\theta - w_i y_i'\cos\theta)^2}{\sum_{i=1}^{n} w_i^2}}$$

式中，(x_{wmc}, y_{wmc}) 为 (x_i, y_i) 的平均中心；w_i 为生境退化度；x_i' 和 y_i' 为各点距区域中心的相对坐标；$\tan\theta$ 为点分布格局的转角；δ_x、δ_y 分别为沿 x 轴和 y 轴的标准差。

基于通过 ArcGIS 创建渔网工具得到的不同地类生境质量样本点，以生境质量为权重参数，椭圆大小参数选择第一级别（椭圆覆盖 68%的生境质量图层数值），得到不同地类的生境质量标准差椭圆，以度量各地类生境质量的方向以及分布特征。同时通过椭圆质心的移动情况研究不同生境质量优势的时空变迁，其中生境质量样本点分辨率设置为 1km。

7.1.3 鄱阳湖区国土空间生态环境质量评价

1. 国土空间土地利用变化

根据 1995 年、2005 年、2015 年的鄱阳湖区土地利用解译数据，可得到 3 期鄱阳湖区土地利用类型图(图 7-1)，各土地利用类型占比情况如图 7-2 所示，通过对不同年份的土地利用类型图进行空间叠加分析，可得到鄱阳湖区土地利用转移矩阵(表 7-3)，1995～2015 年土地利用及其变化情况如下。

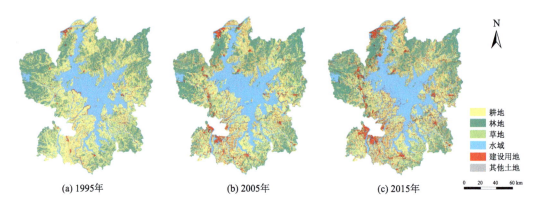

(a) 1995年　　　　　　　(b) 2005年　　　　　　　(c) 2015年

图 7-1　鄱阳湖区国土空间土地利用分布及其变化情况

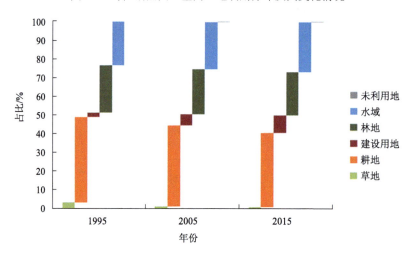

图 7-2　鄱阳湖区各土地利用类型的面积比较

表 7-3　鄱阳湖区国土空间土地利用转移矩阵　　　　　　　(单位：hm²)

年份	地类	草地	耕地	建设用地	林地	水域	其他用地
1995～2005	草地	152.52	179.61	25.46	293.70	38.96	2.44
	耕地	88.63	6846.85	705.69	554.82	679.54	18.46
	建设用地	4.95	163.98	247.88	12.08	41.29	0.96
	林地	31.02	891.71	121.46	3776.32	78.22	10.58

续表

年份	地类	草地	耕地	建设用地	林地	水域	其他用地
1995~2005	水域	31.22	321.93	61.61	34.69	4112.56	2.47
	其他用地	0.00	0.81	0.55	1.13	0.12	0.46
2005~2015	草地	78.49	86.90	20.07	61.76	60.48	0.62
	耕地	33.07	6950.12	627.44	341.72	435.18	17.34
	建设用地	2.83	145.89	959.80	19.99	32.52	1.64
	林地	59.01	391.39	114.95	4051.75	39.08	16.57
	水域	20.10	176.99	97.48	13.15	4640.99	1.99
	其他用地	0.01	9.18	14.93	1.69	3.09	6.47
1995~2015	草地	60.89	194.69	48.96	331.33	53.12	3.33
	耕地	53.45	6160.33	1171.20	614.29	876.55	18.32
	建设用地	2.61	143.40	266.29	11.91	46.70	0.23
	林地	52.03	988.68	229.19	3500.54	118.85	20.13
	水域	24.15	272.88	117.96	31.13	4115.92	2.53
	其他用地	0.01	0.57	1.10	1.00	0.31	0.10

1) 1995~2005 年国土空间土地利用变化

鄱阳湖区 1995~2005 年城镇快速扩张，2005 年较 1995 年建设用地增加了 691.52 hm²，其中耕地转入面积最大，达到了 705.69 hm²，而建设用地转出面积最大的地类也是耕地，有 163.98 hm²。水域和其他用地也有不同程度的增加。水域增加了 386.21 hm²，其他用地增加了 32.3 hm²，其中耕地向两者转入的面积均为最大，分别为 679.54 hm²、18.46 hm²。水域转出为耕地的面积同样为最大，达到了 321.93 hm²，其他用地则主要转出为林地，其次为耕地。林地、草地、耕地在数量上均有一定程度地减少。其中耕地减少了 489.09 hm²，主要转出为建设用地、水域、林地，分别有 705.69 hm²、679.54 hm²、554.82 hm²、林地减少了 236.57 hm²，主要转出为耕地，为 891.71 hm²。草地减少了 384.36 hm²，草地转出为林地的面积最大，为 293.70 hm²，转入最多为耕地，有 88.63 hm²。

2) 2005~2015 年国土空间土地利用变化

2005~2015 年各地类变化趋势和过去十年一致。草地、耕地、林地面积减少，建设用地、水域、其他用地面积增加。草地、耕地、林地分别减少了 114.82 hm²、644.41 hm²、182.69 hm²。其中草地主要转出为耕地、林地、水域，转出面积高达 75%，转入面积最大地类为林地，达到了 59.01 hm²。耕地主要转出为建设用地、水域、林地，而转入最大也是这三类用地，耕地占补大致平衡。在面积增加的三种地类中，水域转出主要为耕地和建设用地，转入则以耕地为主。建设用地转入和转出最多的地类均为耕地，其他用地主要转出为耕地和建设用地，转出幅度较为剧烈，达到了 82%，转入则主要为耕地和林地，分别为 17.34 hm²、16.57 hm²。

3) 1995~2015 年国土空间土地利用变化

纵观 1995~2015 年国土空间土地利用的变化情况，草地占用情况严重，减少幅度高达 72%，48% 的草地转为了林地。耕地、林地也分别减少了 13%、9%，其中耕地主要转出为建设用地、水域和林地，转出面积占 1995 年各地类面积的比例分别为 13%、10%、7%；林地主要转出为耕地，幅度达到了 20%。2015 年建设用地面积增长到了 1995 年的 2.89 倍，主要是耕地转入。其他用地则达到了 1995 年的 13.5 倍，耕地、林地为主要转入地类。水域增幅为 14%，主要由耕地转入，鄱阳湖水位的变化导致的沿湖耕地的淹没可能是导致这一情况发生的主要原因。

2. 生境退化强度分析

1）生境退化度概率及累积概率分布

运用 InVEST 模型，得到鄱阳湖区 1995 年、2005 年、2015 年的生境退化度图层。通过 ENVI 快速统计工具，按不同生境类型统计生境退化度情况，得到耕地、林地、草地、水域的生境退化度的概率密度函数（PDF）与累积分布函数（CDF）（图 7-3）。

从各地类生境退化度概率密度分布 D_{pd} 来看，水域在 0.0025 的生境退化度附近出现峰值且峰度极大，1995 年峰值甚至达到了 9.4%，随后呈降低趋势。林地、草地的生境退化度累积分布 D_{pd} 趋势较为平缓，草地在接近水域退化峰值附近，约 0.005 退化度下出现较小的峰值，D_{pd} 超过了 2%。耕地 D_{pd} 在接近 0.05 退化度下出现峰值，相比于水域峰值更低，但峰度更大。从生境退化度累积分布 D_{cd} 来看，耕地 D_{cd} 首先接近饱和，其次是草地，林地和水域几乎同时接近饱和状态。这与耕地、水域、林地及草地的对威胁源的敏感性相吻合。敏感性越小，整体受干扰程度更小，生境退化水平更低。

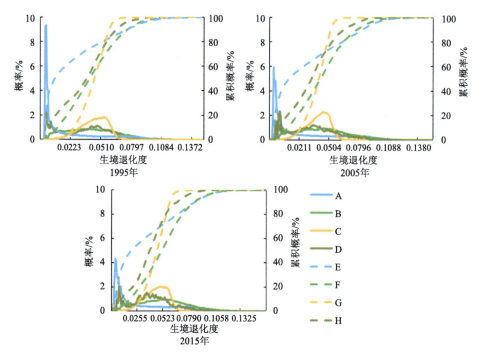

图 7-3 各地类生境退化度概率及累积概率分布

A：水域概率分布；B：林地概率分布；C：耕地概率分布；D：草地概率分布；E：水域累积概率分布；F：林地累积概率分布；G：耕地累积概率分布；H：草地累积概率分布

概率密度函数(PDF)与累积分布函数(CDF)图表明,1995~2015 年,水域存在较弱干扰图斑较多且程度十分集中的情况,受威胁源蚕食的较弱干扰图斑越来越多,但总体上受干扰加剧的程度较小。林地、草地受威胁源干扰情况较为复杂,三期均无明显的概率分布特征。1995~2015 年耕地均呈现受一定程度干扰的图斑较多,且程度较为集中的情况。

2) 生境退化强度阈值确定

依据生境退化度图层,设定半饱和常数 K 为最大退化栅格值的一半,即 0.079。将 $0.5K$、K、$1.5K$ 按照对应的置信度进行换算,得到各生境退化度累积分布 D_{cd} 对应的相对退化水平表(表 7-4)。D_{cd} 增加表明受到某种程度干扰的生境的数量降低,生境相对退化水平增加表明同一数量的某种生境受到的干扰程度增加。

表 7-4　各生境累积概率对应的相对退化水平(1995~2015 年)

年份	耕地		林地		草地		水域	
	累积概率	生境相对退化水平	累积概率	生境相对退化水平	累积概率	生境相对退化水平	累积概率	生境相对退化水平
1995	33.17	15	42.28	15	80.00	14	75.56	15
	80.00	29	80.00	40	82.37	15	80.00	22
	90.00	32	89.56	50	90.00	19	90.00	40
	99.90	50	90.00	51	99.98	50	94.97	50
	100.00	73	99.78	73	100.00	73	99.97	73
2005	31.69	15	39.44	15	73.66	15	68.93	15
	80.00	29	80.00	43	80.00	19	80.00	32
	90.00	31	87.16	50	90.00	26	90.00	48
	99.85	50	90.00	53	99.88	50	91.80	50
	100.00	73	99.67	73	100.00	73	99.96	73
2015	33.09	15	33.33	15	69.23	15	66.45	15
	80.00	28	80.00	45	80.00	19	80.00	35
	90.00	31	85.76	50	90.00	29	90.00	49
	99.69	50	90.00	54	99.60	50	91.03	50
	99.99	73	99.35	73	100.00	73	99.93	73

通过生境相对退化水平数据分析,耕地相对退化水平基本未发生变化,林地、草地、水域的 D_{cd} 及其对应的相对退化水平的变化趋势基本一致,同等相对退化水平下的林地、草地、水域越来越多,同样数量的林地、草地、水域相对退化水平越来越高。其中,1995~2015 年,约有 1/3 的耕地像元相对退化水平低于 15%,近八成的耕地像元相对退化水平低于 30%;林地相对退化水平低于 15%的数量比例由 42%下降到 33%,80%的林地相对退化水平由 40%以下增长到 45%以下;水域相对退化水平在 15%以下的数量比例由 75%降低到 66%,80%的水域相对退化水平由 22%以下增长到 35%以下。分别比较各年份 80%、90%置信度的耕地、林地、水域的相对退化水平,发现均为林地>水域>耕地。这与各生境的敏感性相吻合,敏感性越强,同等数量比例的某一生境相对退化水平也

更高。

鄱阳湖区作为大湖区、重要生态功能区，人类活动受到极大限制。因此，基于湖区各生境受强干扰导致的生境退化的数量不宜过多，强度不宜过大的原则，运用排除法，尝试从 5 个备择阈值中筛选强干扰阈值，同时满足筛选原则的取各自多年平均值的算术平均数。依据上述原理，筛选出 80%、90% 置信度的耕地阈值，0.5K 置信水平的林地阈值，80% 置信度、0.5K 以及 K 置信水平的草地，0.5K、80% 置信度的水域，最终得到耕地、林地、草地、水域生境强干扰阈值分别为各自生境适宜度的 70%、85%、81%、78%。

3. 生境质量时空演变

1）生境质量指数时空分布

通过 InVEST 模型得到 1995～2015 年生境质量指数图层（图 7-4），范围在[0,1]，值越接近 1 生境质量越好，生物多样性越高。参考相关研究并结合鄱阳湖区实际情况，将鄱阳湖区生境质量指数划分为五个等级，分别为：Ⅰ [0.00,0.28)、Ⅱ [0.28,0.49)、Ⅲ [0.49,0.70)、Ⅳ [0.7,0.85)、Ⅴ [0.85,1.00]。各等级所占面积比例详见表 7-5。

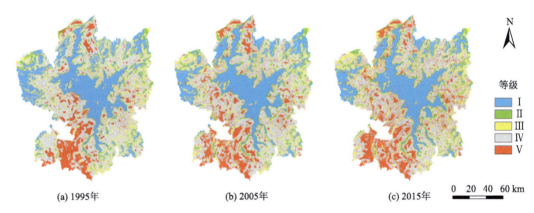

(a) 1995年   (b) 2005年   (c) 2015年

图 7-4　鄱阳湖区生境质量等级分布示意图

表 7-5　鄱阳湖区各生境质量等级面积比例　　　　　　　（单位：%）

等级	描述	面积比例		
		1995 年	2005 年	2015 年
Ⅰ	高	25.10	23.50	22.10
Ⅱ	较高	9.10	9.10	9.30
Ⅲ	中等	12.60	11.30	11.70
Ⅳ	较低	42.20	42.70	40.70
Ⅴ	低	11.00	13.40	16.10

（1）生境质量空间格局演变。从空间格局演变来看，鄱阳湖区的核心区域水域湿地广布，周边人类生产生活活动较少，水质良好，生态环境相对较为稳定，分布有东鄱阳湖、修河、鸦鹊湖、琵琶湖、隆平、星湖湾等国家级、省级湿地公园，受水位变化的影响，

丰水期水生物种种类丰富(严家跃等,2014),是众多野生保护水生动植物的栖息地;枯水期形成广阔的绿洲,成为候鸟迁徙路线上的越冬地和停歇地(单继红,2013),该区域生境质量保持在Ⅰ级的状态。环鄱阳湖湿地核心圈层地势平坦,土壤肥沃,耕地广布,由于耕地是人类活动较多的区域,生态系统稳定性相对较弱,对于物种多样性有着较强的影响,该区域生境质量以较差为主,普遍处于Ⅳ级状态。耕地环层之外地势逐渐高耸,林地草地成为该地段的主要地类,分布有柘林湖、庐山山南、鄱阳湖口、天花井、三叠泉等国家森林公园。由于林草地植被覆盖较好,受人为活动干扰较小,为生物生存繁衍提供了安全隐蔽的场所和相对稳定的内外部环境,因此该区域生境质量相对较好,等级普遍在Ⅲ级以上。鄱阳湖区西南部和北部地区分别为南昌市和九江市的市区所在地,区域内分布有大面积的人造地表,是城镇建设和工业发展的核心区,是研究区内人为干扰强度最大的区域,不适宜野生动植物的生存繁衍,因而生境质量相对较低,普遍在Ⅴ级水平。

(2)生境质量时间格局演变。1995~2005年鄱阳湖区生境质量整体下降0.025,2005~2015年生境质量下降0.017。1995~2005年下降幅度大于2005~2015年。生境质量较高的区域面积20年间增加了0.20%,几乎没有发生变化。这是因为该区域以受到低强度干扰的林地、水域为主。其中水域广泛分布的中心地带生态保育措施严格;林地虽然受到建设用地扩张的干扰增加,但是洪灾过后新种植的林木成熟导致部分林地生境适宜度增加,上述情况综合作用造成生境质量较高的面积整体变化较小。生境质量等级为较低和中等的区域以受到强干扰的草地以及弱干扰的耕地为主,1995~2015年分别减少了1.5%、0.9%,略有变化。原因在于耕地受到人为管理和相关政策一定程度的保护,对抗外部威胁的能力相对较强,自身的生态敏感性相对较弱,而鄱阳湖区草地面积相对较小,变化弹性相对较低。生境质量等级为高和低的区域在1995~2015年分别减少3.1%、增加5.0%,变化幅度较大,反映的是建设用地扩张以及耕地占用林地、水域的结果。

2)生境质量优势时空跃迁

不同形式的人类活动对于不同地类的干预程度和形式不同。耕地的生境质量变化受国土空间政策的影响极大,主要受耕地内部耕作管理差异的影响,抵抗外部干扰和胁迫的能力较强,对周边环境变化以及人类活动的敏感性较弱;林地草地则受人类活动的干扰较大,对周边环境变化具有高度敏感性;鄱阳湖湿地1988年晋升为国家重点保护区,核心地带的人类活动受到极大限制,水域生境质量变化主要受核心区外延区域的人类活动影响。基于上述原因,本书将鄱阳湖区生境划分为水域、耕地、林地草地三类。依据生态空间、农业空间的空间同质性的差异,本章利用ArcGIS创建渔网工具,得到均匀分布的各地类生境质量样本点。其中林草地、水域(生态空间)样本点以2km为间距,耕地(农业空间)样本点以1km为间距。在此基础上,利用ArcGIS方向分布工具,得到1995~2015年研究区各地类生境质量时空跃迁(图7-5),并将结果统计成表(表7-6)。

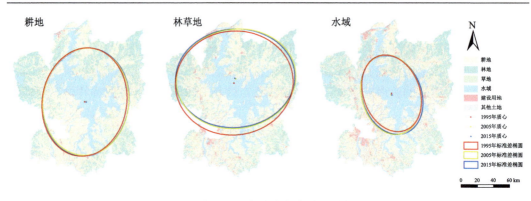

图 7-5　鄱阳湖区各地类生境质量时空跃迁

表 7-6　标准差椭圆及其质心参数

地类	年份	质心		标准差椭圆	
		经度 (°)	纬度 (°)	扁率	方向角/(°)
耕地	1995	116.268	28.968	0.193	9.9
	2005	116.286	28.969	0.170	7.4
	2015	116.284	28.966	0.174	10.5
林草地	1995	116.243	29.173	0.141	84.8
	2005	116.270	29.216	0.191	82.8
	2015	116.257	29.224	0.197	85.9
水域	1995	116.276	29.061	0.271	158.6
	2005	116.267	29.045	0.259	163.8
	2015	116.278	29.045	0.251	159.3

（1）耕地生境质量优势时空跃迁。以椭圆长轴处于正北方向为 0°，沿顺时针方向旋转即为方向角。以椭圆长轴处于正北方向为 0°，沿顺时针方向旋转即为方向角。1995～2015 年耕地椭圆方向角在 7.4°～10.5°偏转，幅度较小，始终呈东北-西南分布格局。椭圆扁率 1995～2005 年小幅下降，随后略微增加，耕地东北—西南分布的方向显著程度呈现先减后增的趋势。1995～2005 年耕地质心向东方向呈现略为明显的变迁(向北方向变化较小)，2005～2015 年几乎未发生变迁(西南方向变化幅度较小)，原因在于耕地的基数大，且受国土空间政策的严格调控，可变化的弹性相对较小。2005～2015 年耕地生境优势的跃迁幅度略微小于 1995～2005 年也正是因为耕地保护政策的日益严格。耕地质心的跃迁方向及其变化的原因主要是鄱阳湖区西北部的九江市以及西南部的省会南昌市经济发展速度远高于其他地区，西北、西南地区耕地空间被挤压导致 1995～2005 耕地生境质量优势呈现向东部地区移动的趋势。至于先由东北方向跃迁后转为东南方向，则主要是受到鄱阳湖区城市扩张和社会经济发展强度空间格局变化的影响。

（2）林草地生境质量优势时空跃迁。林草地标准差椭圆方向角在 1995～2015 年偏转幅度不超过 3.1°，基本呈东-西分布格局，方向变化幅度较小。1995～2005 年椭圆扁率发生较为明显的增长，2005～2015 年略微增加，表明林草地沿东-西方向分布的格局越来越显著，但是显著性增加的程度在减小。林草地质心基本落在鄱阳湖区偏北地区，表明北部地区林草地生境质量优势大。1995～2005 年林草地质心沿东北方向呈现较大幅度变迁，2005～2015 年沿西北方向呈现小幅度变迁，表明随着对生态环境保护的意识不断加强，西北部地区社会经济建设过程对林草地生境的干扰程度有所减弱。林草地质心 20 年间在南北方向上均呈现往北变迁的态势，表明 1995～2005 年研究区林草地生境质量优势开始向北倾斜，北部地区生境质量受人类干扰的程度比南部地区小。

(3)水域生境质量优势时空跃迁。水域标准差椭圆在鄱阳湖区中心地带聚集，1995～2015 年椭圆方向角在 158.6°～163.8°，变化幅度小于 5.2°，呈西北—东南分布格局。1995～2005 年水域椭圆扁率略微下降，表明 1995～2005 年水域的西北—东南的分布格局的显著性降低，随后 10 年分布趋势基本未发生变化。1995～2005 年水域椭圆质心往西南方向小幅变迁，2005～2015 年往正东方向小幅变迁(往南方向变化较小)。由于鄱阳湖区围湖造田现象逐渐得到制止以及退田还湖政策的推行，1995～2005 年西南地区水域生境优势扩大，一定程度上受到耕地质心向东北方向变迁的影响。2005～2015 年耕地变迁态势趋于稳定，水域生境优势在东西方向上向东部地区变迁，主要受到鄱阳湖东岸城市扩张的影响。

7.1.4 鄱阳湖区国土空间生态环境质量调控对策分析

生态环境的自然脆弱因子固然是造成生态环境脆弱的先天因素，但生态环境的脆弱表现却总是与人类不合理利用密切相关，即自然因子是生态环境脆弱的潜在因素，而人类不合理的开发利用诱发了这些潜在因子的发展，促使了脆弱生态环境的形成和演变。通过正确认识鄱阳湖区生态环境固有的自然特征，有针对地采取各种保护性开发利用方式，可以有效地抑制自然脆弱因子的发作，协调鄱阳湖区保护与发展之间的矛盾，使鄱阳湖区生态环境长期表现出稳定的一面，保证区域的可持续发展。鄱阳湖区是城镇、农业、生态空间的复合体，兼具重要的生产、生活、生态功能，结合鄱阳湖区生境质量时空动态变化特征，从自然、社会、经济角度对鄱阳湖区生态系统环境优化提出以下治理调控对策。

1)落实生态整体保护系统修复

鄱阳湖地区 1995～2015 年建设用地快速增长，耕地、林地面积逐年小幅下降，草地面积严重减少，水域、其他用地面积小幅增加。建设用地增长主要占用耕地空间，而耕地增加主要占用林地、水域空间。1995 年、2005 年、2015 年鄱阳湖地区生境质量指数分别为 0.542、0.517、0.500。高生境质量区域主要分布在中心地带及北部地区；核心地带外沿的耕地环层由于自身受人类活动影响程度较大的原因，生境质量一般；低生境质量区域主要分布在西南部和西北部经济发展较快的区域。1995～2015 年各县(市、区)耕地生境质量整体变化程度较小。林草地高生境质量区域位于北部区域，其中湖口县、九江市区、德安县、鄱阳县 20 年间林草地生境质量略有提高，南部新建县、进贤县降低程度较大。各地区水域生境质量均出现下降，水环境保护形势严峻。应注意尽量避免大型人工景观建设对生态系统结构和功能的破坏，保持生物迁徙生境斑块、重要廊道和关键节点的完整性和连通性，共同呵护山水林田湖草生命共同体。遵循"共抓大保护，不搞大开发"的总体要求,推进鄱阳湖区生态环境治理和河湖岸线修复工作。

2) 严格控制城镇开发边界扩张

鄱阳湖区 1995~2015 年耕地生境质量质心先由东方向显著跃迁后趋于稳定,整体呈东北—西南分布格局。耕地由于基数大,保护政策严的原因,分布格局变化较小,质心跃迁幅度较小。耕地跃迁的态势受耕地保护政策与城市扩张共同作用,城市扩张对耕地生境质量的影响受耕地保护政策的限制,耕地保护政策越严格,城市扩展的影响越小。林草地质心由向东北方向较大幅度跃迁变为向西北方向小幅度跃迁,沿东—西方向分布的显著性的增加程度出现减小,生境质量优势呈现出往高海拔地区扩张的趋势,北部地区的林草地生境质量优势越来越大。水域质心由向西南方向小幅度跃迁变为向东南方向小幅度跃迁,西北—东南分布格局呈现前期略微减小,后期基本不变的态势。其跃迁趋势受城市扩张的影响不明显,有时会出现逆城镇化的现象。总体上,人口的增长和城市化进程,直接造成了城镇边界的外扩,给生态环境质量带来了威胁。针对国土空间土地利用方向的调控对策,最根本的目标当是保护生态环境,合理配置"三生空间",实现人口、资源、经济、社会的可持续发展。因此,针对鄱阳湖区西北部和西南部生境质量较低且呈现持续退化趋势的核心区及其缓冲区,应严格控制建设用地的增长,挖掘闲置和低效存量建设用地潜力,扭转林草地、水域等生态资源由于遭到侵占和破坏而导致生境质量持续退化的趋势。

3) 完善国土空间动态监测体系

鄱阳湖区已建立鄱阳湖生态观测研究站、鄱阳湖江湖生态监测重点站等研究观测机构,时刻监测区域的生态环境变化状况。近年来,鄱阳湖区生态质量监测取得了一定成果,但仍然没有形成完整的国土空间生态环境监测管理系统,具体表现在比较单一的简单监测土地质量,没有进行系统性的深入研究。因此,必须逐步完善研究区的国土空间生态质量监测与管理体系,从时间和空间两个维度掌握湖区国土空间生态质量变化状况,严格控制企业和生活污染的随意排放,加大对环境污染等区域性环境问题的综合治理,努力实现鄱阳湖区可持续发展。同时,加强人口变化、产业用地、城镇扩张等动态监测体系建设,有效配置土地资源以顺应鄱阳湖区社会经济的快速发展,优化土地利用整体布局,实现土地资源集约节约利用,避免人口与土地矛盾加剧,实现人与自然的和谐发展。

4) 强化国土空间生态教育

保护生态环境,人口素质是根本。要加大湖区的生态环境宣教力度,发展环境教育,提高人口整体素质,提升生态环境意识,加强生态文明建设,普及国土空间生态保护知识,使湖区人民更好地懂得人类与自然生态和平共处的辩证关系,逐步形成生态道德文明、土地生态伦理,使之成为调节人地关系和生态友好的强大动力。通过生态意识的培养,使人们逐步树立生态哲学观、生态伦理观、生态价值观、生态文明观、生态法制观和生态审美观等整体生态观,真正实现湖区资源环境的永续利用。

7.2　万年县生态脆弱性评价专题研究

7.2.1　万年县国土空间生态现状概述

　　万年县位于江西省东北部, 鄱阳湖东南岸, 116°46′48″E～117°15′10″E, 28°30′15″N～28°54′5″N, 总面积 1140.76km², 东西和南北最宽处分别为 47km 和 43km。万年县隶属江西省上饶市, 东靠弋阳、贵溪, 西南连余江、余干, 西北与鄱阳、乐平接壤, 距离江西省省会南昌市 120km(图7-6)。截至 2016 年, 全县辖 6 镇 6 乡(陈营镇、梓埠镇、青云镇、石镇镇、大源镇、裴梅镇和湖云乡、齐埠乡、汪家乡、珠田乡、苏桥乡、上坊乡), 135 个行政村, 人口 41.81 万人。

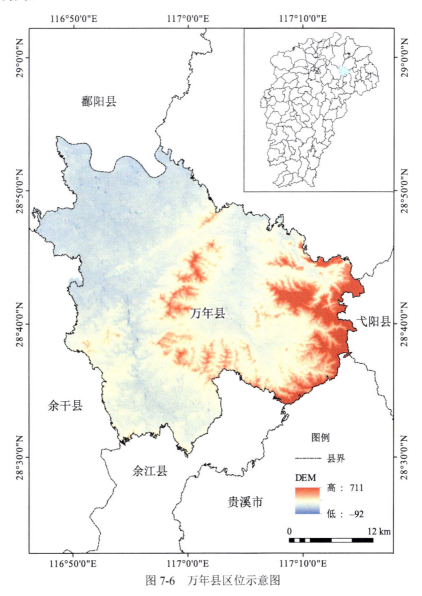

图 7-6　万年县区位示意图

1. 地形地貌

万年县地势东南高,中部较平,西北部偏低,高程相差较大。东南部群山起伏,雄伟壮观,最高处三县岭主峰海拔 715m;中部丘陵起伏,间夹小块平原;西北部与鄱阳毗邻,系滨湖地区,湖塘众多,地势较低,最低点海拔仅 11.5m。海拔 300 m 以上的面积占全县总面积的 3.08%,海拔在 100~300m 的面积占全县的 23.07%,海拔 11.5~100m 的占总面积的 73.85%。西北部滨湖地区原属鄱阳湖湖区,地势低洼平坦,水土肥沃,是传统的"鱼米之乡"。全县地貌类型主要有侵蚀堆积河谷平原、剥蚀堆积岗地、溶蚀峰丛洼地和构造剥蚀丘陵,俗为"六山(丘)一水二分田,一分道路和庄园"的丘陵县。主要山峰有三县岭、天光寒、百丈岭、黄天峰、余紫峰、万年峰、斋堂山、万富峰。

2. 气候条件

万年县属亚热带季风湿润气候,其特点是四季分明,气候温和,雨量丰沛,日照充足,无霜期长,但因地形复杂,气候差异较大。多年平均气温 17.5℃,1 月平均气温 5.3℃,极端最低气温-12.8℃(1991 年 12 月 29 日);7 月平均气温 29.1℃,极端最高气温 41.2℃ (1988 年 7 月 18 日)。平均气温年较差 23.8℃,最大日较差 23.4℃(1968 年 3 月 4 日)。生长期年平均 276 天,无霜期年平均 260 天,最长达 300 天,最短为 233 天。年平均日照时数 1739.2 h,年总辐射 108.73 kcal[①]/cm²。0℃以上持续期 285 天(一般为 2 月 28 日~12 月 10 日)。年平均降水量 1908.4 mm,年平均降雨日数为 162.1 天,最多达 225 天(1985 年),最少为 133 天(1971 年)。极端年最大雨量 2879.7 mm(1995 年),极端年最少雨量 1230.7 mm(1963 年)。降雨集中在每年 4~7 月,6 月最多。

3. 植被覆盖

万年县植被覆盖率达到了 56.85%,主要林地类别有林地、疏林地、灌木林地、未成林地、苗圃地、无立木林地、宜林地以及辅助生产地。其中,有林地面积最大,为 55048.6 hm²,灌木林地次之,为 4520.3 hm²。万年县林木资源主要分为公益林和商品林两种,其中公益林地面积为 20606.2 hm²,商品林地面积为 39369.7 hm²。从林种来看,主要由乔木林、竹林、灌木林构成,面积分别为 51361.4 hm²、3687.3 hm² 和 4520.3 hm²,而乔木林中幼龄林面积占比最多为 40673.6 hm²,中龄林面积为 8548.4 hm²,而近熟林、成熟林和过熟林的面积较少,分别为 1259 hm²、870.3 hm² 以及 10 hm²。万年县境内有珍异树种 26 种,列为国家一级保护的有红豆杉、银杏,二级保护的有鹅掌楸、香榧、凹叶厚朴、花榈木、香樟;已发现中草药品种 106 种,主要有白术、黄枝子、枳壳、金银花、夏天无、金钱草等。万年县生物多样性较为丰富。

---

① 1 cal=4.1868 J。

4. 土壤资源

万年县的土壤类型多种多样，土壤调查结果显示县内土壤共分为 6 个土类、9 个亚类、28 个土属、74 个土种，均适宜各类农作物种植。从低山高丘到河谷平原，与当地的地形和成土母质一致。由于垂直高度变化不大，水平范围又较窄小，所以规律性不很明显。水稻土是境内最主要的农业土壤类型，面积大、分布广，有淹育型、潴育型、潜育型等类型。潮土面积不大，总面积 5747 亩，质地较轻，通气性好，有机质易分解、养分低，但易被作物利用，故在施足有机肥料的情况下，土壤肥力较高。红色石灰土类仅分布于大源石灰岩地区，多在丘陵坡地出现，土层随地形影响而厚薄不同，厚的可达 1 m 以上，质地偏黏，较紧实，中性偏微碱。紫色土呈带状零星分布于珠山乡，母质为紫色泥页岩或紫色砂岩风化物，土层较薄。红壤是万年县分布很广的地带性土壤，它的成土母质多样，有酸性结晶岩风化物、泥质岩类风化物与第四纪红色黏土等，红壤区大部分是非耕地，只有少数比较平坦，水力条件好，土层比较深厚肥沃的红壤丘坡，已被开垦为林园用地和旱作地。

5. 水文状况

万年县境内河道属长江流域，鄱阳湖水系，大小河流 182 条，总长约 806 km，流域面积 2723 km^2，河网密度 0.707 km/km^2，径流总量 43.37 亿 m^3，年排涝量 1.01 亿 m^3，年最大排涝量 1.62 亿 m^3。主要河道有乐安河、万年河、珠溪河、大源河、玉津河 5 条，总长 144.5 km，流域面积 1723 km^2。主要湖泊有 14 个，山塘、平塘 1500 余口。全县已建成蓄水工程 827 座，总兴利库容为 1.79 亿 m^3；水车 191 座，兴利库容 1.42 亿 m^3；山塘 636 座，兴利库容 0.37 亿 m^3。其中有中型水库 3 座，分别为大港桥水库、张家山水库和群英水库，大港桥水库目前主要为灌溉和县城(陈营镇)供水、张家山水库主要为青云镇部分农田灌溉供水、群英水库主要为梓埠镇部分农田灌溉供水。

6. 土地利用

万年县土地资源丰富，土壤类型多样，土质好坏不一，既有宽阔平坦的冲积平原，也有坡度低矮、土层深厚的红壤岗地，还有地面起伏、坡陡谷深的山沟，以及星罗棋布的河流池塘和水库。土壤以水稻土为主，红壤、湖土次之，并有少量的紫色土和红色土，适应多种农作物和亚热带植被生长。万年县土地总面积为 1140.76 km^2，其中山地占比 61.42%；耕地占总面积的 18.67%；居民点、工矿及交通用地占比 13.48%；水域占比 6.43%。耕地主要分布在境内 5 条河流的两岸丘陵与缓坡上，以梓埠、湖云、齐埠、苏桥、上坊、陈营、裴梅为多，面积 18.7 万亩左右，占全县耕地面积的 58.5%；林地分布广泛，森林覆盖率达到 64.1%，以用材林和薪炭林为主，防护林种也占有一定比重；园地主要集中分布在平原区及部分河边滩地，多为茶园，主要分布在裴梅、梓埠、上坊等乡镇；水域以湖泊和滩地为主，各有 4 万亩左右，河流水面 2 万多亩，水库用地约 1.9 万亩。

7.2.2　万年县国土空间生态脆弱性评价指标体系与计算方法

1. 评价指标体系构建

根据生态脆弱性动态评价需要，收集了万年县 DEM 高程数据、气象数据、土地利用数据以及遥感数据和人口数据。其中，DEM 影像数据由地理空间数据云（http://www.gscloud.cn/）下载得来，影像分辨率为 30 m；2005 年、2010 年、2018 年三期土地利用数据于万年县自然资源局与江西省土地整理中心获取；2005 年、2010 年、2018 年气象数据从江西省气象局处获取；2005 年、2010 年、2018 年人口数据来源于中国县域统计年鉴及万年县各年份统计公报。

1）指标选取

对于生态脆弱性评价研究，建立科学而综合的评价指标体系是必要的。SRP 模型从生态敏感性、生态恢复力以及生态压力度三个层面综合考虑影响生态脆弱性的因素。其中，地形因子、地表因子和气象因子是生态敏感性层面的主要考虑因子。生态恢复力层面主要包含植被因子。而人类活动是造成生态压力的重要来源，因此生态压力度层面选择的是人类活动因子。总的来说，SRP 模型囊括了生态脆弱性的两个形成要素，既考虑了其内部脆弱性亦包含了其外部脆弱性，选择 SRP 评价模型可以较为全面地分析万年县 2005～2018 年的生态状况，并为接下来的动态分析打下了基础。

根据万年县具体的生态状况，按照评价要素的 3 个方面，选择了五类因子，细化成 11 个具体指标，并进一步划分为正向指标和逆向指标，对万年县 2005～2018 年生态脆弱状况进行综合评价。

（1）高程、坡度、地形起伏度指标。高程、坡度和地形起伏度作为万年县地形因子层面的 3 个指标，可以充分反映地形因子对生态脆弱性的影响，一般来讲，高程、坡度和起伏度指标值越高，其生态越敏感，可以作为反映敏感性层面的具体指标。

（2）香农多样性指数（SHDI）、香农均匀度指数（SHEI）和景观破碎度（PD）。SHDI、SHEI 以及 PD 可以从景观分布的角度，体现地表景观格局，是生态敏感因素的一部分。在本研究中将其作为反映地表因子的主要指标。

（3）年均降水量和均温指标，基于万年县气象站点数据，但由于万年县仅有一个气象站点，数据量不足，因此另外选择了万年县周边的气象站点数据，共计 30 个，进行空间插值，得出气象指标在万年县的空间分布。

（4）归一化植被指数（NDVI），将 NDVI 作为植被因子的主要反映指标，能够准确体现植被的覆盖变化，可以综合反映生态恢复力的大小。

（5）人口密度指标及土地利用程度指标。人类活动是引起生态压力反应的主要外部因素，可选用人口密度和土地利用程度两个指标来综合反映人类活动对生态的影响。人口密度为各个乡镇的总人口数/总面积，它代表人口在生态环境中的聚集程度。由于乡镇的经济数据难以收集完全，而土地利用势必会影响经济发展，且土地利用程度代表着区域内，人类对土地的利用开发方式和效益，土地使用的成果蕴藏着社会经济效益，两者之间是协调而统一的。因此选用土地利用程度指标，不仅可以反映人类通过土地利用对生态造成的影响，还能够一定程度上反映人类给生态带来的经济压力（表 7-7）。

表 7-7　指标体系选择

目标层	准则层	指标层	方向
(A1)生态敏感性	(B1)地形因子	(C1)高程	正向
		(C2)坡度	正向
		(C3)起伏度	正向
	(B2)地表因子	(C4)香农多样性指数(SHDI)	负向
		(C5)香农均匀指数(SHEI)	负向
		(C6)景观破碎度指数(PD)	正向
	(B3)气象因子	(C7)年均降水量	正向
		(C8)年均气温	负向
(A2)生态恢复力	(B4)植被因子	(C9)归一化植被指数	负向
(A3)生态压力度	(B5)人类活动因子	(C10)人口密度	正向
		(C11)土地利用程度	正向

2）指标计算及标准化

评价时，所有涉及的指标均转化为格网尺度。本研究中，通过借鉴参考各学者利用格网 GIS 法对生态脆弱性的相关研究（王观湧，2015；郭宾等，2014；张莹等，2018），并结合万年县的实际情况，从万年县总体面积、景观类型分布以及土地利用进行综合考虑，选择 1 km×1 km 对万年县进行格网划分，便于后续分析研究并以此作为基本评价单元。将提及的指标数据转化成分辨率为 30 m 的栅格数据，并将各指标值通过 ArcGIS 10.5 软件平台，进行分区统计，以得到各格网的指标值。

研究将各个指标进行统一量纲的处理，以便于指标之间的统计和对比。这里采纳的是极差标准化法，见下式。

$$正向指标：Y_{ij} = \frac{X_{ij} - X_{j\min}}{X_{j\max} - X_{j\min}}$$

$$逆向指标：Y_{ij} = 1 - \frac{X_{ij} - X_{j\min}}{X_{j\max} - X_{j\min}}$$

式中，Y_{ij} 为标准化后各指标的值；X_{ij} 为第 i 个指标在第 j 个格网的原始数据值；$X_{j\max}$ 为第 i 个指标在格网中的最大值；$X_{j\min}$ 为第 j 个指标在格网中的最小值。

3）确定指标权重

层次分析法因运用范围广，计算方法简单易行而得到大家的广泛认可和使用。但层次分析法受主观影响较大，而熵权法则是以各指标中所能提供的信息熵来确定各权重，指标所含信息熵越小，其变异程度越大，则赋予的权重越大，反之亦然（余健等，2012）。通过熵权法对层次分析法的结果进行修正，得出各指标的综合权重，组合权重公式如下：

$$R_i = \frac{a_{r_i} s_{r_i}}{\sum_{i=1}^{n} a_{r_i} s_{r_i}}$$

式中，a_{r_i} 为层次分析法计算的权重；s_{r_i} 为熵权法计算的权重；R_i 为组合权重。最后计算出 2005 年、2010 年、2018 年万年县生态脆弱性的各指标权重，见表 7-8。

表 7-8　2005～2018 年各指标组合权重

指标	最终权重		
	2005 年	2010 年	2018 年
(C1)高程	0.0733	0.0743	0.0754
(C2)坡度	0.0436	0.0443	0.0448
(C3)起伏度	0.0495	0.0501	0.0509
(C4)香农多样性指数(SHDI)	0.0450	0.0461	0.0457
(C5)香农均匀度指数(SHEI)	0.0706	0.0721	0.0506
(C6)景观破碎度指数(PD)	0.0968	0.0954	0.0812
(C7)年均降水量	0.0398	0.0331	0.0306
(C8)年均气温	0.0378	0.0305	0.0284
(C9)归一化植被指数	0.1737	0.1783	0.1579
(C10)人口密度	0.2897	0.2936	0.3527
(C11)土地利用程度	0.0802	0.0822	0.0818

2. 生态脆弱性分析方法

1)综合指数法

本章采用综合指数法求得生态脆弱性指数 evi,计算公式如下式：

$$\text{evi} = \sum_{i=1}^{n} W_i \times R_i$$

式中，evi 为生态脆弱性指数；W_i 为各个指标的标准化值；R_i 为各个指标所占的权重。同时，对生态脆弱性指数进行统一标准化的计算，便于其数值比照，公式如下式：

$$S_{\text{evi}} = \frac{\text{evi} - \text{evi}_{\min}}{\text{evi}_{\max} - \text{evi}_{\min}}$$

式中，S_{evi} 为标准化后的 evi 值；evi 为全部格网单元的生态脆弱性指数值；$\text{evi}_{\max}$ 为其中的最大值；$\text{evi}_{\min}$ 为其中的最小值。在得到标准化后的生态脆弱性指数后，使用自然断点法，生态脆弱性最后划分为五个层级，分别为微度脆弱、轻度脆弱、中度脆弱、重度脆弱以及极度脆弱。

2)空间自相关分析

本章以 Moran' I 指数和聚类图表征万年县 2005～2018 年生态脆弱性的空间关联关系，研究通过 Geoda1.12 软件绘制万年县局部空间自相关聚类图，以分析万年县生态脆弱性高值区、低值区的空间分异规律。

3) 有序加权平均法

有序加权平均(ordered weighted averaging，OWA)法由美国数学家 Yager 率先提出，其核心在于对指标按照属性的重要性重新排序，对不同位序的指标赋予不同的次序权重。关于 OWA 权重的确定方法众多，其中单调规则递增(RIM)法运用广泛，其计算公式如下：

$$V_j = \left[\sum_{k=1}^{j} W_k\right]^a - \left[\sum_{k=1}^{j-1} W_k\right]^a$$

式中，V_j 为次序权重，$V_j \in [0,1]$，且 $V_1 + V_2 + \cdots + V_n = 1$；$a$ 为决策风险系数，取值 $0 \sim \infty$；W_k 为指标重要性等级，其计算公式如下：

$$W_k = \frac{n - r_k + 1}{\sum_{j=1}^{k} (n - r_j + 1)} (k = 1, 2, \cdots, n)$$

式中，n 为指标个数；r_k 根据指标数值大小对其进行重要性取值，最大取 1，最小取 n。

利用 OWA 法计算生态脆弱性空间多准则评价的关键在于将准则权重和次序权重进行线性组合从而得出评价结果，其公式如下：

$$\text{OWA}_i = \sum_{j=1}^{n} \left(\frac{u_i V_j}{\sum_{j=1}^{n} u_i V_j}\right) z_{ij}$$

式中，z_{ij} 为第 i 个像元中第 j 项指标的属性值；u_i 为准则权重，$u_i \in [0,1]$，且 $u_1 + u_2 + \cdots + u_n = 1$，研究中使用层次分析法计算准则权重；$V_j$ 为次序权重。

基于单调规则递增(RIM)法计算 7 种不同决策风险系数下的次序权重，结果见表 7-9。在决策者持乐观态度时($a<1$)，会赋予重要性较高的指标更高的次序权重；在决策者持悲观态度时($a>1$)，重要性较低的指标被优先考虑赋予更高的次序权重，重要性较高的反而不被重视；当决策者无偏好时($a=1$)，相当于只用准则权重进行综合评价。

表 7-9　生态脆弱性评价指标次序权重

次序权重	$a=0.0001$ 最乐观	$a=0.1$ 乐观	$a=0.5$ 较乐观	$a=1$ 无偏好	$a=2$ 较悲观	$a=10$ 悲观	$a=1000$ 最悲观
V_1	1.0000	0.8360	0.4082	0.0909	0.0278	0.0000	0.0000
V_2	0.0000	0.0558	0.1558	0.0909	0.0735	0.0000	0.0000
V_3	0.0000	0.0324	0.1101	0.0909	0.1054	0.0004	0.0000
V_4	0.0000	0.0221	0.0846	0.0909	0.1249	0.0036	0.0000
V_5	0.0000	0.0161	0.0669	0.0909	0.1334	0.0177	0.0000
V_6	0.0000	0.0121	0.0533	0.0909	0.1322	0.0542	0.0000
V_7	0.0000	0.0092	0.0421	0.0909	0.1228	0.1175	0.0000
V_8	0.0000	0.0068	0.0323	0.0909	0.1065	0.1922	0.0000

续表

次序权重	$a=0.0001$	$a=0.1$	$a=0.5$	$a=1$	$a=2$	$a=10$	$a=1000$
	最乐观	乐观	较乐观	无偏好	较悲观	悲观	最悲观
V_9	0.0000	0.0048	0.0235	0.0909	0.0847	0.2425	0.0000
V_{10}	0.0000	0.0031	0.0154	0.0909	0.0588	0.2304	0.0000
V_{11}	0.0000	0.0015	0.0076	0.0909	0.0301	0.1416	1.0000

7.2.3　万年县国土空间生态脆弱性动态评价

1. 万年县生态脆弱性空间分布特征

根据 SRP 模型评价得出万年县 2005 年、2010 年和 2018 年的生态脆弱性分级图(图 7-7),结果表明,整体上来看,万年县生态脆弱性在 2005~2010 年大体呈现西北低、东南高的现象,而 2018 年万年县生态脆弱性呈现中部低,北部及东南高的状态,且 2005~2018 年极度脆弱区集中在陈营镇。

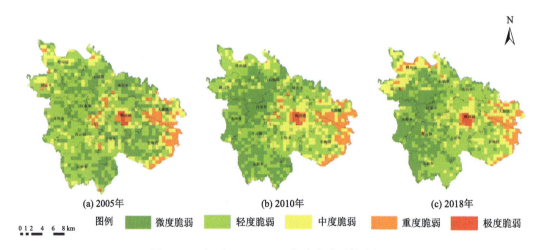

| (a) 2005年 | (b) 2010年 | (c) 2018年 |

0 1 2 　4 　6　8km

图例　　微度脆弱　　轻度脆弱　　中度脆弱　　重度脆弱　　极度脆弱

图 7-7　万年县 2005~2018 年生态脆弱性分级图

结合 2005~2018 年生态脆弱性面积占比表(表 7-10)来看,2005~2018 年均以轻度脆弱为主,其中 2005 年万年县轻度脆弱面积为 528.56 km²,占据万年县面积的 45.96%,主要分布在齐埠乡、石镇镇、汪家乡、青云镇、苏桥乡、珠田乡以及梓埠镇南部区域。另外,微度脆弱区在县内主要集中在珠田乡中部和石镇镇的中部区域,面积占比为 28.12%,而万年县中度、重度脆弱区主要分布在陈营镇周边以及大源镇南部、裴梅镇东南部地区,其面积分别为 203.19 km²、88.98 km²,占比分别为 17.67%、7.74%。而极度脆弱在万年县分布集中但面积不大,仅占 0.52%。

而随着时间的推移,与 2005 年相比,万年县 2010 年轻度脆弱面积有所下降,面积为 473.77 km²,占据县域面积的 41.19%。相比 2005 年度,万年县 2010 年中度脆弱和重度脆弱、极度脆弱分布更为集中,主要在万年县东南部各乡镇,且面积也有所增加,分

表 7-10 生态脆弱性面积占比表

脆弱性等级	2005 年			2010 年			2018 年		
	格网数	面积/km²	占比/%	格网数	面积/km²	占比/%	格网数	面积/km²	占比/%
微度脆弱	373	323.41	28.11	419	363.92	31.64	387	327.52	28.47
轻度脆弱	556	528.56	45.96	509	473.77	41.19	521	489.06	42.52
中度脆弱	237	203.19	17.67	236	213.52	18.56	262	237.57	20.66
重度脆弱	115	88.98	7.74	115	90.93	7.91	107	86.81	7.55
极度脆弱	6	6	0.52	8	8	0.70	10	9.18	0.80

别为 213.52 km²、90.93 km²、8 km²，各自占县域面积的 18.56%、7.91% 和 0.70%。其次，万年县 2018 年的中度脆弱区和重度脆弱区相比 2005 年、2010 年有向北部聚集的趋势，2018 年万年县中度脆弱区主要集中在陈营镇周边以及万年县北部的梓埠镇、湖云乡和石镇镇北部等地区。而重度脆弱区主要集中在大源镇和裴梅镇，且在北部占据零星地块。2018 年中度脆弱区面积为 237.57 km²，占比为 20.66%，相比 2005 和 2010 年呈增加的趋势。另外，微度和极度脆弱变化不大，其中极度脆弱区仍集中于陈营镇中心，亦为万年县的城区所在地，面积占比为 0.80%。

2005 年、2010 年和 2018 年的生态脆弱性指数的均值分别为 0.2633、0.2473、0.1914，呈逐年递减的趋势，表征万年县生态脆弱性在研究期间内逐渐转好。从分布的地区来看，2018 年中度脆弱区集中于北部耕地地区，而随着社会经济的发展、人口的不断增加，对粮食的需求也在不断增加，人类活动增强使得生态压力增强，造成轻度脆弱逐渐演变成中度脆弱，并出现零星重度脆弱区。而 2005～2010 年重度脆弱区集中于大源、裴梅等矿区开发地，由于矿区开发手段不完善造成一定的生态污染，在 2010 年之后，万年县对废弃矿区等进行了治理等工作，结果显示治理工作是积极有效的，2018 年重度脆弱区面积下降为 86.81 km²，占 7.55%。相信持续进行生态修复等工作，其生态状况可进一步改善。

2. 万年县乡镇尺度生态脆弱性变化特征

根据各乡镇生态脆弱性面积占比表(表 7-11)来看，2005～2018 年，齐埠乡、青云镇、上坊乡、石镇镇、苏桥乡、汪家乡和珠田乡均以微度、轻度脆弱区为主，由于这些乡镇基本位于万年县丘陵区，植被覆盖丰富，生态恢复力较强，从而总体呈现微度和轻度脆弱的状态。而大源镇 2005～2010 年由以中度脆弱为主转变为了以重度脆弱为主，镇域生态脆弱性加重，而 2010～2018 年该镇逐渐重新转变为以中度脆弱为主，由于万年县的大源镇为矿区所在地，这表明 2005～2010 年万年县持续对矿区进行开发，导致生态脆弱性明显加剧，而 2010 年后，万年县积极响应"大力推进生态文明建设"的政策，在其政府工作报告中指出，正大力推进废弃矿区治理，其成果初步显现，环境由差转好。另外 2005～2018 年湖云乡、梓埠镇由以轻度脆弱为主转向了以中度脆弱为主，这是因为这两个乡镇地处北部，地势较低，为主要耕地耕作区，随着经济、人口的快速发展，人类活动加剧，对耕地的利用加强，造成一定程度的生态压力。值得注意的是，2005～2018 年陈营镇整体经历了以轻度脆弱为主、以中度脆弱为主到以轻度脆弱为主的转变，由于万年县城区主要位于陈营镇，陈营镇中心城区成为主要的极度脆弱区；而裴梅镇虽然在研究期间以轻度脆弱为主，但其地势较高，山地众多，存在明显的自然本底脆弱性，导致其中度脆弱和重度脆弱面积仍然较大。

表 7-11　各乡镇生态脆弱性面积占比表　　　　　　　　　（单位：%）

乡镇	微度脆弱			轻度脆弱			中度脆弱			重度脆弱			极度脆弱		
	2005 年	2010 年	2018 年	2005 年	2010 年	2018 年	2005 年	2010 年	2018 年	2005 年	2010 年	2018 年	2005 年	2010 年	2018 年
陈营镇	15.97	1.50	2.52	39.85	33.48	44.04	25.02	41.51	35.02	13.23	15.60	9.52	5.93	7.91	8.90
大源镇	20.76	6.54	3.65	24.39	31.49	30.98	29.50	27.53	36.08	25.35	34.44	29.29	0.00	0.00	0.00
湖云乡	22.51	41.24	37.63	52.03	48.02	17.59	22.17	10.74	40.18	3.29	0.00	4.60	0.00	0.00	0.00
裴梅镇	30.96	5.09	5.17	27.79	38.59	46.80	19.65	32.35	28.85	21.60	23.97	19.18	0.00	0.00	0.00
齐埠乡	26.23	64.27	70.18	65.12	33.29	25.91	8.63	2.44	3.91	0.02	0.00	0.00	0.00	0.00	0.00
青云镇	18.98	43.56	62.45	64.59	51.88	32.65	14.99	4.56	3.60	1.44	0.00	1.30	0.02	0.02	0.02
上坊乡	27.03	12.90	13.72	41.89	50.92	64.91	25.15	34.30	20.28	5.91	1.86	1.07	0.02	0.02	0.02
石镇镇	36.74	53.17	44.88	50.33	32.84	37.57	11.76	13.71	15.18	1.17	0.28	2.37	0.00	0.00	0.00
苏桥乡	34.56	55.84	41.26	56.57	40.70	54.60	8.21	3.46	4.14	0.66	0.00	0.00	0.00	0.00	0.00
汪家乡	30.25	60.64	49.66	54.45	27.14	42.66	11.58	9.78	7.68	3.72	2.44	0.00	0.00	0.00	0.00
珠田乡	50.50	31.67	13.34	40.32	56.13	75.48	6.77	9.79	8.52	2.41	2.41	2.66	0.00	0.00	0.00
梓埠镇	21.32	26.04	22.81	49.55	57.99	23.42	26.27	15.68	41.59	2.86	0.29	11.98	0.00	0.00	0.20

3. 万年县生态脆弱性空间集聚特征

经过对万年县 2005～2018 年生态脆弱性进行空间自相关的探讨，计算出全局 Moran'I 指数的数值分别为 0.504848、0.680825 和 0.74296。这表明 2005 年、2010 年和 2018 年万年县生态脆弱性具有明显的空间关联关系(图 7-8)，2005～2018 年生态脆弱性的空间自相关性逐渐增加，呈现高度空间正相关关系。

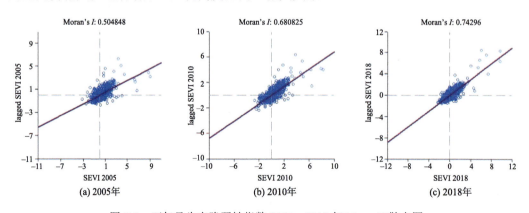

图 7-8　万年县生态脆弱性指数 2005～2018 年 Moran'I 散点图

从 LISA 聚类图(图 7-9)来看，在 95%的置信区间内万年县 2005 年生态脆弱性的高高集聚区集中于东南部。从乡镇尺度上来看，万年县生态脆弱性的高高集聚区主要分布在陈营镇中心城区、裴梅镇、大源镇以及其周边部分地区，基本集聚在极度脆弱区和重度脆弱区。而低低集聚区主要集中在微度脆弱区，少部分零星分布在轻度脆弱区。这种分布表明处于高高集聚区的陈营镇、大源镇等空间单元的和周围单元构成了热点区，其属性值都比较高,而处于低低集聚区的空间单元与周围单元构成的子区域属性值比较低，形成了冷点区。随着万年县社会经济的高速发展，人口规模的日益增加，2010~2018 年高高集聚区相比 2005 年更为集中，逐渐向中心城区、县域东南部靠拢，其大体分布与极度脆弱区和重度脆弱区分布一致，且 2018 年的高高集聚区有向北部拓展的趋势。而低低集聚区在研究期间内变化较大，其分布状况由零散逐渐变得集中，至 2018 年，基本分布在微度脆弱区。

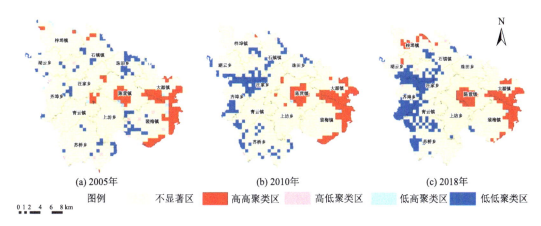

图 7-9　万年县生态脆弱性指数 2005~2018 年聚类图

万年县是我国耕作大县，随着人类活动的加剧，对于湖云乡、梓埠镇等耕地分布区造成了生态压力，而这也是引起 2018 年高高集聚区部分在北部分布的重要原因。另外 2005~2018 年万年县发展形势较好，工业生产有序增长而且建筑业发展比较平稳，带动了建设用地的急速增长，而万年县城区人类活动频繁，另外大源镇、裴梅镇山地较多，地势较高，且矿产资源开发、废弃资源处理方式的不完善，形成了生态脆弱性较高的区域以这两个镇为主向四周辐射的状态，是高高集聚的重要原因。总体而言，从目前生态脆弱性的空间集聚效应来看，需要进一步加强对高高集聚区的管控，尤其要防范其向周边地区辐射扩展。

4. 基于 OWA 的万年县生态脆弱性情景模拟

以 2018 年万年县生态脆弱性评价结果为基础，结合 IDRISI 软件中的 OWA 模块，将 11 个指标的标准化栅格图、准则权重、次序权重输入其中，得到不同决策风险下的万年县生态脆弱性评价结果。结合实地调查万年县社会经济发展水平以及生态文明建设情况，研究设置了三种情景模拟万年县生态脆弱性：$a=1$ 时，为维持现状型；$a=0.8$ 时，为生态可持续发展的乐观决策情景；$a=3$ 时，为生态不可持续的悲观决策情景。

分析三种决策情境下万年县的生态脆弱性（图 7-10），当 $a=0.8$ 时，即生态持续型，万年县全县处于微度脆弱和轻度脆弱，极少数处于中度脆弱，其中微度脆弱占比 5.62%、轻度脆弱占比 93.40%。$a=1$ 时，即维持现状型，万年县生态脆弱性状况接近使用 AHP-熵权法时的评价结果，全县以轻度脆弱和中度脆弱为主，面积占比分别为 63.29%、33.03%，表征 OWA 方法在评价生态脆弱性具有一定适用性。$a=3$ 时，即生态不可持续型，万年县以中度脆弱为主，占比 59.37%，且重度脆弱占比 1.64%，除县域西北部生态脆弱性较低，其余地区生态脆弱程度均较高，高程、起伏度、均温、降水等指标次序权重较高，万年县东南部原有自然因素成为造成生态环境脆弱的重要原因，生态环境问题不容忽视。

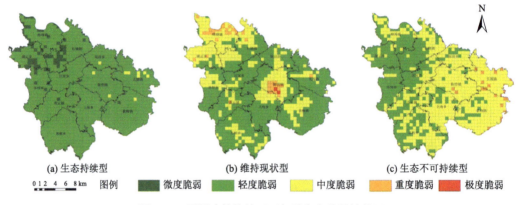

图 7-10 不同政策情境下万年县生态脆弱性状况

生态持续型情景下，全县轻度脆弱面积超过九成，生态环境保护得到极大重视，此时全县生态被破坏的区域几乎没有，决策策略可以适当考虑加大社会发展的投入，以提高未来生态修复的经济保障。维持现状型情景下，万年县生态脆弱性评价结果趋近于反映区域现实脆弱性，此时县域中心城区、西北耕作区脆弱程度较高，决策策略可以考虑在这些区域开展生态修复试点工作。生态不可持续型情景下，全县脆弱程度较高，中度脆弱占比接近六成，且集中于东南方，此时决策策略需要重点恢复县域生态环境，由于东南山区地势较高、地形起伏较大，决策者可以考虑从水源涵养、生物多样性维护、水土流失治理等方面制定修复措施，通过自然修复与人为干预的方式进行综合治理。

7.2.4 万年县国土空间生态脆弱性调控对策分析

近年来，万年县社会经济快速发展和城镇化建设，导致国土空间生态系统面临着巨大的压力。同时，万年县自然本底相对比较脆弱，旱涝灾害、水土流失、植被退化等生态安全隐患不容忽视。为此，结合万年县生态脆弱性评价结果，从宏观角度提出以下调控对策：

（1）生态优先，合理划分生态保护区。从万年县国土空间生态脆弱性表征看，土地开发利用、城镇扩张导致的耕地、林地退化，水土流失、生物多样性减少等生态问题不容忽视。为此，制定合理的国土空间规划非常必要。以生态脆弱性评价结果为基础，根据生态功能重要性，合理划分生态保护区，重点开展水土流失治理、林地培育等行动，充分发挥林地的水源涵养、水土保持、农田防护和生物多样性保护作用。通过科学规划，以自然恢复为主人为干扰为辅，做好林草地培育，进一步开展封山育林、荒山造林等工程，尽快提高植被覆盖率。同时，加强水土流失治理，在进行土地利用活动和农业生产活动时，构建起完善的水利基础设施系统，积极打造灌、排水系统，提高灌溉保障率，实现农业、生态协同发展。

（2）因地制宜，织密土地利用防护带。基于"山水林田湖草沙"生命共同体的理念，坚持生态保护修复与社会经济发展协调并举。在积极推动社会经济发展的同时，注重生态环境保护修复，维护土地利用安全。尤其是针对生态重度、极度脆弱区，更要因地制宜、积极开展生态修复保护工程。针对裴梅镇等山区，存在废弃矿山比较多、水土流失较严重，要积极推进矿山治理工作，重点布置废弃工矿复垦治理项目，减少土地损毁。实行多部门协同管理机制，系统安排矿山治理、防灾建设、土地平整等工程，实现土地资源高效利用，提高生态系统稳定性。建立并落实生态保护责任制度，依据相关法律法规加快完善本地管理制度，将生态效益切实与地方政绩考核、领导干部绩效挂钩，压实土地利用安全责任。

（3）技术支撑，健全生态安全监控网。结合国土空间规划体系的建立和实施，建立健全土地利用数据库和生态管理数据库，构建完备的国土空间规划监管体系。国土空间总体规划要具有战略性、综合性，专项规划和详细规划要有具体性、可操作性，合理配置国土资源，防范各种土地损毁、灾害、污染等风险。充分利用 3S、大数据、云计算等技术手段，建立综合信息化、覆盖全面化、高效便捷化、协同一体化的生态安全管理体系，实现信息共享、科学监测，确保生态脆弱区能够得到及时整治、自然保护地能得到有效保护。利用现代信息技术，实现国土空间治理体系和治理能力的现代化，有效管控各类土地利用活动，为全县土地高效利用和生态安全建设提供重要技术支撑。

7.3　万安县生态脆弱性评价专题研究

7.3.1　万安县国土空间生态现状概述

万安县位于罗霄山脉东麓，江西省中南部，吉安市南缘，居赣江上游东西两岸，位于 114°30′E～115°5′E，26°8′N～26°43′N。县境东西宽约 47 km，南北长约 65.5 km，总面积 2038 km²。县境东与兴国县接壤，南与赣县区、南康区相邻，西与遂川县交界，北与泰和县毗连。赣江由南至北纵贯该县，可上溯赣州市，下抵南昌市入鄱阳湖。105 国道、赣江水道和赣粤高速公路呈"川"字形纵贯县境。县城至高速公路互通口 7 km，经高速公路至井冈山火车站 40 km，至井冈山机场 50 km，至吉安海关 60 km。已开辟县城至省内大部分城市和广东、福建两省主要城市的陆路客运线路，交通较为便捷（图 7-11）。

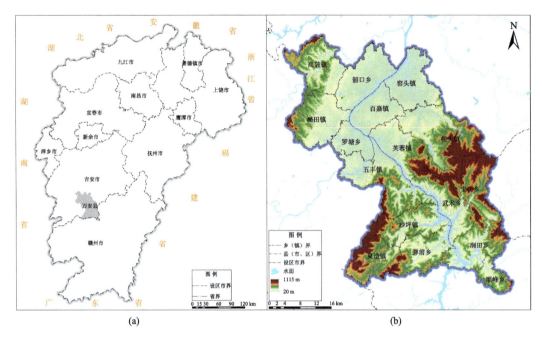

图 7-11　万安县区域位置(a)及其行政区划(b)

1. 地形地貌

万安县具有典型的江南丘陵地貌特征，由于南岭山系罗霄山脉的中段脉系和武夷山脉的余脉逶迤入境，形成了赣江两岸复杂多样的小地貌结构。赣江犹如大动脉，由南到北纵贯万安全境，将全县大致均分为东西两半。总的地势是以赣江为中线，分别向东南和西南面逐渐拔高，形成东南西三面多山、山体高突如屏并逐渐向北倾斜的大地势。东南边境山体标高一般 510～1153 m，西南界岭标高 500～952 m，山势高峻。东北部百嘉、窑头一带比较低平，多为低丘岗地，海拔 100～400 m。东部天湖山顶为县境内的最高点，海拔 1152.9 m，最北面赣江出境处最低，海拔约 58 m，高差约 1094.9 m。

县内地形复杂，地貌多样，但变化规则有序，由赣江分别向东边境依次为：平原、低丘岗地、高中丘陵、山地。全县以丘陵为主，兼有相当面积的山地和平原，总的地貌构成为：山地 792.72 km²，占 38.3%，高中丘陵 616.82 km²，占 30.3%，低丘岗地 503.39 km²，占 24.7%；平原 125.02 km²，占 6.7%，合计 2038.00 km²（图 7-12）。

河谷冲积平原主要分布于县境中部赣江中游沿岸和通津河两岸，构成长条形河谷冲积平原，在赣江两岸呈不对称分布。从整体地势坡度来看，南部、西北部山区部分坡度一般都大于 15°，在枧头镇和武术乡有些坡度甚至大于 25°（图 7-13）。这些区域从地形和地表坡度来看，发展规模现代农业条件比较恶劣。北半部赣江两边的五丰乡、罗塘乡、潞田镇、高陂镇、韶口乡、百嘉镇、窑头镇等乡镇，已经进入吉泰盆地的范围，地

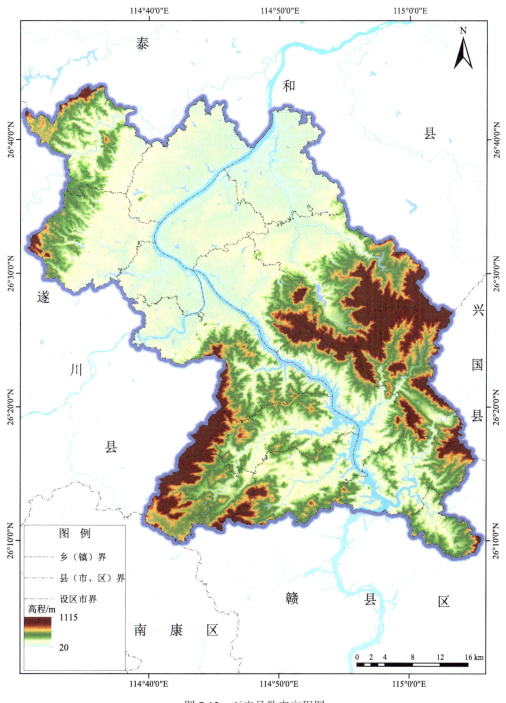

图 7-12　万安县数字高程图

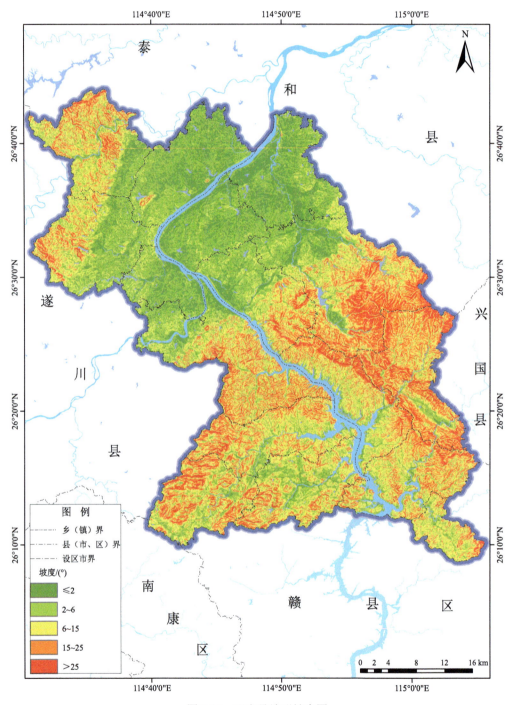

图7-13 万安县地形坡度图

形相对平坦、坡度相对平缓。从发展农业经济角度考虑，林果业地形坡度应该低于 25°，旱地作物应该低于 15°，水田、水浇地生产区的坡度应该低于 2°。可知，万安县北部相比较南部更适合发展规模现代农业。

2. 气候条件

万安县属亚热带季风湿润气候，气候温和、雨量充沛、光照充足，冬夏长，春秋短，四季分明，霜期短，生长季长。春季从 3 月中、下旬至 5 月中、下旬止，季长 67 天左右；夏季从 5 月中下旬开始至 9 月中下旬，季长 135 天左右；秋季一般从 9 月中、下旬至 11 月中下旬结束，历时 53 天左右；冬季一般 11 月中、下旬开始至翌年 3 月下旬结束，季长 125 天左右。适宜以稻、花生、甘蔗等喜温作物的种植，亦有利于秋播作物的安全过冬。据气象统计资料，万安县雨热条件较好，气温条件幅度波动不大。年降水量天数近十年平均在 150 天左右，年降水量平均在 1200 mm。多年平均气温 18.4℃，1 月平均气温 6.7℃，极端最低气温−6.9℃；7 月为 29.6℃，极端最高气温为 40.1℃。年平均无霜期为 282 天（2 月 19 日至 11 月 27 日），最长年份达 346 天，最短年份 247 天（图 7-14）。

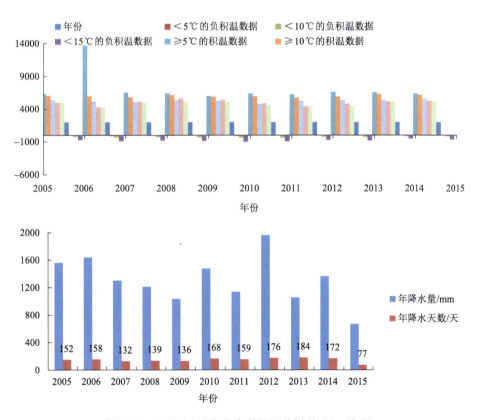

图 7-14　万安县农业气象条件统计分析（积温、降水）

3. 土壤资源

万安县成土母质主要有结晶岩类风化物、泥质岩类风化物、红砂岩类风化物、碳质岩类风化物、第四纪红色黏土、河流沉积物等，土壤类型主要有红壤、水稻土、紫色土、潮土、黄壤等(图7-15)。

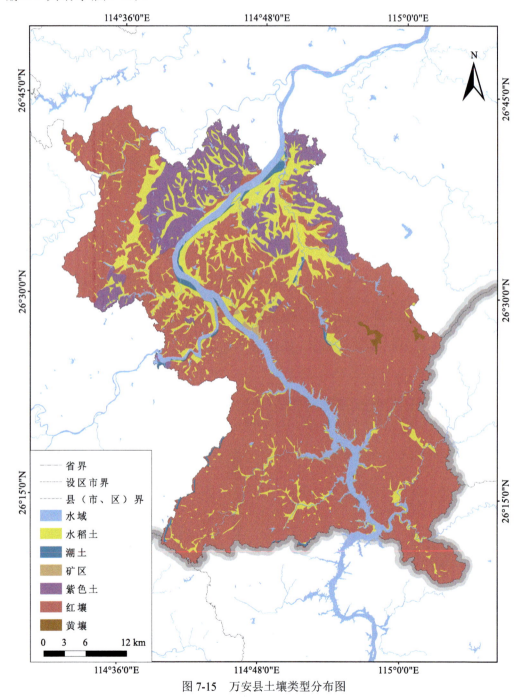

图7-15 万安县土壤类型分布图

红壤是域内最典型的土壤类型，广泛分布在 200～800 m 的山地、丘陵地带，总面积 142166.17 hm²，占县域总面积的 69.74%；水稻土是县境主要耕作土壤，主要分布在海拔较低的冲积平原一带，一般沿着较大水系两侧分布，主要在高陂、潞田、韶口、百嘉、窑头、罗塘等乡镇，面积 34279.58 hm²，占县域总面积的 16.82%；紫色土主要分布在韶口乡、窑头镇、潞田镇，总面积 19366.6 hm²，占县域总面积的 9.50%；其他潮土、草甸土、黄壤等土壤类型皆有零星分布。

4. 水文状况

万安县河流均属赣江水系，处于赣江流域中上游，呈树状分布，以赣江为主流的境内各主要河流总长度为 339.9 km，河网密度为 5.24 km/km²。主干河流赣江从涧田乡良口入境，由南向北纵贯县境中部，从韶口乡、窑头镇交界处进入泰和，流经本县总长 90 km，流域面积 2000.4 km²。由于河网密布，万安县水能资源非常充沛，全国重点建设工程之一的万安水电站就坐落在县城南面的"惶恐滩"上，装机容量 50 万 kW·h，年均发电量 15 亿 kW·h，为江西省最大的水力发电厂，是江西电力南北交换的枢纽。大坝以上江段已形成一座人工湖泊-万安湖（万安水库），湖泊水域面积 107.5 km²，总库容量为 22.14 亿 m³，是万安县主要饮用水水源地，对于下游包括南昌、吉安等城市的用水安全具有重要保障。万安湖和流经境内的赣江河段共同构成了赣江流域和鄱阳湖的重要生态涵养区，被誉为江西省的重要"水塔"。赣江万安段主要支流有流经县境西北部的蜀水和从遂川入境流经县境西部的遂川江等。蜀水河流经高陂镇中部，水资源较丰富，所流经地区地势坡度相对较大，有利于充分利用蜀水河自然资源发展相关旅游产业（图 7-16）。

5. 土地利用

万安县总面积 2038 km²，辖 9 镇 7 乡 1 个垦殖场，132 个行政村，19 个居委会，1853 个村民小组，2015 年末总人口 31.7058 万。域内地势南高北低，由南向北依次为山地、丘陵、平原，属典型的江南丘陵地貌。按土地利用类型划分，全县耕地面积 29542.68 hm²（其中，水田面积 16835 hm²），占县域总面积的 14.49%；园地 982.44 hm²，占县域总面积的 0.48%；林地 147990.25 hm²，占县域总面积的 72.60%；草地 3099.01 hm²，占县域总面积的 1.52%；其他农用地 3528.05 hm²，占县域总面积的 1.73%；城乡建设用地 7791.01 hm²，占县域总面积的 3.82%；水域 8954.62 hm²，占县域总面积的 4.39%。全县人均耕地 0.0938 hm²，人均园地 0.0031 hm²，人均林地 0.4697 hm²，人均建设用地 0.0308 hm²（图 7-17）。耕地主要分布在北半部的高陂、潞田、韶口、窑头、百嘉、罗塘等乡镇，南半部的枧头、宝山、弹前等乡镇沿着山沟、河谷有零星分布。林地主要分布在南半部的枧头、宝山、五丰、武术等乡镇。

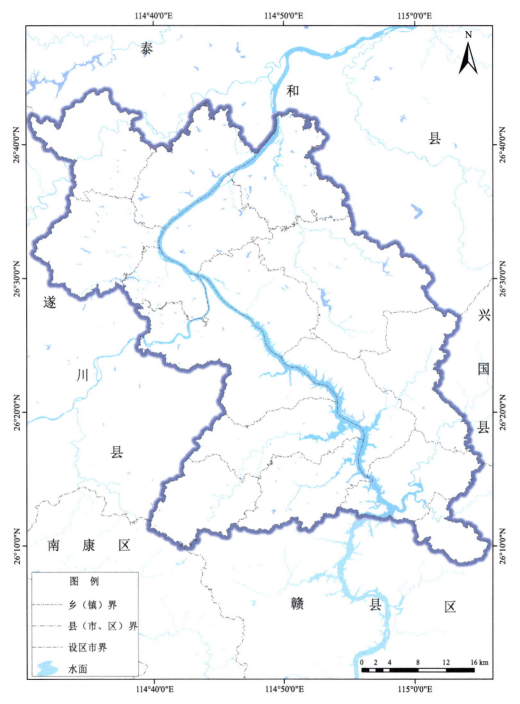

图 7-16　万安县河流水系及水资源分布图

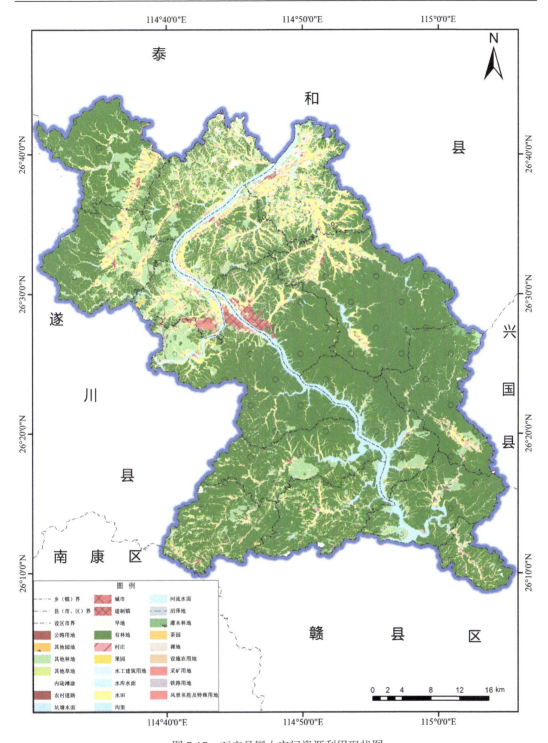

图 7-17　万安县国土空间资源利用现状图

7.3.2　万安县国土空间生态脆弱性评价指标体系与计算方法

1. 评价指标体系构建

以 1987 年 12 月 8 日 Landsat 5、1995 年 10 月 27 日 Landsat 5 影像和 2015 年 10 月 18 日 Landsat 8 TM 影像(空间分辨率 30 m)数据,以及万安县数字高程数据(DEM 数据,分辨率 30 m)、相应年份的社会经济统计数据,作为分析的基础数据。土地景观类型的分类标准以 2017 年 11 月颁布的《土地利用现状分类》为基础,根据研究需要和万安县实际情况,将研究区土地利用类型分为耕地、林地、草地、建设用地、水域和未利用地 6 个类型。采用 ENVI 5.3 遥感处理软件对各年遥感影像进行大气校正、几何校正、增强、裁剪等过程,采用监督分类和目视纠正的方法进行土地利用数据解译,解译精度在 85% 以上。以 3km×3km 网格单元为研究尺度,全县共有 243 个网格。每个网格中景观水平指数的计算通过 ArcGIS 中 Patch Analysis 插件获取(Rempel et al.,2012)。依循"压力-状态-响应"评估框架,基于景观格局指数和生态系统稳定性的内涵,从生态系统压力度、敏感性、恢复力三方面出发构建万安县生态脆弱性指标体系。

(1)生态压力度因子。包含面积加权平均分维数、扰动指数两个因子。一般而言,面积加权平均分维数反映了人类活动对斑块形状的影响,受人类活动干扰小的自然景观的分数维值高,而受人类活动影响大的人为景观的分数维值低(许倍慎等,2011)。扰动指数用来衡量人类活动对生态系统的影响(封建民等,2016),研究发现影响程度与距离之间呈现一定的递减关系(曹运江等,2010)。因此,以提取出的建设用地为基础,设 <200 m、20~500 m、500~800 m、>800 m 四个缓冲区,分别赋值 0.8、0.6、0.4、0.3,参与人类干扰活动影响分析。

(2)生态敏感因子。包含景观破碎度指数、地形因子指数、景观类型指数、植被覆盖度指数。景观破碎度指景观被分割的破碎化程度,反映了景观空间结构的复杂性,是区域生态脆弱性评价中最常用的指标。地形因子是影响生态系统脆弱性的重要因子,当环境受到人类破坏后,地形坡度越大,景观越敏感,造成的侵蚀退化程度越大。参照水利部颁布的《土壤侵蚀分类分级标准》(SL1960—2007),根据万安县地形特征,设 5 个坡度级,分别为:<5°、5°~10°、10°~15°、15°~25°、>25°。分别赋值 0.1、0.2、0.3、0.5、0.8。地形因子指数越大,生态敏感性越高。结合万安县未利用地和草地容易被改变、其次林地易改变、水体和建设用地不易改变的特点。根据各个景观类型的易损度划分为 6 个等级权重值,分别为:未利用地=0.6、草地=0.5、林地=0.3、耕地=0.2、水体和建设用地=0.1。植被覆盖度指数是地表因子的组成部分(刘正佳等,2011)。植被是陆地生态系统的主体部分,是衡量气候和人文因素对环境影响的重要指标(崔晓临等,2013)。可以采用象元二分模型计算植被覆盖度(滕玲,2016)。

(3)生态恢复力因子。包含景观适应度指数、景观优势度指数。脆弱性与系统的适应性有密切关系(李克让等,2005)。系统的结构和功能与生态恢复力联系密切,景观系统的多样性越多,结构越复杂且分布均匀,系统越稳定。因此,选取斑块丰度密度指数(PRD)、香农多样性指数(SHDI)和香农均匀性指数(SHEI)构建景观适应度指数

(LAI)(孙才志等，2014)。最大斑块指数(LPI)表示优势度，LPI 值越大，抗外界干扰能力越强，生态脆弱性指数越小。

2. 评价指标标准化

为了消除量纲的影响，将各个指标进行标准化处理。

对于正向指标，数值越大越脆弱(贾艳红等，2007)，标准化处理公式为

$$Y_{ij} = \frac{X_{ij} - \min\left(X_{ij}\right)}{\max\left(X_{ij}\right) - \min\left(X_{ij}\right)}$$

对于负向指标，数值越小越脆弱，标准化处理公式为

$$Y_{ij} = \frac{\min\left(X_{ij}\right) - X_{ij}}{\max\left(X_{ij}\right) - \min\left(X_{ij}\right)}$$

式中，Y_{ij} 为标准化的指标值；X_{ij} 为原指标值；$\min\left(X_{ij}\right)$ 为原指标最小值；$\max\left(X_{ij}\right)$ 为原指标最大值。

3. 综合评价分析方法

1)熵权法

为了克服主观因素对权值的影响，选取熵权法对各指标赋权值。熵权法是一种基于各个指标信息熵值，综合计算指标权重的方法，极大程度上有效、客观反映了各个指标的重要程度(贺祥，2014；张燕等，2009)，得到万安县生态脆弱性评价指标权重结果见表 7-12。

表 7-12 万安县生态脆弱性评价指标权重

总目标层	指标类	指标项	权重
(A)万安县生态脆弱性评价	(B1)生态压力度	(C1)面积加权平均分维数倒数	0.0698
		(C2)扰动指数	0.4390
	(B2)生态敏感性	(C3)景观破碎度指数	0.0860
		(C4)地形因子指数	0.1741
		(C5)景观类型指数	0.0349
		(C6)植被覆盖度指数	0.0787
	(B3)生态恢复力	(C7)景观适应度指数	0.0072
		(C8)景观优势度指数	0.1103

2)灰色关联分析法

运用灰色关联计算模型和公式,计算万安县各个网格单元土地生态脆弱性指数(夏浩等，2017)。计算公式如下：

$$EVI = \sum_{i=1}^{n} W_i \times \varepsilon$$

式中，EVI 为生态脆弱度指数；W_i 为第 i 项指标的权重；ε 为关联系数。

3）空间自相关分析方法

空间自相关分析是分析空间数据相关性和显著性的方法（张燕等，2009；夏浩等，2017），将其与生态脆弱性评价相结合，可以更好地揭示和阐述区域脆弱性的空间集聚特征和内在变化规律。采用 Moran's I 来衡量全局空间自相关和 $LISA_i$ 衡量局部空间自相关（孙才志，2014），利用 GeoDa 设置空间权重时采用"车式"邻接法，以此进行空间自相关方面的分析和计算。

7.3.3 万安县国土空间生态脆弱性动态评价

1. 生态脆弱性空间格局总体特征

根据 1987 年、1995 年和 2015 年万安县生态脆弱度指数计算结果（表 7-13、表 7-14、图 7-18），1987～2015 年万安县 68.72%的样本区生态脆弱度指数增大。1987～1995 年生态良好区面积轻微减少，1995～2015 年生态良好区面积急速减少，减少比例 27.58%；1987～1995 年轻度脆弱区面积略微增加，而在 1995～2015 年轻度脆弱区面积快速减少，减少比例 11.52%。中度脆弱区、重度脆弱区和极度脆弱区面积在 1995～2015 年都有所增加，增加比例分别是 10.29%、11.93%、19.75%。从柱状图中可以看出，1987～1995 年各个级别脆弱区的面积存在轻微变化，而在 1995～2015 年各个级别脆弱区的面积均存在明显的增加或是减少。

表 7-13　万安县 1987～2015 年各生态脆弱性区面积和比例情况

分区等级	1987 年		1995 年		2015 年	
	面积/km²	比例/%	面积/km²	比例/%	面积/km²	比例/%
生态良好区	990	45.27	927	42.39	324	14.81
轻度脆弱区	648	29.63	657	30.04	396	18.11
中度脆弱区	342	15.64	396	18.11	567	25.93
重度脆弱区	153	6.99	144	6.58	414	18.93
极度脆弱区	54	2.47	63	2.88	486	22.22

表 7-14　万安县 1987～2015 年生态脆弱性转移矩阵　　　　（单位：km²）

年份	类型区	2015 年				
		生态良好区	轻度脆弱区	中度脆弱区	重度脆弱区	极度脆弱区
1987 年	生态良好区	279	234	225	162	90
	轻度脆弱区	36	135	234	117	126
	中度脆弱区	9	27	90	99	117
	重度脆弱区	0	0	18	36	99
	极度脆弱区	0	0	0	0	54

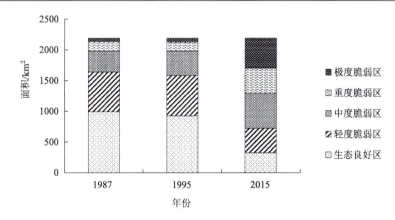

图 7-18　万安县 1987～2015 年各类生态脆弱区比重情况

从脆弱性空间格局看（图 7-19），万安县生态脆弱度在自西向东、由南到北两个方向上均呈现先上升后下降的趋势。其中，1987 年、1995 年的趋势线有略微变化，而 2015 年的趋势线变化较明显。分析可知，全县生态脆弱度高值区域集中在中北部地区，而低值区集中于南部和西北部。具体而言，以"罗塘-芙蓉-百嘉"等乡镇为生态脆弱度高值区，而"沙坪-武术-宝山"以南以及"潞田-高陂"以北为土地脆弱度低值区域。这种脆弱性表征与万安县生态环境、植被覆盖、经济格局状况相一致。从万安县各乡镇脆弱性表征看（图 7-20），1987～2015 年各乡镇生态脆弱度均有不同程度增加。高值区主要集中在以"芙蓉镇-罗塘镇"为中心的周边区域，而低值区主要分布在高陂、顺峰、沙坪等乡镇。

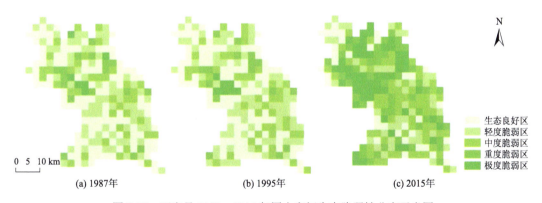

图 7-19　万安县 1987～2015 年国土空间生态脆弱性分布示意图

从脆弱性演变趋势看（图 7-21），1987 年，万安县生态脆弱度呈现出较均匀分布趋势。主要是万安县县政府所在地周边区域存在高值区域，其余区域基本是低值区。相比于 1987 年，1995 年的生态脆弱度存在略微增加，但是增加幅度总体不大，分布基本遵循 1987 年分布特点。而与 1987 年和 1995 年趋势图相比，2015 年的生态脆弱度分布特征明显不同。由 1987 年主要以芙蓉镇区域为主的高值区不断向外围拓展，形成以"芙蓉镇-罗塘镇-窑头镇-韶口镇"为主的高值区。

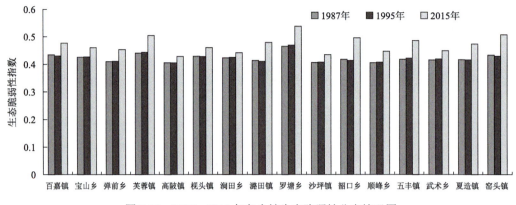

图 7-20　1987～2015 年各乡镇生态脆弱性分布情况图

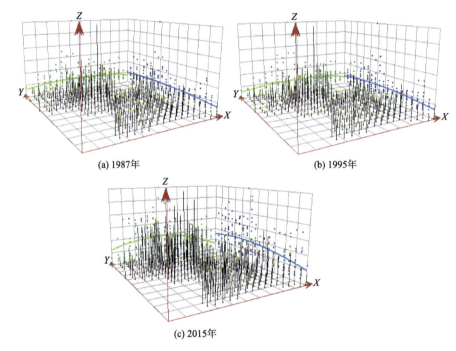

图 7-21　万安县 1987～2015 年生态脆弱性趋势分布图

2. 空间集聚特征

根据全局空间自相关分析结果可知,万安县生态脆弱度在空间上具有很强的相关性。从生态脆弱度 Moran 散点图看(图 7-22),1987 年、1995 年和 2015 年三个时期的 Moran 指数均为正数,分别是 0.22054、0.226583、0.406524。研究时间段内 3 个年份的 Moran 指数绝大多数位于第一、第三象限,表明万安县生态脆弱度存在较高的空间自相关特征。从各个年份数值可以看出,3 个时期的相关性指数逐渐升高,由此可见全县生态脆弱度的全局空间自相关上升,空间分布集聚度增强。

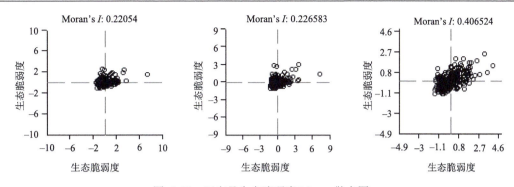

图 7-22　万安县生态脆弱度 Moran 散点图

局部空间自相关可以反映评价区域各个网格单元之间的空间关联度。根据万安县生态脆弱度 LISA 集聚图(图 7-23)，3 个年份的生态脆弱度空间集聚特征为：①高-高：显著高值集聚区主要集中分布在万安县县政府所在地芙蓉镇的周边区域，1987 年和 1995 年的高值集聚区总体相差不大，而 2015 年的高值集聚区以县政府所在地向西逐渐扩展。②低-低：显著性低值区主要分布于高陂镇，1995 年的低值集聚区相比于 1987 年有减少趋势，而 2015 年位于高陂镇的低值集聚区向外围扩展，且扩展较为明显。③低-高：1987 年和 1995 年主要分布于高值集聚区的北部区域，而 2015 年的低-高区相比于 1987 年和 1995 年明显减少，但是仍然主要分布于高值区附近，说明这些集聚区分布特点主要是高值区附近，处于低高转变的过渡带特征非常明显。

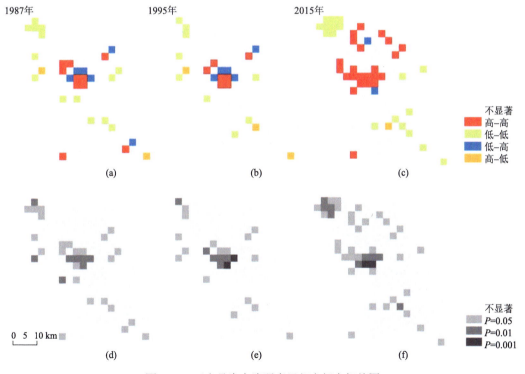

图 7-23　万安县生态脆弱度局部空间自相关图

3. 驱动力分析

从较短研究周期看，区域生态脆弱性强弱与社会经济发展有密切关系，人为干扰活动是区域内生态脆弱性的主导驱动力。为分析万安县生态脆弱性驱动机制，选取 1987 年、1995 年、2015 年各乡镇单位耕地面积化肥施用量、人口自然增长率、乡镇人均纯收入、地均粮食产出、乡村从业人口比重、非农业人口比重 6 个影响因子，计算出三期平均值；运用 ArcGIS 软件计算 1987～2015 年各个乡镇生态脆弱度指数平均值，并将社会经济因子导入 ArcGIS 软件进行空间分析处理；通过地理探测器法进行因子探测，得到各个影响因子对生态脆弱性强弱的解释力大小，其中具有显著性影响的因子分别是：乡镇人均纯收入、地均粮食产出、人口自然增长率和非农业人口比重，q 值大小分别是 0.9032、0.6676、0.6676、0.6626、0.6131。

万安县属于典型丘陵地区，地区受海拔影响较为明显。人口、交通、工业、服务业密集区主要分布在中北部平原地区。这些地区人口密度大、土地投入产出强度大，经济快速发展导致生态环境受到的影响也较大。其中，在社会经济发展因子中，乡镇人均纯收入对区域生态脆弱性的影响力最大。由此表明，万安县的经济发展是以牺牲生态环境为代价的，属于经济与生态协调发展不足，属于比较难持续的发展方式。

对参评影响因子进行交互探测后，得出 15 对因子对。结果表明任何两种因子的交互作用都比单因子交互作用强。非线性增强因子对具有最强的协同作用。根据表 7-15 数据分析，最强的非线性协同因子对是单位耕地面积化肥施用量与非农业人口比重。由此表明，单位耕地面积化肥施用量对区域生态脆弱性的增强直接作用小，但与非农业人口比重因素交互所产生的间接作用力很大。这说明在城镇化发展进程中，需要合理引导城镇发展规划，避免城镇"摊大饼式"盲目外延，以及要注重发展生态、绿色、循环农业，避免为了获得经济社会效益而牺牲生态环境。

表 7-15　生态脆弱性影响因子相互作用

	X_1	X_2	X_3	X_4	X_5	X_6
X_1						
X_2	0.8455					
X_3	0.9311	0.9638				
X_4	0.7772	0.8164	0.9349			
X_5	0.5290[*]	0.9535[*]	0.9755	0.9252[*]		
X_6	0.9656[*]	0.8592	0.9408	0.8561	0.8150	

注：X_1、X_2、X_3、X_4、X_5、X_6 分别表示单位耕地面积化肥施用量、人口自然增长率、乡镇人均纯收入、地均粮食产出、乡村从业人口比重、非农业人口比重；

[*]表示因子 X 和 Y 之间为非线性双协同作用；未标注此符号表示因子 X 和 Y 之间为双协同作用。

7.3.4　万安县国土空间生态脆弱性调控对策分析

万安县近年来建设用地增加迅猛、社会经济发展提速，人类干扰活动对生态环境的影响明显增强，引起耕地、林地退化，生态系统内部平衡受到破坏，生态环境形势比较严峻。当前，要促进万安县人地协调发展、社会经济与生态环境可持续发展，必须顺应万安县地形地貌、土壤植被、水文气候、土地资源等条件状况，结合万安县生态环境脆弱区空间格局和发展规律，合理规划"三生"用地，合理落实"三区三线"，严格土地用途管制，加强生态保护修复，推动三生空间和谐发展。

1) 加强实施国土空间规划，科学划定"三区三线"

万安县在国土空间开发利用过程中，要加快开展国土空间规划，严格划定"三区三线"，城镇化发展进程中要避免城镇"摊大饼式"盲目外延，农业发展中要注重保护耕地和发展生态、绿色、循环农业，生态环境建设要做到生态环境保护优先。特别注意三类空间、三条红线是个有机整体，共同构成了空间布局优化的整体关系，不能与县域空间发展战略割裂开来，国土空间规划和管理体系在县域、乡镇不同空间层次有不同的侧重点。县域层面要与国家、省级层面相衔接，落实区域协调和重大战略，强调自上而下的传导要求，强化国土空间布局优化，完善生态保护红线、永久基本农田、城镇开发边界三条控制线划定工作；乡镇层面要从地方长远发展角度考虑，统筹生态脆弱性和生态功能重要性，形成相对稳定的城镇结构形态和土地利用格局，落实和维护好"三区三线"，构建更好的生产、生活、生态空间，建设更好的土地生态景观格局。

2) 严格落实土地用途管制，坚决服从"底线思维"

"三区"是对应空间功能分区、构建国家开发保护格局的要求，"三线"是落实国家战略的具体治理手段，是落实土地用途分类管控的红线、底线。"三区三线"一旦划定，就确定了国土空间的开发和保护格局，明确了底线控制的各种范围边界。要坚持底线思维落实用途管制，以国土空间规划为依据，把"三区三线"作为调整经济结构、规划产业发展、推进城镇化不可逾越的红线，把生态脆弱性分区作为优化土地利用管控的依据。万安县国土空间规划工作已经基本完成，其中生态红线保护率在吉安市排在第二位，要严守生态保护红线和永久基本农田红线，重点要把握好生态安全、粮食安全、环境安全、资源安全。全县要结合国土空间规划的实施，完善国土空间用途管理体系，形成"一本规划、一张蓝图"管到底，发挥县域国土空间规划对各专项规划和乡镇规划的指导约束作用，统筹区域协调、城乡融合、生态安全，形成节约资源和保护环境的空间格局、产业结构、生产方式、生活方式，坚持人与自然和谐共生。

3) 大力开展生态保护修复，切实做到"生态优先"

国土空间开发利用要强化底线约束、体现保护优先，特别是生态保护红线要保证生态功能的系统性和完整性，以有力有效的措施确保生态保护修复目标责任全面落到实处。万安县的生态保护修复要加强生态脆弱性分区结果的应用，重点抓好水土保持区、生态修复区和生态防护区的综合治理工作。水土保持区主要位于地势比较高、人口分布稀少的山区，对外界干扰更为敏感，在合理开发利用时要特别注意水土保持状况，继续开展退耕还林、植树造林工程，并进一步借助工程措施提高水土保持能力，改善生态环境。生态修复区主要是针对高度脆弱和极度脆弱区域，主要分布在万安县北部，这些区域受城镇扩展和农业生产影响比较大，需要加强土地资源调配和合理利用，特别是注重生态过渡带(城镇向农村过渡的地带)的合理利用和生态保护修复工作。生态防护区主要针对生态良好或轻度、中度脆弱区，主要分布在万安县南部区域，该区域人口密度较小、交通网络较稀、植被覆盖较好，应注重提高区域生态系统功能的稳定性。

7.4　武功山自然保护区生态脆弱性评价专题研究

7.4.1　武功山自然保护区国土空间生态现状概述

武功山(114°05′E～114°15′E，27°24′N～27°34′N)地处江西省西北部，位于萍乡市芦溪县、吉安市安福县、宜春市袁州区三地交界处，主脉绵延超过 120 km，总面积约 970 km² (图 7-24)。为赣江、湘江两大水系的分水岭(高贤明，1991)，是山岳型国家重点风景名胜区、国家 5A 级旅游景区、国家级风景名胜区、国家森林公园、国家地质公园、国家自然遗产。因其海拔较高，山脉垂直陡峻，区内气候、植被、土壤的垂直地带性分化明显。作为自然风景区，武功山地理位置优越，外围交通发达，处于湘赣两省的黄金旅游带上，沪瑞高速、320 国道、浙赣铁路复线横贯东西，319 国道纵穿南北，构成了便捷的交通网络(廖铅生等，2008)。因为特殊的地理位置，芦溪、袁州和安福 3 地都在积极开发武功山：萍乡市成立了羊狮幕省级自然保护区和国家级武功山风景名胜区；安福县成立了武功山国家森林公园，围绕金顶设立了武功山国家地质公园；袁州区成立了明月山国家森林公园，面积约 136km²。

1. 地形地貌

武功山位居罗霄山脉北支，山体呈东北-西南走向，主峰白鹤峰(金顶)海拔 1918.3m，是江西主要高峰之一。另外还有铁蹄峰(海拔 1914m)、东江山(海拔 1720m)，羊狮幕(1650m)，四回山(1239m)等。总体地形西北高、东南低，主峰及附近为中低山地形，山势险要，沟壑纵横，谷深水急，山顶岩石裸露，坡度一般大于 25°，西北坡时有悬崖峭壁；其余为低山高丘，北坡较陡峻，坡度可达 30℃，沟谷发达，而南坡、东南坡较平缓，坡度为 15～25°，常小于 20°。山顶浑圆，山中沟溪常见(高贤明，1991)。

究其地质成因，学者推断武功山地区位于活动大陆边缘，岩浆活动十分活跃，在一系列地质活动后形成了武功山变质杂核岩(薛德杰等，2014)。后来武功山体再度崩裂、隆起，初步形成其北侧陡峻南侧平缓的坡形山体(舒良树等，1998)，最高海拔为 1918m。变质杂核岩不断接受风化、剥蚀、搬运、沉积，在一系列成土作用下逐渐形成武功山南侧坡地大面积地表土层，为武功山绵绵山地草甸的形成提供了前提条件(袁知洋，2015)。

2. 气候水文

武功山属中亚热带季风气候，受东南季风影响，气候温暖湿润，雨量充沛，日照较少，雾多风大。全年无霜期长，四季分明且冬季较短，有利于植物的生长发育(高贤明，1991；林燕春等，2010)。年均日照时间在 1580～1800 h，年平均温度约为 14～18.6℃，年均降水量为 1350～1570 mm，整体气候温和湿润(程晓，2014)。降水主要集中在 3～6 月，约占全年的 55%至 60%。降水量随海拔升高而逐渐增加，温度随海拔升高而降低

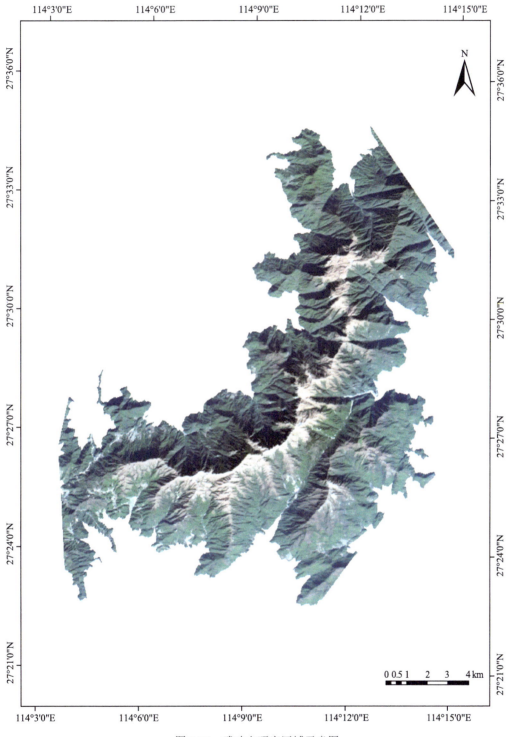

图 7-24　武功山研究区域示意图

(Purevdorj et al., 1998)。山顶风大,日平均风速达 4～5m/s。山区空气湿度大,常年相对湿度约为 80%,云多雾重,常常是山下天晴气暖,山上却云雾缭绕,气象万千。因此,山上日照较少,日照时数主要集中在每年 7～9 月,分别平均为 90.8h、117.8h、197.5h,三个月总日照时数达 406.1h,约为附近城区日照时数的 65%。

武功山境内河流属袁水,古称芦水。唐、宋以后,萍乡属袁州管辖,改称袁水。袁水发源于武功山,主源有二:一是发源于武功山金顶附近的三天门;二是发源于武功山发云界山麓。东流宜春、新余、樟树注入赣江,为赣江水系。袁河是芦溪县境内流域面积最大的常年河流,流经五乡四镇,全长超过 50km,流域面积约 776km^2,历年平均流量 10.57m^3/s,历年最大流量 189.6m^3/s、最小流量 1.65m^3/s(王绍强等,2000)。

3. 土壤植被

武功山常见的成土母岩包括砂岩、砂页岩、千枚岩及砾岩,部分地带有较大面积的花岗岩和片麻岩存在(陈述彭等,1998)。在亚热带季风湿润气候作用下,成土条件较为复杂,土壤淋溶沉积作用强、风化程度较高,表现出一定程度的脱硅富铝化和黄化作用(由于相对湿度大,土壤中的氧化铁水化,形成暗黄色下层土壤)、盐基饱和度低和交换性酸度含量高等特点,土层厚度在 30～50cm,有根系密集的匍状层,因而有机质含量较高(程晓,2014),pH 一般为 4.5～5.5,有时达 6.0(高贤明,1991)。

武功山区域内土壤共有 12 个母质,9 个土类,16 个亚类,55 个土属,150 个土种。土壤母质中:冲积土 4 个,红壤 3 个,山地黄壤 1 个,山地黄棕壤 1 个,山地草甸土 1 个,紫色土 3 个,红色石灰土 1 个,潮土 1 个(高贤明,1991)。通过调查对主要土壤类型及其分布进行判别,红壤主要分布在海拔 500m 以下的地带,土层深厚达 1m 以上,但涵养水分的能力差,腐殖质层浅薄;海拔 450～650m 交叉分布着红壤与黄红壤,后者腐殖质层稍厚,肥力一般;山地黄壤分布在海拔 650～1100m,土层厚 0.5～1m,但表层土只有 10cm 多,下层含有较多的母岩碎块,涵养水分的性能好,有较厚的腐殖层;约在海拔 1100～1500m 发育着山地黄棕壤,土层更薄,但富含有机质,颜色较深,湿润肥沃;海拔 1600m 附近及以上山顶及山坡、岭脊分布的是山地草甸土,由于枯枝落叶丰富,以及积水,低温等因素,有机物腐烂分解缓慢,土层浅薄,色泽幽黑,干后成块(高贤明,1991;林燕春等,2010)。

武功山山脉的高差大、地形复杂、气候特殊、生境多样化,导致武功山植物呈多样性分布,植被种群古老、丰富且保存完整,许多珍贵稀有植物如南方红豆杉、香果树、伯乐树等在这一地段均有分布,我国特有植物物种属如伞花木属、大血藤属、银鹊树属、水松属等在该地段也有分布。武功山珍稀濒危及国家重点保护植物共有 113 种,分别隶属于 58 科、92 属。

武功山主峰周边分布着大面积的山地草甸,成为华南地区非常独特的山地草甸景观。由于海拔高,温度低,蒸发量较小,湿度大,山地草甸植被覆盖度很高,植物资源丰富。对武功山山地草甸的植被多样性调查表明,草甸植被主要包括禾草草甸、薹草草甸、杂草草甸等 3 个草甸群系组,其中禾草草甸的物种多样性最高(罗成凤,2013)。山地草甸包含的蕨类植物、裸子植物和被子植物共有 44 科、90 属、108 种。其中蕨类植物有 6

科 6 属 6 种，裸子植物有 1 科 2 属 2 种，被子植物有 37 科 82 属 100 种。禾本科中的芒作为主要群落其分布面积较大，是整个植物群落的优势种；野古草、三脉紫菀为次优势种，伴生种有台湾剪股颖、狼尾草、穗状香薷等多种植物。春夏之际山顶一片翠绿，秋冬季节茅吐白絮，形成独特的自然生态景观。此外，与山地草甸共同构成植被交错带的群落中，还保存有华东黄杉、云锦杜鹃、猴头杜鹃、粗榧、水椇木、独花兰等国家珍稀植物(程晓，2014)。

7.4.2　武功山自然保护区国土空间生态脆弱性评价指标体系与计算方法

脆弱性评价指标是生态脆弱性评价的核心和关键(肖文婧和蔡海生，2015；马一丁等，2017)，建立脆弱性评价指标体系是生态脆弱性评价的基础(陈美球等，2005；周丙娟等，2009)。研究围绕武功山地区生态脆弱性的驱动因素，充分考虑研究区生态系统脆弱性的自然和人为因素，构建生态脆弱性动态模型。

以 1995 年 10 月 27 日 Landsat 5 和 2015 年 10 月 18 日 Landsat 8 TM 影像(空间分辨率 30 m)数据，以及 30 m 分辨率的 DEM 数据、1∶1 万武功山土壤类型数据，作为分析的基础数据。景观类型的分类标准以 2017 年 11 月颁布的《土地利用现状分类》为基础，根据研究需要和武功山实际情况，将研究区土地利用类型分为耕地、林地、草地、建设用地共 4 个类型。采用 ENVI 5.3 遥感处理软件对各年遥感影像进行大气校正、几何校正、增强、裁剪等过程进行处理，采用监督分类和目视纠正的方法进行图像解译，精度在 85%以上。将解译出数据存储为 GRID 的格式，并在 Fragstats3.3 平台下计算景观格局指数。将地形数据、植被覆盖度数据、土壤类型数据和降水量数据与土地利用类型数据叠加，以计算土壤侵蚀敏感性指数和地形指数。根据研究区的实际情况，将研究区分为 800m×800m 的格网作为评价单元，共 401 个样本区。将样本区与各个景观类型进行叠加，计算得出每个样本区景观类型的生态脆弱性指数。以及通过各个景观类型生态脆弱性指数得出全区生态脆弱性指数。

1. 指标体系的建立

评价指标的选取采用 SRP 模型(李永化等，2015；刘正佳等，2011)，该模型包含 3个指标：生态压力度、生态敏感性和生态恢复力。生态压力度包括面积加权平均分维数倒数和扰动指数；生态敏感度包括景观破碎度、地形指数和土壤侵蚀敏感性指数；生态恢复力指生态系统受到扰动时的自身恢复能力，与其内部组织结构的稳定性有关，本处用优势度表示。

1)面积加权平均分维数

反映了人类活动对景观格局的影响，受人类活动干扰小的自然景观的分数维值高，而受人类活动影响大的人为景观的分数维值低(许倍慎等，2011)。计算公式为

$$AWMPDF = \sum_{i=1}^{m}\sum_{j=1}^{n}\frac{2\ln(0.25P_{ij})}{\ln(a_{ij})}\left(\frac{a_{ij}}{A}\right)$$

式中，$1 \leqslant AWMPDF \leqslant 2$，值越趋近于 1，斑块几何形状越趋近于正方形或圆形，值越

大则斑块形状越复杂；P 为斑块周长；a 为斑块面积；A 为斑块总面积。

2）扰动指数

扰动指数（DI）用来衡量人类活动对生态系统的影响（封建民等，2016）。以提取出的建设用地为基础，设<300，300～600，600～1000，>1000 四个缓冲区，分别赋值 0.85、0.3、0.15、0.05。计算公式为

$$DI_i = \sum_{j=1}^{3} A_{ij} W_j / A_i$$

式中，A_{ij} 为景观 i 在第 j 个缓冲区的面积；W_j 为第 j 个缓冲区的权重；A_i 为景观 i 的总面积。

3）景观破碎度指数

景观破碎度（PD）指景观被分割的破碎化程度，反映了景观空间结构的复杂性，是区域生态脆弱性评价中最常用的指标。计算公式如下：

$$PD = N / A$$

式中，N 为在景观斑块类型中斑块的总数；A 为总景观面积。

4）土壤侵蚀敏感性指数

土壤侵蚀敏感性表示在各种自然要素的作用下，可能会发生土壤侵蚀的概率和程度（杨新华等，2016）。借鉴土壤侵蚀流失方程（USLE），选取降雨侵蚀力、土壤质地、植被覆盖和地形起伏度 4 因子构建土壤侵蚀敏感性评价体系。将土壤侵蚀敏感度分为 5 类，并分别赋值 0.05、0.2、0.3、0.5、0.6。利用不同景观类型对不同土壤侵蚀等级的适宜度面积加权来表示土壤侵蚀敏感性指数（张龙等，2014）。计算公式为

$$SW_i = \sum_{j=1}^{n} \frac{B_{ij}}{B_i} \times S_{ij}$$

式中，SW_i 为景观类型 i 的土壤侵蚀敏感性指数；B_{ij} 为 i 类景观分布在 j 土壤侵蚀等级上的面积；B_i 为 i 类景观总面积；S_{ij} 为 i 类景观相对于 j 土壤侵蚀等级的权重；j 为土壤侵蚀等级；n 为土壤侵蚀等级数。

5）地形指数

地形地貌是影响生态系统脆弱性的重要因子，当环境受到人类破坏后，地形坡度越大，景观越敏感，造成的侵蚀退化程度越大。参照水利部颁布的《土壤侵蚀分类分级标准》（SL190—2007），根据武功山地形特征，设 5 个坡度级，分别为：0°～5°、5°～8°、8°～15°、15°～35°、35°～90°，分别赋值 0.15、0.25、0.35、0.65、0.85。地形指数越大，生态敏感性越高。计算公式为

$$TI = \sum_{j=1}^{5} A_{ij} W_j / A_i$$

式中，A_{ij} 为景观 i 在第 j 个坡度级的面积；W_j 为第 j 个坡度级的权重；A_i 为景观 i 的总面积。

6）优势度指数

最大斑块指数（LPI）表示优势度，LPI 指数越大，抗外界干扰能力越强，生态脆弱性指数越小。

2. 指标权重的确定

为了克服主观因素对权值的影响，选取熵权法对各指标赋权值。熵权法是一种基于各个因素考虑计算综合指标的方法，能够有效、客观反映各个指标的重要程度（封建民等，2016）。分析步骤如下。

1）指标的标准化

为了消除量纲的影响，将各个指标进行标准化处理。

对于正向指标（数值越大越脆弱），需采用（贾艳红等，2007）：

$$Y_{ij} = \frac{X_{ij} - \min\left(X_{ij}\right)}{\max\left(X_{ij}\right) - \min\left(X_{ij}\right)}$$

对于负向指标（数值越小越脆弱），需采用：

$$Y_{ij} = \frac{\max\left(X_{ij}\right) - X_{ij}}{\max\left(X_{ij}\right) - \min\left(X_{ij}\right)}$$

式中，Y_{ij} 为标准化的指标值；X_{ij} 为原指标值；$\min\left(X_{ij}\right)$ 为原指标最小值；$\max\left(X_{ij}\right)$ 为原指标最大值。

2）计算第 j 个指标在第 i 个项目的指标值的比重 P_{ij}，

$$P_{ij} = Y_{ij} / \sum_{i=1}^{n} Y_{ij}$$

3）计算第 j 个指标的熵值 e_j，

$$e_j = -k \sum_{i=1}^{n} Y_{ij} \times \ln P_{ij}$$

其中，$k=1/\ln N$。

4）计算第 j 个指标的熵权 W_j，

$$W_j = \left(1 - e_j\right) / \sum_{j=1}^{n} \left(1 - e_j\right)$$

从各个评价指标权重（表 7-16）来看，扰动指数影响最大的是草地，其次是林地和耕地，这可能由于在人类活动过程中，草地更易受到干扰和影响。在地形指数中，影响最大的是耕地，其次是草地和林地。而景观破碎度对耕地的影响最大，对林地的影响次之，对草地的影响最小。而从优势度来看，草地的权重最大。

表 7-16　武功山生态系统脆弱性评价指标体系

指标	因子	林地	草地	耕地
生态压力度（P）	分维数倒数	0.0109	0.0129	0.0183
	扰动指数	0.4782	0.5025	0.2305
生态敏感度（S）	土壤侵蚀敏感性指数	0.1438	0.1243	0.1352
	地形指数	0.0059	0.0066	0.0314
	破碎度指数	0.3150	0.2394	0.4749
生态恢复力（R）	优势度指数	0.0463	0.1142	0.1098

3. 生态脆弱性指数计算模型

1) 景观类型脆弱性指数计算模型

景观类型脆弱性指数计算公式如下：

$$VI = P \times S / R$$

从公式可知，生态压力度(P)与生态敏感度(S)成正比，而与生态恢复力(R)成反比。

2) 国土空间生态脆弱度指标计算模型

综合景观类型脆弱度指数计算结果，将其与景观类型面积的比重计算区域国土空间生态脆弱度，进而从空间上反映整个区域国土空间生态脆弱性特征。其公式如下：

$$EVI = \sum_{i=1}^{m} \frac{A_i}{T_A} \times VI_i$$

式中，EVI 为国土空间生态脆弱度指数；A_i 为各个景观类型面积；m 为景观类型个数；T_A 为样本区总面积；VI_i 为 i 景观类型的脆弱度指数。

7.4.3　武功山自然保护区国土空间生态脆弱性评价

1. 景观类型的生态脆弱性

由景观类型的生态脆弱度指数计算结果可知(表 7-17)，各个景观类型在 1995～2015 年面积加权平均分维数倒数均变化不大；2015 年扰动指数与 1995 年相比，增加幅度比较明显；1995 年土壤敏感性指数在各个景观类型中相差不大，而 2015 年各个景观类型土壤敏感性指数明显增长，其中草地增长最大，由 1995 年的 0.2986 增长到 0.5043；林地和耕地地形指数在 1995～2015 年呈增加趋势，而草地呈减少趋势；2015 年各个景观类型的破碎度均比 1995 年破碎度高，且耕地和草地的破碎度增加得更明显；1995～2015 年各个景观类型的优势度均变化不大。综合分析武功山景观类型生态脆弱度，1995 年生态脆弱性指数耕地最大，其次是林地和草地；而 2015 年各个景观类型的生态脆弱性指数相比于 1995 年呈现明显增加，但生态脆弱性指数依然是耕地最大，其次是草地和林地。

表 7-17　景观类型的生态脆弱度指数

年份	地类	分维数倒数	扰动指数	土壤侵蚀敏感性指数	地形指数	破碎度指数	优势度指数	VI
	林地	0.7107	0.0438	0.2480	0.7238	0.0860	0.6043	0.0687
1995	耕地	0.6114	0.2003	0.2008	0.3540	0.0677	0.1425	0.2580
	草地	0.5560	0.0276	0.2986	0.5916	0.1071	0.2202	0.0558
	林地	0.6910	0.2117	0.3793	0.9649	0.0979	0.6104	0.3507
2015	耕地	0.6046	0.5415	0.2193	0.5644	0.1816	0.1476	1.1200
	草地	0.5340	0.2954	0.5043	0.4283	0.1696	0.2793	0.5166

2. 国土空间生态脆弱性时空变化分析

针对研究区 401 个评价格网，分析生态脆弱度指数各等级所占面积可知(图 7-25)，

生态良好区的面积从 1995 年占总面积的 86.07%减少到 2015 年的 50.25%。1995～2015
年，轻度脆弱区从 9.04%增加到 23.57%，中度脆弱区从 9.04%增加到 16.13%，重度脆弱
区从 1.07%增加到 5.42%，极度脆弱区呈现轻微增加趋势，从 1.07%增加到 1.63%。总体
上，武功山生态脆弱性有增强的趋势。

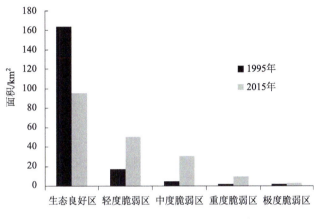

图 7-25　武功山国土空间生态脆弱性分布情况

从生态脆弱性空分布格局看（图 7-26），1995 年生态良好区主要分布在中部和北部大
部分区域，这些区域主要是分布着林地和草地景观类型；极度脆弱区主要分布在西南部，
并向外延逐渐减轻，这些地区分布着零散的耕地和建设用地。2015 年，轻度脆弱区、中

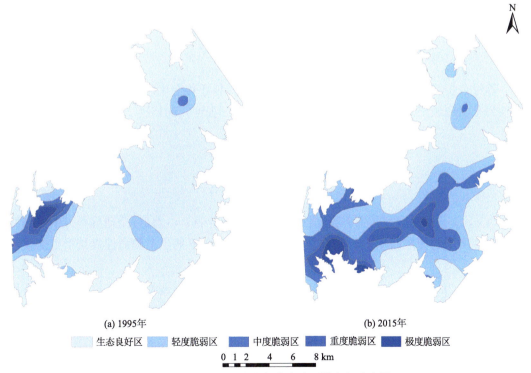

图 7-26　武功山国土空间生态脆弱性空间分布图

度脆弱区和重度脆弱区主要向中部蔓延，并且呈现外延逐渐减轻的特征。这些地区主要是建设用地和耕地增加，景区开发等人类活动比较活跃的地区。

3. 国土空间生态脆弱度级别转移变化分析

通过对研究区各脆弱性级别面积转移变化(表 7-18)分析可知，1995～2015 年，各个级别不变的区域占总面积的 54.25%，而由生态良好区向轻度脆弱区变化最多，面积是 40.3798 km²，占总面积的 21.60%；其次是中度脆弱区，面积是 20.5482 km²，占总面积的 10.99%。从图 7-27 可知，国土空间生态脆弱度增加的区域大部分集中于中部地区，这些地区主要是由于建设用地和耕地增加、植被覆盖度减少，而出现生态环境急剧下降的区域；生态脆弱度减少的区域大部分集中在西南地区，这些区域的生态脆弱度指数呈现轻微减小的趋势。

表 7-18　武功山各脆弱区面积转移变化矩阵

年份	类型区	2015 年					总计
		生态良好区	轻度脆弱区	中度脆弱区	重度脆弱区	极度脆弱区	
1995 年	生态良好区	92.4016	40.3798	20.5482	6.9258	0.8054	161.0608
	轻度脆弱区	1.2159	6.2827	4.2890	2.8601	2.1577	16.804
	中度脆弱区	0	2.2539	2.5110	0.3560	0.0131	5.140
	重度脆弱区	0	0.7235	1.2524	0.0113	0	1.9872
	极度脆弱区	0	0.2977	1.6926	0	0	1.9903
	总计	93.6175	49.9376	30.2932	10.1532	2.9762	186.9777

4. 武功山生态脆弱性重心变化

通过分析武功山生态脆弱性级别重心分布位置和迁移变化，可以进一步掌握不同级别的生态脆弱性空间变化情况。重心计算公式为(王观湧，2015)

$$x = \sum_{i=1}^{n}(c_i \times x_i)\Big/ \sum_{i=1}^{n} c_i$$

$$y = \sum_{i=1}^{n}(c_i \times y_i)\Big/ \sum_{i=1}^{n} c_i$$

式中，x、y 分别为研究区生态脆弱性级别类型重心坐标；c_i 为第 i 个研究单元的生态脆弱性级别类型的图斑面积；x_i、y_i 分别为第 i 个评价单元的生态脆弱性级别类型的重心坐标。

从图 7-28 可以看出，1995～2015 年研究区域的生态脆弱性生态良好区的重心转移是由西南向东北方向移动。可以看出，研究区域西南方向的生态脆弱度逐渐增加，转移距离为 2629.4458 m。而轻度脆弱区、中度脆弱区、重度脆弱区和极度脆弱区的重心转移，均由西北向东南方向移动，转移距离分布分别为 2573.0612 m、4380.5173 m、4069.0098 m、3249.0035 m，转移距离最大的是中度脆弱区。

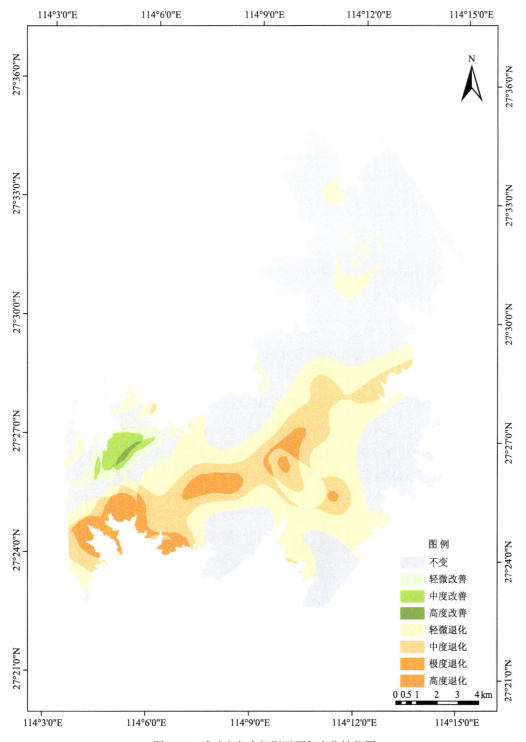

图 7-27　武功山各个级别区面积变化转移图

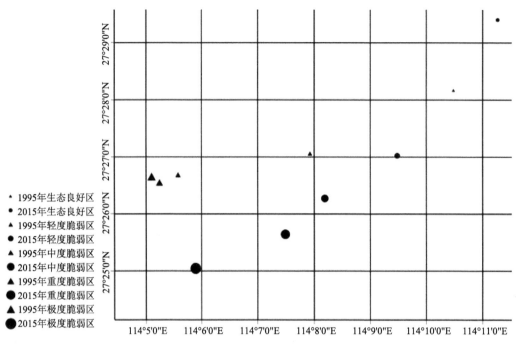

图 7-28　武功山 1995～2015 年生态脆弱性级别类型重心转移图

7.4.4　武功山自然保护区国土空间生态脆弱性调控对策分析

通过对武功山区域 20 年来生态脆弱性动态评价分析,可以发现研究周期内耕地和建设用地增加,特别是旅游开发和旅游活动影响加剧,引起草地、林地退化,生态系统内部平衡受到破坏,生态脆弱性显著提升。要从根本上改变武功山生态现状,需要结合武功山区域典型的地形地貌、气候水文、土壤植被等条件,以及武功山生态脆弱时空格局和演变趋势,合理规划利用土地,特别是控制建设用地扩张和旅游用地开发,减少人为活动对生态系统的干扰,结合生态脆弱性评价结果,科学划分生态功能区,开展生态保护修复和综合治理工作。

1)生态保护与经济发展进一步协调

武功山区域由于人类活动的加剧,生态环境保护与经济发展的失衡,导致生态脆弱性加剧。加强生态保护与调整经济结构已经迫在眉睫,特别是要加快转变经济发展方式、调整产业结构,更好地协调生态保护修复与社会经济发展的关系。要结合生态脆弱性评价结果分区,有针对性地开展水土保持、生态修复、生态保育工作。水土保持注意针对武功山北面等山体坡度较大、水土流失严重、生态极为敏感区域,应及时加大植被管护、减少破坏,实施水土保持工程,改善生态环境状况。生态修复主要针对武功山西南部和中南部高度脆弱和极度脆弱区域,主要因为旅游开发、人为干扰加剧,山地草甸和其他植被退化严重,需要通过自然恢复和人工干预对这些区域重点修复,恢复武功山典型的植被景观。生态保育主要针对武功山外围区域生态良好区、轻度脆弱区,这部分区域海拔较低,人地生态系统相对稳定,以生态自然做工为主,开展生态保育工作,进一步提升生态系统的服务功能。

2) 因地制宜与提高效率进一步统筹

随着区域社会经济快速发展，城镇化建设也在不断加快。1995～2015 年，武功山区域建设用地面积由 1995 年的 0.08 km^2 增加到 2015 年的 1.87 km^2。一方面城镇建设用地扩张带来生态破坏，另一方面土地资源低效利用产生资源浪费，需要集中统一治理。如何因地制宜统筹武功山各种资源优势，科学合理地制定国土空间土地利用和环境保护规划，改善国土空间土地利用结构，因地制宜发展生态经济，促进区域人与自然和谐与社会经济可持续发展尤为重要。武功山国土资源具有非常大的独特性、典型性、脆弱性，坚持生态优先，贯彻"山水林田湖草沙"生命共同体理念，加强研究区中度、高度和极度脆弱区的生态环境治理，真正从提升生态系统服务功能角度开展整体保护、系统修复、综合治理，转变国土空间土地利用方式，使生态环境向良好趋势发展，是国土资源利用优化调控的总抓手。加强武功山区域典型植被保护修复，加强国土资源节约集约利用，增加资金和技术投入，是有效开展生态脆弱性调控的重要手段。

3) 旅游开发与生态文化进一步融合

武功山是国家重点风景名胜区、国家 5A 级旅游景区、国家地质公园、国家自然遗产、国家森林公园，集人文景观与自然景观于一体，融千年历史、地域文化于一身。高山草甸、峰林地貌、古祭坛群、山水胜境、禅宗文化和民俗文化具有典型性、稀有性和垄断性，具有良好的旅游开发价值和发展态势。旅游业的繁荣也带来了生态环境的压力，武功山风景区旅游人数由 1995 年的 0.13 万人增加到 2015 年的 31.31 万人，到 2021 年的 149.66 万人，游客"井喷式"增长是武功山旅游经济可持续发展面临的重大挑战。因此，武功山管理部门要牢固树立"文化搭台、生态牵手、旅游唱戏"的理念，推动文化、生态、旅游的深度融合。以生态文明建设为重点，加强生态文化顶层设计，综合资源环境承载力和生态脆弱性，合理开发旅游资源。加强生态脆弱区生态保护修复，科学控制武功山旅游人数，发挥生态资源的最大经济和生态效益，促进生态环境和旅游业的协调发展，通过旅游产业传承生态文化，提升地域生态文化软实力。

第8章 国土空间生态脆弱性总体特征与研究展望

8.1 总 体 特 征

8.1.1 国土空间生态脆弱性的表征复合性

国土空间生态脆弱性来自两个方面：一个是组成生态环境的要素自身的脆弱，即生态环境固有的、内在的、潜在的脆弱因素所表现出来的脆弱性，主要包括地形地貌、气候水文、土壤母质、地质构造等自然要素自身的脆弱性，是内因，可谓之为潜在脆弱性；另一个是外界干扰对生态环境的影响，即生态环境承受的外在的、胁迫的脆弱因素所表现出来的脆弱性，包括生态环境由于植被覆盖变化、土壤侵蚀、土地利用变化、社会经济发展等人文因素导致的脆弱性，是外因，可谓之为胁迫脆弱性。而生态环境实际所表现出的脆弱性是潜在脆弱性和胁迫脆弱性的综合表现，可谓之现实脆弱性。生态脆弱性表征就是生态环境潜在脆弱性和胁迫脆弱性的综合反应，主要包括植被退化、土地沙化、荒漠化、盐碱化、水土流失、地质灾害、环境污染、生物多样性减少等方面，这些性状直接影响到土地资源的安全利用和生态系统功能的正常发挥。不同时空区域，生态脆弱性主导驱动因素及其表征存在很大的差异。

从国土空间生态脆弱性评价角度分析，生态脆弱性既强调绝对性也强调相对性，实际评价分析中，更注重相对性的分析，希望能从脆弱性动态变化中找到主导驱动力，以便有针对性地进行调控。不同的评价指标体系、模型方法，会带来不同的评价结果，也是生态脆弱性研究的难点问题。一方面，因为国土空间生态脆弱性本身就是多因素多角度的综合表现，从江西省国土空间生态脆弱性评价看，结合了自然潜在因素和人为干扰因素构建了 2 个层次 24 个指标的评价指标体系，通过多因素综合评价，明确了生态脆弱等级和空间格局，所反映的是一种综合表征。另一方面，也因为对单因子生态脆弱性的评价也没有统一的标准，在对单因子脆弱性评价分析上，确定其生态脆弱等级和空间格局，所反映的是单一脆弱表征。这些都充分说明脆弱性表征的复杂性和复合性，对国土空间生态脆弱性的认知需要结合目标导向、问题导向、需求导向，有重点、针对性地进行评判解读，提高研究结果的现实应用价值。

8.1.2 国土空间生态脆弱性的时空动态性

从江西省的自然生态环境、社会经济发展状况入手，通过系统分析 1985～2015 年江西省 6 期社会统计数据、影像数据、专题数据(气象数据、地质数据、DEM 数据、水土流失、土壤数据)，在参考学者们的研究的基础上，从自然潜在脆弱性及人为干扰脆弱性两方面入手，构建了国土空间生态脆弱性评价指标体系，包括地形地貌、气候、土壤、水文、地质基础、植被、土壤侵蚀、土地利用空间格局、社会发展、经济发展等 24 个因子，在分析现有的生态脆弱性评价文献的基础上，咨询土地生态方面的专家意见后，选择层次分析法计算权重，构建起国土空间生态脆弱性多因子综合评价模型，对江西省1985～2015 年国土空间生态脆弱性进行动态评价，分析生态脆弱性时空格局特征及其动态演变机理，以脆弱性评价结果为基础，探讨生态脆弱性分区，并提出分区调控对策建议。

动态评价上，完成了江西省国土空间生态脆弱性动态评价及分区。结合 30 年 6 期基础数据，从自然潜在及人为干扰两方面入手选取指标，构建了包含 24 个因子国土空间生态脆弱性评价指标体系，采用层次分析法计算权重，采取综合指数法计算各年份每个栅格的综合脆弱性指数，并计算不同年份的生态脆弱性相对变化情况，分析其动态演变的过程及其规律，进行生态脆弱性分区并提出优化调控对策。

时间动态上，分析了 1985～2015 年江西省国土空间生态脆弱性动态演变。从 1985年的以轻度脆弱和中度脆弱为主导演变为 2015 年的以中度、重度脆弱为主，轻度脆弱为辅的局面，中度脆弱性年均下降面积为 113 km^2，轻度脆弱性年均下降面积为 1160 km^2；重度脆弱性年均增加面积 1273 km^2。国土空间生态脆弱性演变总体上可以划分为两个阶段：1985～2010 年呈不断加剧的趋势，2010～2015 年呈现出轻微改善的趋势。研究周期内总体呈生态脆弱性加剧趋势。

空间格局上，分析了 1985～2015 年江西省国土空间生态脆弱性时空格局。研究初期，国土空间生态脆弱性空间分异特征不明显，不同的脆弱性等级呈交叉分布的混沌状态；随着城镇建设、工业发展的不断提速，全球气候不断变化，社会经济发展格局和国土空间利用政策导向不断调整，江西省国土空间生态脆弱性在空间上不断演变并逐渐呈现出特定的分异规律，重度脆弱性不断向重点发展、高强度开发的区域集聚，轻度脆弱不断受到重度脆弱和中度脆弱的挤压，分布范围不断缩小，主要集聚于山脉和湖泊周边地区。

8.1.3　国土空间生态脆弱性的评价相对性

国土空间生态脆弱性受生态环境本底条件的约束，在自然潜在因素、人为干扰因素的相互作用下，在一定的时间内会表现出持平、退化、恢复的变化状态。从江西省的研究结果看，1985～1995 年，国土空间生态脆弱性以基本持平、轻度恢复、轻度改善为主要变化类型，赣南地区整体呈现出相对退化趋势，赣东北地区主要整体呈现出相对恢复的趋势，赣西地区整体呈相对持平的状态。1995～2005 年，赣东北地区整体呈现出相对退化的趋势，鄱阳湖区整体呈现相对退化的趋势，赣南地区整体呈现相对持平的状态，赣中吉泰盆地等地区整体呈现相对恢复的趋势。2005～2015 年，自然潜在脆弱性相对变化整体以轻度恢复为主导类型；人为干扰脆弱性整体呈现"中南部退化、东西部持平、鄱阳湖区恢复"的空间格局，整体看与江西省现实生态脆弱性空间分布特征比较相似。

由于研究初期的生态环境本底条件不同，国土空间生态脆弱性的相对变化类型和变化过程也会存在一定的差异性，综合考虑自然潜在因素和人为干扰因素的双重影响，结合各地区研究初期国土空间生态脆弱性背景和 30 年间国土空间生态脆弱性变化状态，划分国土空间生态脆弱性综合分区，将江西省划分为赣东丘陵山地生态保育保护区、赣东丘陵山地生态整治修复区、赣东丘陵山地生态自然恢复区、赣中丘陵盆地生态保育保护

区、赣中丘陵盆地生态整治修复区、赣中丘陵盆地生态自然恢复区、赣北平原湖泊生态
保育保护区、赣北平原湖泊生态整治修复区、赣北平原湖泊生态自然恢复区、赣南山地
丘陵生态保育保护区、赣南山地丘陵生态整治修复区、赣南山地丘陵生态自然恢复区、
赣西山地丘陵生态保育保护区、赣西山地丘陵生态整治修复区、赣西山地丘陵生态自
然恢复区，针对不同的分区类型及其主导因素，能够有针对性地提出科学的调控对策
及建议。

8.1.4　国土空间生态脆弱性的发展可控性

生态脆弱性成因包括自然因素和人文因素，但人文因素是主因。生态脆弱性主要是
相对于人类活动影响而言的，离开了人类活动这个参照系，生态脆弱性的研究意义和应
用价值将大打折扣。生态脆弱性表征无论是内在的、潜在的表征还是外在的、胁迫的表
征，都可以受到人为干扰的影响。生态脆弱性成因有许多种，人力干扰活动可能是负面
的，破坏了生态系统功能的稳定性；也可以是正面的，帮助脆弱生态系统实现功能修复
和自我改良。总而言之，生态脆弱性成因、过程、结果、尺度，都与外力干扰的类型、
特征、强度等动态相关，外力影响可以产生正反馈或负反馈两种结果。因此，生态脆弱
性是可以人为调控的，但是调控的难易程度和调控的成效，受脆弱性本质属性不同而有
所不同。

因为研究时间段相对比较短，从江西省国土空间生态脆弱性动态变化看，短期内生
态脆弱性潜在因素基本不变，主要是人类活动对生态脆弱性的影响，具有调控的必须性、
可行性。以脆弱性评价结果为基础，结合生态脆弱性分区从生态保育保护、生态整治修
复、生态自然恢复等方面国土空间利用优化调控，在一定程度上可以帮助生态系统恢复
到健康稳定的状态。从鄱阳湖区、万安县、武功山等研究实例看，对于同一生态环境，
如果采用不同的土地利用方式和生态保护措施，对生态环境的影响趋势和程度必然会产
生不同的结果，生态环境现实脆弱性也会有不同的表现，或脆弱性增强导致生态环境退
化甚至恶化，或脆弱性减弱生态环境得到修复和恢复。而实现生态系统功能稳定和土地
资源可持续利用、促进人与自然和谐与共，正是对生态脆弱性进行调控的追求目标。

8.1.5　国土空间生态脆弱性的结果适用性

生态环境是"自然-经济-社会"的综合体，其演变过程、驱动机理是连续的而非静
止的，这决定了生态脆弱性具有区域性、相对性、动态性。生态脆弱性动态评价是为从
定性、定量方面科学认知一定尺度、一定时间段内生态环境脆弱的成因、过程、规律、
结果等，从而为调整外力对生态环境干扰的类型、特征、强度等，实现对生态脆弱性发
展演变的科学调控。可以将国土空间生态脆弱性动态评价结果作为基础数据，为国土空
间规划、资源环境利用区划服务，通过土地用途管制调整人类的土地利用活动，加大对
生态环境进行修复和改造，最终实现资源环境的永续利用、人与自然和谐发展。特别是
在大数据、信息化、智能化支持背景下，通过适时评价各因子脆弱性表现特征、动态分
析，实现对脆弱生态环境的动态监测、评价和预警，将现状评价、稳定评价、趋势评价
和综合评价结合起来，为脆弱生态环境的保护建设和适度利用提供重要信息，是生态环

境脆弱度评价的主要应用方向。

　　生态脆弱性评价是当前土地科学和生态科学研究的一个重要交叉方向，研究结果的应用是多方面的，与研究的目标导向、问题导向、需求导向有很多的关联。从江西省生态脆弱性评价和案例分析看，其结果可以纳入"双评价"的内容范畴为国土空间规划服务，可以为国土空间生态保护修复、国土综合整治服务，也可以为自然保护地建设和可持续发展服务。生态脆弱性动态评价也可与土地利用变化和生态足迹评价相结合，深化生态脆弱性绝对变化率、相对变化率分析和应用，为流域和区域生态补偿、生态产品价值核算、绿色 GDP 绩效评价等提供基础支撑。

8.2　研　究　展　望

8.2.1　国土空间生态脆弱性评价研究尺度问题

　　不同时空尺度是深刻认识、科学评价、有效调控生态脆弱性必须关注的重要科学问题。国土空间生态系统多尺度、多要素带来的不确定性，直接影响生态脆弱性评价结果的科学性、客观性。生态脆弱性评价在宏观角度上表现为分散格局，体现资源经济的运行状况；在较小空间尺度上呈现集聚态势，体现人口特征、资源配置等影响。传统的脆弱性评价研究大多集中市、省、国等较大区域尺度，多以县域作为生态脆弱性最基本的研究单元，这主要受资源环境、经济社会方面数据获得性的影响。近年来，生态脆弱性评价尺度由国家级、省、市研究向县域或更小的区域方向发展，从人地耦合系统角度讨论多要素、长时序、小尺度区域生态系统脆弱性问题，对实现研究成果的应用具有非常积极的意义。

8.2.2　国土空间生态脆弱性评价数据处理问题

　　数据是评价的研究的基础，评价指标数据的获得性、可靠性决定了生态脆弱性评价的可行性。国土空间生态脆弱性评价涉及的指标数据多、数据量庞大，而且受到气象站、水文站、卫星数据、行政区域等多方面的影响，数据格式的一致性和延续性都存在问题，给研究带来了非常大的难度。从江西省生态脆弱性动态评价中科院深刻体会到，1985～2015 年，县市区的行政区划的变化，导致有些社会经济数据延续性不足，数据获取的路径不一致也会带来较大的差异，致使数据处理难度提高。由于观测站点数据比较少，在研究区域内难以形成差异，指标分析功能自然就弱化了。有些社会经济统计数据按照县市区为统计口径，直接转换成栅格数据处理，没有考虑城镇化率、人口密度在空间格局上的差异，自然数据分析的精准性就大打折扣。这些都需要寻求更好的数据源和数据处理方法来解决。

8.2.3　国土空间生态脆弱性评价指标体系问题

　　国土空间生态脆弱性由于受到自然、经济、社会等多方面因素的综合影响，可选择的指标非常多，如何构建指标体系直接影响到评价结果。不同的研究尺度对指标的选择上会带来一定的影响，指标原始数据的可获得性、可靠性决定了指标的取舍。以江西省为研究区域，研究尺度比较大，同时研究时段为 1985~2015 年，研究时段比较长，数据获取存在一定的困难。本研究在指标体系构建方面，结合自然因素、人为活动两方面选择了 24 个具体的指标构建评价指标体系，气象灾害、政策因素、居民点干扰等没有囊括其中，正是数据来源困难的结果。指标体系的构建中，主要参考学者们的研究结果，是经验的总结，没有针对选择的指标进行主成分分析，消除信息冗余，影响到评价结果的科学性。结合研究尺度和生态脆弱性主导因素综合考虑，选取地域特色性、代表性的评价指标，对于实现科学评价尤为重要。

8.2.4　国土空间生态脆弱性评价模型方法问题

国土空间生态脆弱性评价研究还存在很多可以深入研究的内容，如指标体系的优化、模型方法的应用、预警预测模型的使用、长期定期监测，以及如何提高评价结果科学性、实用性等。特别是在国土空间生态脆弱性评价中，如何进一步实现数据的空间化、差异化，在此基础上凸显出国土空间生态空间异质性，是提高评价精度需要考虑的重要问题。同时，评价模型中个别指标权重的确定，选取层次分析法存在一定的主观性，如何采取主客观相结合的赋权法，对提高指标权重分析的客观性也非常关键。为更好地从空间格局上进行评价，简化分析过程和步骤，综合经验统计分析，将大数据时代的机器学习方法同 GIS 强大的空间处理数据技术结合起来，建立空间多维、多源数据库，可以长期监测及预测区域的生态环境走势，及时有效地实现生态脆弱性动态评价，是评价模型方法未来发展的大趋势。

8.2.5　国土空间生态脆弱性调控及其保障问题

对国土空间生态脆弱性进行调控，主要是通过判别生态脆弱性主导表征因子，并依据此主导表征因子调整人们的土地利用活动和经济开发行为，达到国土空间综合整治和改善生态环境的目的。对生态环境综合治理，根本在于因地制宜，可以依据生态脆弱性评价结果进行生态脆弱性分区，每个区的脆弱性主导表征因子相同或相近，可以结合各区域脆弱性主导表征开展专项治理，提高评价结果的实用性。调控方式包括优化土地利用格局、调整农业结构、落实"三区三线"等，达到改善土地利用结构、提高土地利用效率、提升生态系统服务功能、优化生态环境效应的目的。具体的保障措施有：处理好"人地关系"，科学配置土地资源；加快开展土地整理和生态建设工程；推动生态建设，改善人居环境；发展绿色生态经济，保护生态环境；加强生态环境可持续管理立法与实施；完善与实施绿色 GDP 绩效评价等。

8.2.6　国土空间生态脆弱性研究主要趋势问题

生态脆弱性评价是自然地理、生态环境和社会经济综合研究的一个交叉领域，具有很高的现实意义和应用价值。在国土空间规划和生态保护优先、绿色安全发展背景下，针对不同研究区域的生态脆弱性评价研究，也许研究时间周期、指标体系构建、评价模型方法等会有所不同，但关于生态脆弱性的现状表征、驱动机理、演变过程、发展趋势、生态管控等研究目标是相同的，就是为了更好地实现对国土空间生态环境的认知、利用、保护和修复。围绕生态脆弱性研究目标和研究价值更好地实现，未来研究趋势主要表现在以下 4 个方面：研究思路需要进一步突出综合系统性；数据处理需要进一步突出时空动态性；研究方法需要进一步突出学科融合性；研究结果需要进一步突出实践应用性。特别是动态及时性、空间可视化、简便快捷化等信息化、智慧化评价技术手段，是未来发展的主要方向。

参 考 文 献

艾合买提·吾买尔, 海米提·依米提, 赛迪古丽·哈西木, 等. 2010. 于田绿洲脆弱生态环境成因及生态脆弱性评价. 干旱区资源与环境, 24(5): 74-79.

白艳芬, 马海州, 王建, 等. 2009. 基于遥感和 GIS 技术的青海湖环湖地区生态环境脆弱性评价. 遥感技术与应用, 24(5): 635-641.

鲍艳, 胡振琪, 柏玉等. 2006. 主成分聚类分析在土地利用生态安全评价中的应用. 农业工程学报, 17(3): 280-284.

边亮, 胡志斌, 宋伟东, 等. 2009. 陕西省长武县土地利用变化的生态环境效应评价. 生态学杂志, 28(9): 1743-1748.

蔡海生. 2003. GIS 支持下鄱阳湖区生态环境脆弱度评价模型的建立与应用. 南昌: 江西农业大学.

蔡海生. 2007. 基于 GIS 的区域土地利用变化及其调控机制研究——以江西省鄱阳湖区为例. 北京: 中国农业大学.

蔡海生, 陈美球, 赵建宁, 等. 2009b. 土地开发整理工程类型区划分的概念与方法探讨. 农业工程学报, 25(10): 290-295.

蔡海生, 刘木生, 陈美球, 等. 2009c. 基于 GIS 的江西省生态环境脆弱性动态评价. 水土保持通报, 29(5): 190-196.

蔡海生, 张学玲, 周丙娟. 2009a. 生态环境脆弱性动态评价的理论与方法. 中国水土保持, (2): 18-22.

蔡海生, 赵建宁, 曾珩, 等. 2011. 江西省土地开发整理工程类型区划分研究. 中国土地科学, 25(3): 38-44.

蔡海生, 赵小敏, 陈美球. 2003. 脆弱生态环境脆弱度评价研究进展. 江西农业大学学报, 25(2): 270-275.

蔡运龙. 2001. LUCC 研究: 寻求新的综合途径. 地理研究, 20 (6): 645-652.

曹利军, 王华东. 1998. 可持续发展评价指标体系建立原理与方法研究. 环境科学学报, 18(5), 526-532.

曹运江, 宋伟, 冯少真, 等. 2010. 贵州广致煤矿矿山环境影响范围与程度界定研究. 湖南科技大学学报(自然科学版), 25(3): 36-41.

陈百明, 周小萍. 2007. 《土地利用现状分类》国家标准的解读. 自然资源学报, 22(6): 994-1003.

陈操操, 谢高地, 甄霖, 等. 2008. 泾河流域植被覆盖动态变化特征及其与降雨的关系. 生态学报, 03: 925-938.

陈海素, 伍世代. 2008. 福清市土地利用动态变化及其驱动力分析, 宁夏大学学报(自然科学版), 29(1): 91-96.

陈红顺, 夏斌. 2012. 快速城市化地区土地利用变化及驱动因素分析——以广东省东莞市为例, 水土保持通报, 32(1): 54-59.

陈美球, 蔡海生, 黄靓. 2005. 鄱阳湖区生态环境自然脆弱性综合评价. 中国生态农业学报, (4): 181-183.

陈美球, 蔡海生, 赵小敏, 等. 2003. 基于 GIS 的鄱阳湖区脆弱生态环境的空间分异特征分析. 江西农业大学学报(自然科学), 13(4): 523-527.

陈淼, 苏晓磊, 党成强, 等. 2017. 三峡水库河流生境评价指标体系构建及应用. 生态学报, 37(24): 8433-8444.

陈述彭, 童庆禧, 郭华东. 1998. 遥感信息机理研究. 北京: 科学出版社.

陈勇. 2003. 区域土地利用变化机制与调控研究. 北京: 华中农业大学.

程晓. 2014. 武功山山地草甸植物群落特征及空间分布格局研究. 南昌: 江西农业大学.

池建, 宁镇亚. 2008. 常熟市土地利用变化及其驱动力分析. 资源环境与发展, (4): 8.

崔家兴, 顾江, 孙建伟, 等. 2018. 湖北省三生空间格局演化特征分析. 中国土地科学, 32(8): 67-73.

崔晓临, 赵娟, 白红英, 等. 2013. 基于 MODIS NDVI 的陕西省植被覆盖变化分析. 西北农林科技大学学报(自然科学版), 41(5): 87-93.

邓雪, 李家铭, 曾浩健, 等. 2012. 层次分析法权重计算方法分析及其应用研究. 数学的实践与认识, 42(7): 93-100.

董君. 2015. 层次分析法权重计算方法分析及其应用研究. 科技资讯, 13(29): 218-220.

杜会石, 南颖, 朱卫红, 等. 2010. 图们江流域土地利用变化对生态系统服务价值的影响. 吉林大学学报(地球科学版), 40(3): 671-677.

樊哲文, 黄灵光, 钱海燕, 等. 2009a. 鄱阳湖流域土地利用变化的土壤侵蚀效应, 31(10): 1787-1792.

樊哲文, 刘木生, 沈文清, 等. 2009b. 江西省生态脆弱性现状 GIS 模型评价. 地球信息科学学报, 11(2): 202-208.

封建民, 郭玲霞, 李晓华. 2016. 基于景观格局的榆阳区生态脆弱性评价. 水土保持研究, 23(6): 179-184.

冯利华. 1999. 生态环境脆弱度的模糊综合评判. 国土开发与整治, 9(2): 59-63.

付博. 2006. 3S 技术支持下的扎龙湿地生态脆弱性评价研究. 长春: 东北师范大学.

傅伯杰, 于丹丹, 吕楠. 2017. 中国生物多样性与生态系统服务评估指标体系. 生态学报, 37(2): 341-348.

傅春. 2009. 中外湖区开发利用模式研究. 北京: 社会科学文献出版社.

甘卓亭, 马亚兰, 周旗, 等. 2008. 城市化进程中城郊土地利用变化及驱动力分析——以宝鸡市马营镇为例, 安徽农业科学, 36(6): 2455-2457.

高俊刚, 吴雪, 张镱锂, 等. 2016. 基于等级层次分析法的金沙江下游地区生态功能分区. 生态学报, 30(1): 134-147.

高贤明. 1991. 江西安福武功山木本植物区系的研究. 江西农业大学学报, 13(2): 140-147.

龚文峰, 袁力, 范文义, 等. 2012. 基于 CA-Markov 的哈尔滨市土地利用变化及预测, 农业工程学报, 28(14): 216-222.

郭碧云, 张广军. 2009. 基于 GIS 和 Markov 模型的内蒙古农牧交错带土地利用变化, 农业工程学报, 25(12): 291-298+403.

郭宾, 周忠发, 苏维词, 等. 2014. 格网 GIS 的喀斯特山区草地生态脆弱性评价. 水土保持通报, 34(2): 204-207.

郭延凤, 于秀波, 姜鲁光, 等. 2012. 基于 CLUE 模型的 2030 年江西省土地利用变化情景分析, 地理研究, 31(6): 1016-1028.

何春阳, 陈晋, 陈云浩, 等. 2001. 土地利用/土地覆盖变化混合动态监测方法研究. 自然资源学报, 16(3): 255-262.

何冬晓. 2008. 重庆典型岩溶山地生态环境脆弱性分析及生态重建探讨. 重庆: 西南大学.

何云玲, 张一平. 2009. 云南省生态环境脆弱性评价研究. 地域研究与开发, 28(2): 108-111, 122.

贺祥. 2014. 基于熵权灰色关联法的贵州岩溶山区人地耦合系统脆弱性分析. 水土保持研究, 21(1): 283-289.

胡丰, 张艳, 郭宇, 张盼盼, 等. 2022. 基于 PLUS 和 InVEST 模型的渭河流域土地利用与生境质量时空变化及预测. 干旱区地理, 45(4): 1125-1136.

胡降临, 王心源. 2009. 巢湖流域协调发展自然地理透视. 环境与可持续发展, 29(1): 32-35.

黄辉玲, 罗文斌, 吴次芳, 等. 2010. 基于物元分析的土地生态安全评价. 农业工程学报, 26(3): 316-322.

黄建毅, 苏飞. 2017. 城市灾害社会脆弱性研究热点问题评述与展望. 地理科学, 37(8): 1211-1217.

黄金川, 林浩曦, 漆潇潇. 2017. 面向国土空间优化的三生空间研究进展. 地理科学进展, 36(3): 378-391.

黄金国, 郭志永. 2007. 鄱阳湖湿地生物多样性及其保护对策. 水土保持研究, 14(1): 305-306.

贾艳红, 赵军, 南忠仁, 等. 2007. 熵权法在草原生态安全评价研究中的应用——以甘肃牧区为例. 干旱区资源与环境, 21(1): 17-21.

江西省人民代表大会环境与资源保护委员会. 2007. 江西生态(第三卷). 南昌: 江西人民出版社.

江西省山江湖开发治理委员会办公室. 2006. 鄱阳湖流域可持续发展研究.

焦世泰, 王鹏, 陈景信. 2019. 滇黔桂省际边界民族地区土地资源可持续利用. 经济地理, 39(1): 172-181.

靳毅, 蒙吉军. 2011. 生态脆弱性评价与预测研究进展. 生态学杂志, 30(11): 2646-2652.

鞠昌华, 高吉喜. 2017. 《"十三五"生态环境保护规划》的特点分析. 环境保护, 45(5): 42-44.

孔红梅, 赵景柱, 姬兰柱, 等. 2002. 生态系统健康评价方法初探. 应用生态学报, 13(4): 468-490.

赖力. 2010. 中国土地利用的碳排放效应研究. 南京: 南京大学.

蓝家程, 傅瓦利, 袁波, 等. 2012. 重庆市不同土地利用碳排放及碳足迹分析. 水土保持学报, 26(1): 146-150+155.

雷波, 焦峰, 王志杰, 等. 2013. 延河流域生态环境脆弱性评价及其特征分析. 西北林学院学报, 28(3): 161-167.

雷维运, 张玉龙. 2008. 云南省生态环境脆弱性评价探索. 环境科学导刊, 27(2): 76-79.

冷疏影, 刘燕华. 1999. 中国脆弱生态区可持续发展指标体系框架设计. 中国人口•资源与环境, 18(2): 40-45.

李成范, 苏迎春, 周廷刚, 等. 2008. 城市土地利用变化及生态环境效应研究——以重庆市北碚区为例. 西南大学学报(自然科学版), 30(12): 145-151.

李传华, 赵军. 2013. 基于 GIS 的民勤县生态环境脆弱性演化研究. 中国沙漠, 33(1): 302-307.

李瑾, 安树青, 程小莉, 等. 2001. 生态系统健康评价的研究进展. 植物生态学报, 25(6): 641-647.

李静, 张平宇, 李鹤, 等. 2011. 大庆市生态环境脆弱性空间格局. 应用生态学报, 22(12): 3279-3284.

李克让, 曹明奎, 於琍, 等. 2005. 中国自然生态系统对气候变化的脆弱性评估. 地理研究, (5): 653-663.

李苗苗. 2003. 植被覆盖度的遥感估算方法研究. 北京: 中国科学院大学.

李强, 任志远. 2012. 基于 Logistic 回归分析的土地利用变化空间统计与模拟. 统计与信息论坛, 27(3): 98-103.

李偲, 韩桂红, 海米提·依米提, 等. 2011. 土地利用变化对喀纳斯自然保护区生态系统服务价值的影响, 地域研究与开发, 30(3): 123-127.

李晓秀. 2000. 北京山区生态系统稳定性评价模型初步研究. 农村生态环境, 16(1): 21-25.

李颖, 黄贤金, 甄峰等. 2008. 江苏省区域不同土地利用方式的碳排放效应分析, 农业工程学报, 24(S2): 102-107.

李永化, 范强, 王雪, 等. 2015. 基于 SRP 模型的自然灾害多发区生态脆弱性时空分异研究-以辽宁省朝阳县为例. 地理科学, 15(11): 1452-1458.

李志, 刘文兆, 郑粉莉, 等. 2010. 基于 CA-Markov 模型的黄土塬区黑河流域土地利用变化, 农业工程学报, 26(1): 346-352+391.

李智国, 杨子生. 2007. 中国土地生态安全研究进展. 中国安全科学学报, 17(12): 5-12.

梁友嘉, 徐中民, 钟方雷, 等. 2011. 基于 SD 和 CLUE-S 模型的张掖市甘州区土地利用情景分析, 地理研究, 30(3): 564-576.

廖铅生, 刘江华, 熊美珍. 2008. 萍乡市武功山稀有濒危、特有植物的多样性及其保护. 萍乡高等专科学校学报, 25(3): 79-83.

廖炜, 李璐, 吴宜进, 等. 2011. 丹江口库区土地利用变化与生态环境脆弱性评价. 自然资源学报, 26(11): 1879-1889.

林燕春, 周德中, 廖菲菲, 等. 2010. 萍乡武功山地质地貌与水旱灾害国土安全研究. 安徽农业科学, 38(7): 3657-3658.

刘波, 齐述华, 廖富强, 等. 2012. 土壤水力侵蚀的遥感信息模型研究——以江西省为例. 武汉大学学报(信息科学版). 37(04): 389-393+505.

刘继来, 刘彦随, 李裕瑞. 2017. 中国"三生空间"分类评价与时空格局分析. 地理学报, 72(7): 1290-1304.

刘明, 刘淳, 王克林. 2007. 洞庭湖流域生态安全状态变化及其驱动力分析. 生态学杂志, 26(8): 1271-1276.

刘姝驿, 杨庆媛, 何春燕, 等. 2013. 基于层次分析法(AHP)和模糊综合评价法的土地整治效益评价——重庆市 3 个区县 26 个村农村土地整治的实证. 中国农学通报, 29(26): 54-60.

刘新卫, 陈百明, 史学正. 2004. 国内 LUCC 研究进展综述. 土壤, 36(2): 132-135+140.

刘序, 陈美球, 陈文波, 等. 2006. 鄱阳湖地区 1985-2000 年土地利用格局变化及其社会经济驱动力研究, 安徽农业大学学报, 33(1): 117-122.

刘耀彬, 柯鹏. 2015. 江西省生态文明建设水平评价及优化路径分析. 生态经济, 31(4): 174-180.

刘正佳, 于兴修, 李蕾, 等. 2011. 基于 SRP 概念模型的沂蒙山区生态环境脆弱性评价. 应用生态学报, 22(8): 2084-2090.

卢风. 2017. 绿色发展与生态文明建设的关键和根本. 中国地质大学学报(社会科学版), 17(1): 1-9.

鲁大铭, 石育中, 李文龙, 等. 2017. 西北地区县域脆弱性时空格局演变. 地理科学进展, 36(4): 404-415.

罗成凤. 2013. 江西武功山山地草甸植物多样性研究. 南昌: 江西农业大学.

骆剑承, 杨艳. 2001. 遥感地学智能图解模型支持下的土地覆盖/土地利用分类. 自然资源学报, 16(2): 179-183.

马一丁, 付晓, 田野等. 2017. 锡林郭勒盟煤电基地开发生态脆弱性评价. 生态学报, 37(13): 4505-4510.

孟宝, 张勃, 张华, 等. 2006. 黑河中游张掖市土地利用/覆盖变化的水文水资源效应分析. 干旱区资源与环境, 20(3): 94-99.

明乐. 2004. 国际上 LUCC 研究的现状、问题和未来展望. 上饶师范学院学报, 24(3): 89-94.

莫宏伟. 任志远. 2011. 基于 GIS 的关中地区土地利用变化及土地生态安全动态研究. 北京: 中国环境
　　科学出版社.

彭冲, 陈乐一, 韩峰. 2014. 新型城镇化与土地集约利用的时空演变及关系. 地理研究, 33(11):
　　2005-2020.

彭柳林, 余艳锋, 李雪莲, 等. 2014. 鄱阳湖生态经济区环境质量现状、问题及对策分析. 江西农业学报,
　　26(11): 127-130.

彭文甫, 周介铭, 罗怀良, 等. 2010. 土地利用变化与城市空气环境效应的关系, 水土保持研究, 17(4):
　　87-91.

邱彭华, 徐颂军, 谢跟踪, 等. 2007. 基于景观格局和生态敏感性的海南西部地区生态脆弱性分析. 生态
　　学报, (4): 1257-1264.

曲福田, 卢娜, 冯淑怡, 等. 2011. 土地利用变化对碳排放的影响, 中国人口、资源与环境, 21(10): 76-83.

冉圣宏, 金建君, 薛纪渝. 2002a. 脆弱生态区评价的理论与方法. 自然资源学报, 15(1): 117-122.

冉圣宏, 金建君, 曾思育. 2002b. 脆弱生态区类型划分及其脆弱特性分析. 中国人口•资源与环境,
　　12(4): 73-77.

冉圣宏, 毛显强. 2000. 脆弱生态区的稳定性与可持续农业发展. 中国人口•资源与环境, 10(2): 69-71.

任涵, 张静静, 朱文博, 等. 2018. 太行山淇河流域土地利用变化对生境的影响. 地理科学进展, 37(12):
　　1693-1704.

单继红. 2013. 鄱阳湖鸟类多样性、濒危鸟类种群动态及其保护空缺分析. 哈尔滨: 东北林业大学.

沈彦, 刘明亮, 石丹丹. 2007. 湿地生态脆弱性评价及其恢复与重建研究——以洞庭湖区为例. 资源开发
　　与市场, 23(6): 492-495.

施明乐. 2004. 国际上 LUCC 研究的现状、问题和未来展望. 上饶师范学院学报, 24(3): 89-94.

石洪昕, 穆兴民, 张应龙, 等. 2012. 四川省广元市不同土地利用类型的碳排放效应研究, 水土保持通
　　报, 32(3): 101-106.

史德明, 梁音. 2002. 我国脆弱生态环境的评估与保护. 水土保持学报, 16(1): 6-10.

史学正, 于东升, 邢廷炎, 等. 1997. 用田间实测法研究我国亚热带土壤的可蚀性 K 值. 土壤学报, (4):
　　399-405.

舒良树, 孙岩, 王德滋, 等. 1998. 华南武功山中生代伸展构造. 中国科学(D 辑: 地球科学), 28(5):
　　431-438.

舒沐晖. 2015. 法定城乡规划划分"生产、生活、生态"空间方法初探. 中国城市规划学会、贵阳市人
　　民政府. 新常态: 传承与变革——2015 中国城市规划年会论文集(09 城市总体规划). 中国城市规
　　划学会、贵阳市人民政府: 中国城市规划学会, 11.

税燕萍, 卢慧婷, 王慧芳, 等. 2018. 基于土地覆盖和 NDVI 变化的拉萨河流域生境质量评估. 生态学报,
　　38(24): 8946-8954.

宋翔, 颜长珍, 朱艳玲, 等. 2009. 黄河源区土地利用/覆被变化及其生态环境效应, 中国沙漠, 29(6):
　　1049-1055.

宋阳, 严平. 2006. 土壤可蚀性研究述评. 干旱区地理, 29(1): 124-129.

宋一凡, 郭中小, 卢亚静, 等. 2017. 一种基于 SWAT 模型的干旱牧区生态脆弱性评价方法——以艾布
　　盖河流域为例. 生态学报, 37(11): 3805-3815.

苏雅丽, 张艳芳. 2011. 陕西省土地利用变化的碳排放效益研究. 水土保持学报, 25(1): 152-156.

孙才志, 闫晓露, 钟敬秋. 2014. 下辽河平原景观格局脆弱性及空间关联格局. 生态学报, 34(2): 247-257.

孙华, 白红英, 张清雨, 等. 2010. 基于 SPOT VEGETATION 的秦岭南坡近 10 年来植被覆盖变化及其对温度的响应. 环境科学学报, 30(3): 649-654.

孙贤斌. 2012. 安徽省会经济圈土地利用变化的碳排放效益. 自然资源学报, 27(3): 394-401.

孙晓庆, 陈刚. 2011. 吉林西部土地利用变化的生态环境效应评价. 吉林水利, (11): 1-5.

唐小兵, 周国华. 2017. 基于主成分分析的县域贫困脆弱性评价——基于 2016 年湖南省贫困县的调研. 中南林业科技大学学报: 社会科学版, 11(3): 47-52.

滕玲. 2016. 基于时序 Landsat 解析合肥市植被覆盖度动态变化研究. 合肥: 安徽大学.

王观湧. 2015. 基于格网 GIS 的怀来县土地利用景观格局及生态安全时空演变分析. 保定: 河北农业大学.

王国. 2001. 我国典型脆弱生态区生态经济管理研究. 中国生态农业学报, 9(4): 9-12.

王杰, 王保畬, 罗正齐. 1997. 长江大辞典. 武汉: 武汉出版社.

王经民, 汪有科. 1996. 黄土高原生态环境脆弱性计算方法探讨. 水土保持通报, 16(3): 32-36.

王丽婧, 郑丙辉, 王圣瑞, 等. 2017. 长江经济带建设背景下"两湖"生态环境保护的问题与对策. 环境保护, 45(15): 27-31.

王琼, 范志平, 李法云, 等. 2015. 蒲河流域河流生境质量综合评价及其与水质响应关系. 生态学杂志, 34(2): 516-523.

王让会, 游先祥. 2001. 西部干旱区内陆河流域脆弱生态环境研究进展. 地球科学进展, (1): 39-44.

王绍强, 周成虎, 李克让, 等. 2000. 中国土壤有机碳库及空间分布特征分析. 地理学报, 55(5): 533-544.

王晓鸿. 2004. 鄱阳湖湿地生态系统评估. 北京: 科学出版社.

王学雷. 2001. 江汉平原湿地生态脆弱性评估与生态恢复. 华东师范大学学报, 54(2): 237-240.

王亚卉, 李芹芳, 邓瑞丰. 2019. 基于县域层面的"三生用地"划分分析——以陕西省略阳县为例. 农业展望, 15(9): 29-35.

王岩, 方创琳. 2014. 大庆市城市脆弱性综合评价与动态演变研究. 地理科学, 34(5): 547-555.

王月健, 徐海量, 王成, 等. 2013. 过去 30 年玛纳斯河流域生态安全格局与农业生产力演变: 首届干旱半干旱区域水土保持生态保护论坛. 乌鲁木齐: 11.

王兆华, 王莉霞, 贾永健, 等. 2006. 河西地区土地利用变化的生态环境效应研究. 安徽农业科学, 34(1): 160-161, 163.

王兆礼, 曾乐春. 2005. 中国区域土地利用变化对生态环境的影响研究进展. 中山大学研究生学刊: 自然科学与医学版, 26(3): 24-33.

韦晶, 郭亚敏, 孙林, 等. 2015. 三江源地区生态环境脆弱性评价. 生态学杂志, 34(7): 1968-1975.

魏晓华, 孙阁. 2009. 流域生态系统过程与管理. 北京: 高等教育出版社.

温晓金, 杨新军, 王子侨. 2016. 多适应目标下的山地城市社会—生态系统脆弱性评价. 地理研究, 35(2): 299-312.

吴瑾菁, 祝黄河. 2013. "五位一体"视域下的生态文明建设. 马克思主义与现实, (1): 157-162.

吴明发, 欧名豪, 廖荣浩, 等. 2012. 经济发达地区土地利用变化及其驱动力分析——以广东省为例. 水土保持研究, 19(1): 179-183.

吴英豪, 纪伟涛. 2002. 江西鄱阳湖国家级自然保护区研究. 北京: 中国林业出版社.

武启祥. 2013. 河南省土地集约利用研究. 开封: 河南大学.

夏浩, 苑韶峰, 杨丽霞. 2017. 浙江县域土地经济效益空间格局演变及驱动因素研究. 长江流域资源与环境, 26(3): 341-349.

仙巍, 李涛, 邵怀勇. 2014. 基于 SVM 的安宁河流域生态环境脆弱性评价. 环境科学与技术, 37(11): 180-184.

向悟生, 丁涛, 李先琨, 等. 2011. 漓江流域土地利用/覆被变化及其对生态环境效益的影响分析, 湖北农业科学, 50(5): 934-939.

肖红艳, 袁兴中, 李波, 等. 2012. 土地利用变化碳排放效应研究——以重庆市为例, 重庆师范大学学报(自然科学版), 29(1): 38-42+115.

肖佳媚. 2007. 基于 PSR 模型的南麂岛生态系统评价研究. 厦门: 厦门大学.

肖文婧. 2015. 鄱阳湖生态经济区土地生态脆弱性评价. 南昌: 江西农业大学.

肖文婧, 蔡海生. 2015. 鄱阳湖区生态环境脆弱性动态分析及调控对策研究. 中国水运(下半月), 15(02): 112-113+117.

谢俊奇, 吴次芳. 2004. 中国土地资源安全问题研究. 北京: 中国大地出版社.

徐道炜, 刘金福, 洪伟, 等. 2011. 福建省土地生态安全动态评价. 水土保持通报, 31(5): 115-119.

徐广才, 康慕谊, 贺丽娜, 等. 2009. 生态脆弱性及其研究进展. 生态学报, 29(5): 2578-2588.

徐涵秋. 2013. 区域生态环境变化的遥感评价指数. 中国环境科学, 33(5): 889-897.

徐庆勇, 黄玫, 陆佩玲, 等. 2011. 基于 RS 与 GIS 的长江三角洲生态环境脆弱性综合评价. 环境科学研究, 22(1): 58-65.

许倍慎, 周勇, 徐理, 等. 2011. 湖北省潜江市土地生态脆弱性时空分析. 中国土地科学, 25(7): 80-85.

许妍, 高俊峰, 高永平, 等. 2011. 太湖流域生态系统健康的空间分异及其动态转移. 资源科学, 33(2): 201-209.

薛德杰, 徐先兵, 李源, 等. 2014. 华南武功山早古生代花岗岩构造变形特征及其形成机制. 地质学, 88(7): 1236-1246.

严家跃, 黄心一, 陈家宽. 2014. 鄱阳湖沿岸带螺类的物种组成及其生境. 水生生物学报, 38(3): 407-413.

严金明. 2001. 美国西部开发与土地利用保护的教训暨启示. 北京大学学报, 38(2): 119-126.

杨飞, 马超, 方华军. 2019. 脆弱性研究进展: 从理论研究到综合实践. 生态学报, 39(2): 441-453.

杨桂山, 马荣华, 张路. 2010. 中国湖泊现状及面临的重大问题与保护策略, 22(6): 799-810.

杨国清, 刘耀林, 吴志峰, 等. 2007. 基于 CA-Markov 模型的土地利用格局变化研究, 武汉大学学报(信息科学版), 32(5): 414-418.

杨国清, 钟敏, 刘欢, 等. 2012. 广州市土地利用变化及其驱动力研究, 安徽农业科学, 40(2): 1200-1202.

杨惠. 2018. "三生"空间适宜性评价及优化路径研究. 南京: 南京师范大学.

杨俊, 王占岐, 金贵, 等. 2013. 基于 AHP 与模糊综合评价的土地整治项目实施后效益评价. 长江流域资源与环境. 22(8): 1036-1042.

杨新华, 王侃, 李加林, 等. 2016. 基于 GIS 的慈溪市土壤侵蚀敏感性评价. 水土保持通报, 36(4): 210-215.

杨元建, 石涛, 张宏群, 等. 2011. 基于遥感的合肥市土地利用动态变化及其成因分析, 中国农学通报,

27(8): 454-459.

叶庆华. 2001. 黄河三角洲土地利用/覆被变化的时空复合模式研究. 北京: 中国科学院地理科学与资源研究所.

于海, 沈浩, 仲嘉亮, 等. 2008. 基于 CA-Markov 模型的新疆克州土地利用动态模拟研究, 新疆环境保护, 30(1): 11-14.

于兴修, 杨桂山. 2002. 中国土地利用/覆被变化研究的现状与问题. 地理科学进展, 21(1): 51-57.

余健, 房莉, 仓定帮, 等. 2012. 熵权模糊物元模型在土地生态安全评价中的应用. 农业工程学报, 28(5): 260-266.

余坤勇, 刘健, 黄维友, 等. 2009. 基于 GIS 技术的闽江流域生态脆弱性分析. 江西农业大学学报, 31(3): 568-573.

余婷, 柯长青. 2010. 基于 CLUE-S 模型的南京市土地利用变化模拟. 测绘科学, 35(1): 186-188, 164.

余文波, 蔡海生, 张莹, 等. 2017. 农村土地精准扶贫/脱贫研究综述及展望. 江西农业学报, 29(4): 117-122.

袁兴中, 刘红. 2001. 生态系统健康评价—概念构架与指标选择. 应用生态学报, 12(4): 627-629.

袁知洋. 2015. 基于 GIS 和地统计学的武功山山地草甸土壤养分空间变异研究. 南昌: 江西农业大学.

曾乐春, 李小玲. 2011. 土地资源生态安全评价及分析——以广州市为例. 国土与自然资源研究, (4): 56-59.

曾凌云, 王钧, 王红亚, 等. 2009. 基于 GIS 和 Logistic 回归模型的北京山区耕地变化分析与模拟. 北京大学学报(自然科学版), 45(1): 165-170.

张春萍. 2011. 基于 SWOT 分析的内蒙古辉河国家自然保护区生态旅游开发研究. 哈尔滨: 东北林业大学.

张春萍, 林军. 2011. 土地利用/土地覆被变化生态环境效应研究. 中国对外贸易(英文版), (12): 417.

张德君, 高航, 杨俊, 等. 2014. 基于 GIS 的南四湖湿地生态脆弱性评价. 资源科学, 36(4): 874-882.

张涵. 2013. 我国财政农业支出的结构效率分析. 济南: 山东财经大学.

张红梅. 2005. 遥感与 GIS 技术在区域生态环境脆弱性监测与评价中的应用研究. 福州: 福建师范大学.

张红旗, 许尔琪, 朱会义. 2015. 中国"三生用地"分类及其空间格局. 资源科学, 37(7): 1332-1338.

张龙, 宋戈, 孟飞, 等. 2014. 宁安市土地生态脆弱性时空变化分析. 水土保持研究, 21(2): 133-137+143.

张龙生, 李萍, 张建旗. 2013. 甘肃省生态环境脆弱性及其主要影响因素分析. 中国农业资源与区划, 34(3): 55-59.

张晓瑞, 贺岩丹, 方创琳, 等. 2015. 城市生态环境脆弱性的测度分区与调控. 中国环境科学, 35(7): 2200-2208.

张鑫, 杜朝阳, 蔡焕杰. 2010. 黄土高原典型流域生态环境脆弱性的集对分析. 水土保持研究, 17(4): 96-99.

张学玲. 2017. 江西武功山草甸区景观格局时空演变及土壤有机碳库的响应. 南昌: 江西农业大学.

张燕, 徐建华, 曾刚, 等. 2009. 中国区域发展潜力与资源环境承载力的空间关系分析. 资源科学, 31(8): 1328-1334.

张莹, 张学玲, 蔡海生. 2018. 基于地理探测器的江西省万安县生态脆弱性时空演变及驱动力分析. 水土保持通报, 38(4): 207-214.

张永民, 赵士洞, Verburg P H, 等. 2003. CLUE-S 模型及其在奈曼旗土地利用时空动态变化模拟中的应用, 自然资源学报, 18(3): 310-318.

张勇荣, 周忠发, 马士彬, 等. 2012. 基于 Markov 模型的城市土地利用景观格局分析及预测——以六盘水市为例, 华中师范大学学报(自然科学版), 46(03): 363-367.

赵桂久. 1996. 生态环境综合整治与恢复技术研究取得重大成果. 中国科学院院刊, (4): 289-292.

赵珂, 饶懿, 王丽丽, 等. 2004. 西南地区生态脆弱性评价研究——以云南、贵州为例. 地质灾害与环境保护, 15(2): 38-42.

赵其国, 黄国勤, 马艳芹. 2016. 中国生态环境状况与生态文明建设. 生态学报, 36(19): 6328-6335.

赵伟, 谢德体, 刘洪斌. 2009. 基于 PSR 的重庆市"一小时经济圈"生态环境评价研究. 长江流域资源与环境, 06: 568-573.

赵跃龙, 张玲娟. 1998. 脆弱生态环境定量评价方法的研究. 地理科学, (1): 73-78.

钟晓娟, 孙保平, 赵岩, 等. 2011. 基于主成分分析的云南省生态脆弱性评价. 生态环境学报, 20(1): 109-113.

周丙娟, 蔡海生, 陈美球. 2009. 鄱阳湖区生态环境脆弱性评价及对策分析. 生态经济, (4): 37-41, 54.

周婷婷, 毛春梅. 2012. 我国土地利用与碳排放的关系研究, 安徽农业科学, 40(2): 1175-1177, 1242.

朱德明, 周鸣歧. 1998. 太湖生态脆弱性特征评价指标体系研究. 生态经济, 14(6): 1-4, 23.

朱美青, 史文娇, 黄宏胜. 2017. 江西省绿色发展区划. 应用生态学报, 28(8): 2687-2696.

朱媛媛, 余斌, 曾菊新, 等. 2015. 国家限制开发区"生产—生活—生态"空间的优化——以湖北省五峰县为例. 经济地理, 35(4): 26-32.

邹彦岐, 乔丽. 2008. 国内外土地利用研究综述. 甘肃农业, (7): 51-53.

左伟, 周慧珍, 王桥. 2003. 区域生态安全评价指标体系选取的概念框架研究. 土壤, (1): 2-7.

Acosta-Michlik L, Espaldon V. 2008. Assessing vulnerability of selected farming communities in the Philippines based on a behavioural model of agent's adaptation to global environmental change. Global Environmental Change, 18(4): 554-563.

Beroya-Eitner M A. 2016. Ecological vulnerability indicators. Ecological Indicators, 60: 329-334.

Cheng L. 2011. Ecotourism frangible areas and a measurement model of vulnerability. International Journal of Services Technology and Management, 15(1): 140-145.

Coppolillo P, Gomez H, Maisels F, et al. 2004. Selection criteria for suites of landscape species as a basis for site-based conservation. Biological Conservation, 115(3): 419-430.

Coveney M F, Stites D L, Lowe E F. 2002. Nutrient removal from eutrophic lake water by wetland filtration. Ecological Engineering, 19(2): 141-159.

Girard P, Boulanger J P, Hutton C. 2014. Challenges of climate change in tropical basins: vulnerability of eco-agrosystems and human populations. Climatic Change, 127(1): 1-13.

Hazbavi Z, Sadeghi S H, Gholamalifard M, et al. 2020. Watershed health assessment using the pressure–state–response (PSR) framework. Land Degradation & Development, 31: 3-19.

Helmut H, Karl-Heinz E, Fridolin K, et al. 2003. Land-use change and socio-economic metabolism in Austria—Part II: land-use scenarios for 2020. Land Use Policy, 20: 21-39.

Hou K, Li X X, Wang J J, et al. 2016. An analysis of the impact on land use and ecological vulnerability of the policy of returning farmland to forest in Yan'an, China. Environmental science and pollution research international, 23(5): 4670-4680.

Huang P H, Tsai J S, Lin W T. 2010. Using multiple-criteria decision-making techniques for eco-environmental vulnerability assessment: a case study on the Chi-Jia-Wan Stream watershed, Taiwan. Environmental monitoring and assessment, 168(1-4): 141-158.

Jabbar M T, Zhou J. 2012. Assessment of soil salinity risk on the agricultural area in Basrah Province, Iraq: Using remote sensing and GIS techniques. Journal of Earth Science, 23(6): 881-891.

Kelble C R, Loomis D K, Lovelace S, et al. 2013. The EBM-DPSER conceptual model: integrating ecosystem services into the DPSIR framework. PloS One, 8(8): e70766.

Kienberger S, Blaschke T, Zaidi R Z. 2013. A framework for spatio-temporal scales and concepts from different disciplines: the "vulnerability cube". Natural Hazards, 68(3): 1343-1369.

Lawrence P L. 1996. Land-use planning reform in Ontario: implications for Great Lakes shoreline management. Oceanographic Literature Review, (43): 637-638.

Leichenko R M, Solecki W D. 2013. Climate change in suburbs: an exploration of key impacts and vulnerabilities. Urban Climate, 6: 82-97.

Li A N, Wang A S, Liang S L, et al. 2006. Eco-environraental vulnerability evaluation in mountainous region using remote sensing and GIS—a case study in the upper reaches of Minjiang River, China. Ecological Modelling, 192: 175-187.

Li H, Cai Y L. 2011. Regional eco-security assessment based on the perspective of complex system science: a case study of Chongming in China. Human and Ecological Risk Assessment: an International Journal, 2011, 17(6): 1210-1228.

Mahmoudi S N, Chouinard L. 2016. Seismic fragility assessment of highway bridges using support vector machines. Bulletin of Earthquake Engineering, 14(6): 1571-1587.

Malik S M, Awan H, Khan N. 2012. Mapping vulnerability to climate change and its repercussions on human health in Pakistan. Globalization and health, 8(1): 31.

Manfré L A, da Silva A M, Urban R C, et al. 2013. Environmental fragility evaluation and guidelines for environmental zoning: a study case on Ibiuna (the Southeastern Brazilian region). Environmental Earth Sciences, 69(3): 947-957.

Ngana J O, Mwalyosi R B B, Yanda P, et al. 2004. Strategic development plan for integrated water resources management in Lake Manyara sub-basin, North-Eastern Tanzania. Physics and Chemistry of the Earth, (29): 1219-1224.

Pham B T, Khosravi K, Prakash I. 2017. Application and comparison of decision tree-based machine learning methods in landside susceptibility assessment at Pauri Garhwal Area, Uttarakhand, India. Environmental Processes, 4(3): 711-730.

Pramod L, Lalit K, Kishor A, et al. 2017. Vulnerability and impacts of climate change on forest and freshwater wetland ecosystems in Nepal: a review. Ambio: A Journal of the Human Environment, 46(8): 915-930.

Preston B L, Yuen E J, Westaway R M. 2011. Putting vulnerability to climate change on the map: a review of approaches, benefits, and risks. Sustainability Science, 6(2): 177-202.

Purevdorj T S, Tateishi R, Ishiyama T, et al. 1998. Relationships between percent vegetation cover and vegetation indices. International Journal of Remote Sensing, 19(18): 3519-3535.

Rempel R, Kaukinen D, Carr A. 2012. Patch Analyst and Patch Grid. Ontario Ministry of Natural Resources. Thunder Bay, Ontario: Centre for Northern Forest Ecosystem Research.

Salvati L, Tombolini I, Perini L, et al. 2013. Landscape changes and environmental quality: the evolution of land vulnerability and potential resilience to degradation in Italy. Regional Environmental Change, 13 (6) : 1223-1233.

Schotten K, Goetgeluk R, Hilerink M. 2001. Residential construction land use and the environment simulations for the Netherlands using a GIS based land use model. Environmental Modeling and Assessments, 6 (2) : 133-143.

Stephan P, Roland E, Yvonne G. 2005. Modeling the environmental impacts of urban land use and land cover change—a study in Merseyside, UK. Landscape and Urban Planning , 71: 295-310.

Tran L T, Knight C G, O'Neill R V, et al. 2002. Fuzzy decision analysis for integrated environmental vulnerability assessment of the Mid-Atlantic region. Environmental Management, 29 (6) : 845-859.

Vincent K. 2004. Creating an index of social vulnerability to climate change for Africa. Tyndall Center for Climate Change Research. Norwich: University of East Anglia.

Wellington J, Rashid H. 2010. Balancing the use of wetlands for economic well-being and ecological security: The case of the Limpopo wetland in southern Africa. Ecological Economics, 69 (7) : 1569-1579.

Yan L, Xu X G. 2010. Assessing the vulnerability of social-environmental system from the perspective of hazard, sensitivity, and resilience: a case study of Beijing, China. Environmental Earth Sciences, 61 (6) : 1179-1186.

Yang Y J, Ren X F, Zhang S L, et al. 2017. Incorporating ecological vulnerability assessment into rehabilitation planning for a post-mining area. Environmental Earth Sciences, 76 (6) : 1-16.

Ye H, Ma Y, Dong L M. 2011. Land Ecological Security Assessment for Bai Autonomous Prefecture of Dali Based Using PSR Model—with Data in 2009 as Case. Energy Procedia, (5) : 2172-2177.